2025/2026

Steuer-erklärung

für Rentner und Pensionäre

GABRIELE WALDAU-CHEEMA

Verbraucherzentrale

27
Wie hoch
sind Ihre
Gewinne?

33 Sie arbeit(et)en weisungsgebunden

Inhalt

65
Sie sind ernsthafter Vermieter?

111
§ 3 EStG – Ihr neuer Lieblingsparagraph?

163
Haushaltsnahe Aufwendungen und mehr

2025

Über dieses Buch

Mehr als ein Viertel aller Rentnerinnen und Rentner muss Steuern zahlen – und es werden immer mehr. Dafür sorgen steigende Renten und das Alterseinkünftegesetz sowie ganz häufig weitere Einkünfte neben der gesetzlichen Rente. Gehören Sie auch dazu? Dieser Ratgeber hilft Ihnen, diese Frage zu klären und führt Sie durch Ihre Steuererklärung. Unsere Autorin, Gabriele Waldau-Cheema (oben im Bild), ist Betriebswirtin und Bilanzbuchhalterin. Sie arbeitet seit vielen Jahren für Steuerberater und Lohnsteuerhilfevereine.

Zunächst erläutern wir, welche Einkunftsarten es gibt (→ Seite 18) und wie Sie Ihr zu versteuerndes Einkommen berechnen. Jede der sieben Einkunftsarten hat ihre Besonderheiten – wir zeigen, worauf es ankommt, geben praktische Tipps und helfen mit gut nachvollziehbaren Beispielen. Möglicherweise liegt Ihr Einkommen ja unter dem Grundfreibetrag und Sie müssen gar keine Steuern zahlen (→ Seite 18).

Im zweiten Teil zeigen wir dann, wie Sie Ihre Steuerlast ganz legal reduzieren können: zum Beispiel durch besondere Entlastungsbeträge (→ Seite 103) oder steuerfreie Einnahmen, die der Gesetzgeber vorsieht (→ Seite 111), durch Werbungskosten und Sonderausgaben (→ Seite 117), außergewöhnliche Belastungen (→ Seite 139), haushaltsnahe Aufwendungen (→ Seite 163) oder energetische Maßnahmen (→ Seite 171).

Der Ratgeber berücksichtigt das am 19.12. beschlossene Steueränderungsgesetz 2025 sowie die beschlossene Aktivrente ab 2026. Wir wünschen Ihnen viel Erfolg mit Ihrer Steuererklärung.

Die wichtigsten Fragen und Antworten

→ Wer als Rentner oder Pensionär seine Steuererklärung erstellen muss, steht vor vielen Fragen – insbesondere, wenn diese Aufgabe zum ersten Mal auf ihn zukommt. Zehn wichtige Fragen und Antworten haben wir hier knapp zusammengefasst – jeweils mit Seitenangaben, die zu den ausführlichen Erläuterungen im Buch führen.

Alle Fragen stammen aus der Beratungspraxis unserer Autorin Gabriele Waldau-Cheema und wurden ihr schon viele Male in ihrer langjährigen Arbeit sowie bei den Vorträgen der Verbraucherzentrale gestellt. Profitieren auch Sie von ihrer Beratungskompetenz.

Wir wünschen Ihnen viel Erfolg bei der Erstellung Ihrer Steuererklärung.

www.verbraucherzentrale.de

Wie kann ich meine Steuer beim Fiskus einreichen?

Sie können nach wie vor Ihre Steuererklärung in Papierform beim Finanzamt einreichen. Allerdings ist bei einigen Formularen wie L für Land- und Forstwirtschaft, G für Gewerbebetrieb und S für selbstständige Tätigkeit seit einigen Jahren eine elektronische Übermittlung zwingend vorgeschrieben. Dazu zählen auch die sogenannten Übungsleiter- und Ehrenamtspauschalen (→ Seite 111).
Sie können die elektronische Abgabe mithilfe eines Steuerprogramms Ihrer Wahl oder dem vom Finanzamt zur Verfügung gestellten ELSTER-Programm übermitteln. Sie benötigen auf jeden Fall ein „Zertifikat" und müssen je nach Übermittlungsart auch weiterhin ein unterschriebenes Exemplar der Erklärung und bei Bedarf Belege in Papierform dem Finanzamt nachreichen

Steuerformulare im Internet finden Sie hier: www.formulare-bfinv.de.
→ Seite 193

Wie kann ich als Rentner meine Steuerlast mindern?

Als Rentner entfallen die Werbungskosten weitestgehend (→ Seite 117). Belege werden somit nicht mehr benötigt. Sonderausgaben wie Versicherungen wirken sich meist nicht aus (→ Seite 120). Allerdings sollten Spendenbelege und Beiträge zu gemeinnützigen Vereinen (→ Seite 132) gesammelt werden.
Im Bereich haushaltsnahe Aufwendungen (→ Seite 163) können Sie so manchen Euro Steuererstattung retten. Es lohnt sich also durchaus, hierauf einen besonderen Fokus zu legen: Belege zu sammeln, bereits bei der Rechnungsausstellung und Bezahlung auf die Formvorschriften achten.
Weiteres Steuersparpotenzial steckt in den „außergewöhnlichen Belastungen" (→ Seite 139). Es ist ein wenig mühsam etwa jede Arztfahrt aufzuzeichnen und jeden Zuzahlungsbeleg akribisch zu sammeln; doch es kann sich durchaus lohnen.
Sofern möglich, ist bei den haushaltsnahen Aufwendungen – etwa Renovierungen – als auch bei den außergewöhnlichen Belastungen – etwa Anschaffungen von Brille, Hörgerät und Zahnersatz – eine gute Planung alles. Bündeln bzw. Entzerren lauten die Zauberworte. Auf den „Abfluss" kommt es an (→ Seite 151).

Was muss ich an Nachweisen und Belegen dem Finanzamt zuschicken und was bedeutet „Vorhaltepflicht“?

Mitunter schickt Ihnen das Finanzamt Ihre Belege kurz nachdem Sie Ihre Erklärung eingereicht haben mit einem Hinweis auf die „Belegvorhaltepflicht“ wieder zurück. Sie werden aufgefordert, künftig keine Belege mehr einzureichen. Das bedeutet nicht, dass Sie keine Belege mehr benötigen, sondern lediglich, dass das Finanzamt zurzeit darauf verzichtet diese einzusehen. Sie als Steuerzahler sollen die Belege „vorhalten“, also aufbewahren, bis diese eventuell vom Finanzamt angefordert werden. Die Finanzämter legen regelmäßig neu fest, welche Belege intensiv geprüft werden, und dies variiert regional und sogar von Finanzamt zu Finanzamt.

→ **Seite 181**

Wieso sind wir plötzlich aufgefordert, eine Steuererklärung abzugeben – auch für zurückliegende Jahre?

Es gibt die sogenannte Antragsveranlagung und die sogenannte Pflichtveranlagung. → Seite 178. Wer zur Abgabe einer Steuererklärung verpflichtet ist, kann bis zu sieben Jahre später noch an seine Pflicht erinnert werden. Allein die Nichtabgabe der Steuererklärung kann bereits eine Straftat darstellen. Meist kommen dann außer den Steuernachzahlungen noch Zinsen und Verspätungszuschläge auf Sie zu. Dem Finanzamt werden automatisch elektronisch Ihre Einnahmen aus Lohn, Rente, Lohnersatz-, Versicherungsleistungen usw. mitgeteilt. In regelmäßigen Abständen werden diese abgeglichen und spätestens kurz vor der Verfristung werden die Steuerpflichtigen vom Finanzamt zur Abgabe der Erklärungen aufgefordert. Mehr zur Pflichtveranlagung:

→ **Seite 178**

Weshalb muss ich jedes Jahr mehr Steuern bezahlen?

Die Höhe der zu zahlenden Steuer ist abhängig von Ihrem zu versteuerndem Einkommen (ZVE → Seite 19 ff.); also letztendlich von der Höhe Ihrer Einnahmen und Ihrer Ausgaben. Es kommt auch darauf an, ob und in welcher Höhe bereits Steuern für Sie beziehungsweise von Ihnen an das Finanzamt abgeführt wurden. Für die gesetzlichen Renten gibt es einen steuerfreien Betrag. Dieser wächst allerdings nicht mit, sodass Ihre Rentenerhöhungen in der Regel voll steuerpflichtig werden.

→ **Seite 79**

Warum zahlt meine Nachbarin keine Steuern, obwohl ihre Rente gleich hoch ist?

Dafür kann es natürlich verschiedene Gründe geben. Je nach Art der Rente und Rentenbeginn (Kohortentabelle), werden diese unterschiedlich besteuert. → Seite 76.

Möglicherweise hat die Nachbarin auch mehr Belege, die sie steuermindernd absetzen kann; beispielsweise weil sie clever ihre außergewöhnlichen Belastungen geltend macht (→ Seite 139), ihre Putzhilfe über die Minijob-Zentrale offiziell angemeldet ist und sie die anfallenden Handwerkerleistungen stets ordnungsgemäß mit Rechnung unbar zahlt.

→ **Seite 163**

Wann muss ich meine Steuererklärung beim Finanzamt abgeben?

Steuererklärungen (Pflichtveranlagungen) müssen bis spätestens 31. Juli des Folgejahres beim Finanzamt eingereicht werden. Seit 2019 gelten diese verlängerten Fristen für die Steuererklärungen ab 2018 (bisher 31. Mai). Fristverlängerungen darüber hinaus gewährt Ihnen das Finanzamt nur im Einzelfall. Werden Sie von einem Steuerberater oder Lohnsteuerhilfeverein bei der Erstellung Ihrer Einkommenssteuer betreut, gilt eine verlängerte Abgabefrist bis Jahresende beziehungsweise ab Einkommensteuererklärung 2018 bis Ende Februar des übernächsten Jahres. Für die „Corona-Jahre" gelten abweichende Fristen.

Abgabetermin für die Steuer 2025 ist 31.7.2026 und mit steuerlichem Berater 1.3.2027.

→ Seite 177

Womit muss ich rechnen, wenn ich einfach nichts mache?

Die Kaninchen-Duck-Haltung hilft Ihnen leider gar nicht. Wenn Sie auf eine Benachrichtigung oder Aufforderung des Finanzamtes zur Abgabe der Steuer warten, wird es meist teuer, weil neben der Steuer auch Zinsen und Verspätungszuschläge anfallen. Je mehr Zeit vergangen ist, desto schwieriger wird es für Sie, entsprechende steuermindernde Belege beizubringen. Wenn Sie nicht zur Abgabe der Erklärung verpflichtet sind, kann Ihnen auf der anderen Seite auch eine mögliche Steuererstattung entgehen. Es lohnt sich für Sie auf jeden Fall, genau zu rechnen. Auch bei den Kapitalerträgen (zum Beispiel Zinserträgen) sind unter Umständen bereits Steuern von Ihnen bezahlt worden, die Sie sich vielleicht erstatten lassen können.

→ Seite 180

Wo trage ich meinen Nebenjob ein?

Ein Minijob muss grundsätzlich gar nicht in der Steuererklärung eingetragen werden, vorausgesetzt er wurde vom Arbeitgeber mit 2 % Pauschalsteuer bereits der Steuer unterworfen. Andererseits können Sie dann auch keine Werbungskosten aus diesem Minijob geltend machen → Seite 113. Sollten Sie über den Minijob in die Rentenversicherung einzahlen, sind diese Beträge als Sonderausgaben (Vorsorgeaufwand) zu erfassen. → Seite 120. Oft verbirgt sich hinter dem vermeintlichen Nebenjob jedoch eine gewerbliche oder freiberufliche Tätigkeit. Die ist dann sehr wohl steuerpflichtig, und zwar auch dann, wenn Sie beispielsweise mit eBay®-Handel, als Tagesmutter oder Musiklehrer monatlich weniger als 556 € einnehmen. → Seite 27. Wenn Sie unsicher sind, sollten Sie sich fachkundig beraten lassen. Ihr Steuerberater oder Beratungsstellenleiter vom Lohnsteuerhilfeverein verschafft sich einen Überblick und benötigt zunächst all Ihre Einnahmen. Erst wenn geklärt ist, ob überhaupt eine Steuerpflicht besteht, macht es Sinn, die relevanten Ausgaben zusammenzutragen.

→ Seite 182

Woraus errechnet das Finanzamt meine Steuervorauszahlungen?

Das Wort Einkommensteuer**voraus**zahlung ist ein wenig unglücklich gewählt. Denn Sie zahlen eigentlich vierteljährlich für das jeweilige Quartal im Nachhinein. (10.3.; 10.6.; 10.9.; 10.12.). Vorauszahlungen setzt das Finanzamt aufgrund der Erkenntnisse und Zahlen Ihrer letzten Steuererklärung fest. Dabei findet die jeweils gültige Steuerabzugstabelle Anwendung. Vorauszahlungen sind keineswegs in Stein gemeißelt. Sie können jederzeit beim Finanzamt einen Antrag auf Anpassung der Vorauszahlungen stellen, wenn sich etwas geändert hat, beispielsweise durch Änderung der Steuerklassen.

→ Seite 156

Die endgültige „Abrechnung" erfolgt dann mit Ihrer Steuererklärung beziehungsweise dem Steuerbescheid.

Die sieben Einkunftsarten im Überblick

Dieses Kapitel zeigt, dass es ein „zu versteuerndes Einkommen" gibt, kurz ZVE. Das deutsche Steuerrecht unterscheidet sieben Einkunftsarten. Wir hangeln uns nun mit Ihnen Schritt für Schritt durch das Einkommensteuerrecht und erklären Grundbegriffe.

Der Weg zur Einkommensteuer

Bereits in der Antike wurden die Bürger mit einer „Kopfsteuer" zur Kasse gebeten. Jeder Einwohner war verpflichtet, an seinen Landesherrn pro Kopf eine bestimmte Summe als Steuer abzuführen – Tribut zu zollen. Dem lag eine Berechnungsmethode zugrunde, die ganz gewiss auf einen Bierdeckel gepasst hätte – nur wurde sie vor allem von den armen und kinderreichen Familien als ungerecht empfunden.

In Preußen gab es dann im 17. Jahrhundert eine je nach persönlichem Stand unterschiedlich hohe Kopfsteuer. Daraus entwickelte der preußische Staat eine Fünf-Klassen-Besteuerung. Ab 1841 verlangte er von den wohlhabenden Bürgern zusätzlich eine einkommensabhängige Steuerabgabe. Fünfzig Jahre später wurde eine einheitliche, klassenunabhängige Einkommensteuer eingeführt.

Im Wesentlichen sind die Grundlagen unserer heutigen Einkommensteuer seit 1891 unverändert: Es gab und gibt einen unversteuerten Grundbedarf (Existenzminimum) und die progressiv gestaffelte Steuerabgabe – wer mehr verdient, muss auch prozentual mehr abgeben (Steuerprogression).

Bis heute dreht sich bei der Steuerberechnung aus Sicht der Bürger nun alles um den Ärger – kein Auskommen mit dem Einkommen. Gefühlt ist die Steuerbelastung viel zu hoch und die Steuererstattung zu niedrig. Rein steuerlich möchte jeder arm sein, also wenig Einkommen haben und möglichst viel

„absteuern". Die Progression soll nicht so arg greifen, also ein möglichst niedriger Steuersatz in Prozent bitte –, besser noch: gar keine Steuer.

Die Finanzverwaltung hingegen hat die Aufgabe, die Steuern nach Höhe der Leistungsfähigkeit, einkommensabhängig zu berechnen. Möglichst gerecht und gleich soll es sein. Es existiert eine Vielzahl von Gesetzen, Verordnungen, Richtlinien, Erlassen und Urteilen, die sich noch dazu regelmäßig ändern. Fast täglich werden neue Urteile gesprochen, die es zu berücksichtigen gilt.

Der ehemalige bayerische Finanzminister Erwin Huber äußerte sich einst:

„Der Satz des Pythagoras umfasst 24 Worte, das Archimedische Prinzip 67, die Zehn Gebote 179, die amerikanische Unabhängigkeitserklärung 300 – und allein Paragraph 19a des deutschen Einkommensteuergesetzes 1.862 Worte."

Zwar ist der § 19a weggefallen, doch an der Botschaft hat sich nichts geändert.

Wen bittet Vater Staat zur Kasse?

In § 1 des Einkommensteuergesetzes (EStG) regelt der Gesetzgeber:

> *„Natürliche Personen, die im Inland einen Wohnsitz oder ihren gewöhnlichen Aufenthalt haben, sind unbeschränkt einkommensteuerpflichtig."*

Ganz einfach gesagt: Jeder, der in Deutschland wohnt, ist hier unbeschränkt steuerpflichtig. Das betrifft also auch Babys und Senioren – unabhängig von ihrer Staatsangehörigkeit. Auch wenn Sie beispielsweise mehrere Monate auf Mallorca „überwintern" und Ihren Wohnsitz in Deutschland beibehalten, unterliegen Sie der deutschen Besteuerung – und zwar unbeschränkt.

> **!** ACHTUNG
>
> **Einwanderer und Auswanderer**
>
> Für Fälle der Ein- oder Auswanderung gibt es gesonderte Regelungen – die sogenannte Zuzugs- beziehungsweise Wegzugsbesteuerung. Sollten Sie also tatsächlich eine Auswanderung planen, informieren Sie sich rechtzeitig.

Wie groß ist der Kuchen?

Im Hinweis H1a zu § 1 des EStG erläutert der Gesetzgeber die unbeschränkte Steuerpflicht:

> *„Die unbeschränkte Einkommensteuerpflicht erstreckt sich auf sämtliche inländische und ausländische Einkünfte."*

Das bedeutet: Ganz gleichgültig, wo in der Welt Sie Ihre Einkünfte erwirtschaften: Es besteht grundsätzlich zunächst einmal Steuerpflicht in Deutschland mit dem „Welteinkommen". Ihre kleine Rente aus Österreich gehört ebenso dazu wie die Vermietung der Ferienwohnung in Spanien oder die Zinsen auf dem Schweizer Bankkonto. Der deutsche Fiskus verlangt seinen Teil des Kuchens.

Allerdings gibt es mit vielen Staaten besondere Regelungen. Denn auch alle anderen Staaten haben Steuergesetze und verlangen ihren Obolus. Um eine doppelte Besteuerung zu vermeiden, gibt es die **Doppelbesteuerungsabkommen** – kurz DBAs genannt. Diese hat die Bundesrepublik inzwischen mit sehr vielen Staaten vereinbart.

Die DBAs werden auch regelmäßig neu verhandelt und geändert. Dort ist vereinbart, welcher Staat für welche Einkunftsart die Steuern erhebt und wie die Verrechnung erfolgt. Es gibt häufig eine Berechnung als sogenannte Progressionseinkunft oder eine Anrechnung der bereits im Ausland gezahlten Steuer. Bitte prüfen Sie das stets im Einzelfall. Nehmen Sie im Zweifel fachmännische Hilfe in Anspruch. Bedenken Sie, DBAs verändern sich!

Heißt Steuerpflicht immer Portemonnaie auf?

Wie einst in Preußen bleibt auch heute noch das Existenzminimum unversteuert – die Steuerlast sinkt auf null. In der Fachsprache ausgedrückt: steuerpflichtig, jedoch steuerfrei. Unter dem höchstpersönlichen Existenzminimum verstehen vermutlich viele erst einmal etwas ganz anderes als das Einkommensteuergesetz. Der Gesetzgeber meint damit einen **Grundfreibetrag** und legt die Höhe dieses Betrages in der Regel jährlich neu fest. Er beträgt für 2025 bei einer Einzelveranlagung 12.096 €. Werden Sie mit Ihrem Ehepartner gemeinsam zur Steuer veranlagt, so verdoppelt sich der Betrag auf 24.192 €. (2024 waren es 11.784 € beziehungsweise 23.568 €, → Tabelle Seite 19.)

Die nachfolgende Tabelle verschafft Ihnen einen kleinen Überblick über die Entwicklung der letzten Jahre. Sie sehen, der Grundfreibetrag steigt stetig.

→ **TIPP Keine Sorge**
Haben Sie aktuell errechnet, dass Sie mit Ihrem zu versteuerndem Einkommen unter dem Grundfreibetrag liegen? Sie dürfen dann getrost davon ausgehen, dass sich auch nach der nächsten Rentenerhöhung für Sie nichts ändert. Die Abzüge für Kranken- und Pflegeversicherung werden sich wahrscheinlich ebenso erhöhen wie auch der Grundfreibetrag. Damit wird vermutlich auch künftig aufgrund der Rentenerhöhung allein keine Steuer für Sie anfallen.

HINTERGRUND

Ehepaare & Co.

Wenn wir in diesem Buch von Ehepartnern schreiben, sind damit auch die eingetragenen Lebenspartner gemeint. Das schließt selbstverständlich auch die gesetzliche Regelung „Ehe für alle" ein. Sie ermöglicht es gleichgeschlechtlichen Paaren seit Oktober 2017, standesamtlich zu heiraten.

Neue Einkommensteuertarife 2025

	VZ 2023 IN EURO	VZ 2024 IN EURO	VZ 2025 IN EURO
Eingangssteuersatz	10.909. bis 15.999	11.605 bis 17.005	12.035 bis 17.430
Progressionsphase	16.000 bis 62.809	17.006 bis 66.760	17.431 bis 63.430
Spitzensteuersatz 42 %	62.810 bis 277.825	66.761 bis 277.825	63.431 bis 277.825
Reichensteuer 45 %	ab 277.826	ab 277.826	ab 277.826

Grundfreibeträge der letzten Jahre

JAHR	GRUND-FREIBETRAG	GRUNDFREIBETRAG EHEPAARE BEI GEMEINSAMER VERANLAGUNG
2026	12.348 €	24.696 €
2025	12.096 €	24.192 €
2024	11.784 €	23.568 €
2023	10.908 €	21.816 €
2022*	10.347 €	20.694 €
2021	9.744 €	19.488 €
2020	9.408 €	18.816 €
2019	9.168 €	18.336 €
2018	9.000 €	18.000 €
2017	8.820 €	17.640 €
2016	8.652 €	17.304 €
2015	8.472 €	16.944 €
2014	8.354 €	16.708 €
2013	8.130 €	16.260 €

* Im Jahr 2024 wurde der Freibetrag rückwirkend von 11.604 € auf 11.784 € erhöht.

Wie progressiv sind Sie?

In Paragraph 32a Einkommensteuergesetz heißt es:

> *„Die tarifliche Einkommensteuer im Veranlagungszeitraum [...] bemisst sich nach dem zu versteuernden Einkommen."*

Der **Veranlagungszeitraum** (VZ) ist in der Regel das Kalenderjahr – also 1. Januar bis 31. Dezember eines Jahres. Die Fachleute sprechen beispielsweise von Einkommensteuererklärung „VZ 2026" und meinen damit die Veranlagung zur Steuer für das Kalenderjahr 2026. (Für Land- und Forstwirte gelten andere Vorschriften.)

Kennen Sie Ihr ZVE?

Lange bevor „Gute Zeiten, schlechte Zeiten" kurz „GZSZ", TV-Zuschauer vor die Mattscheibe lockte oder Dieter Bohlen mit „DSDS" in Deutschland den Superstar suchte, gab es steuerrechtlich eine wichtige Abkürzung: das **ZVE** – das **zu versteuernde Einkommen**. Um zu berechnen, wie hoch Ihre mögliche Steuernachzahlung, noch besser Steuererstattung, sein wird, müssen Sie zunächst einmal Ihr zu versteuerndes Einkommen kennen. Auch wenn Sie jetzt bereits innerlich jubeln, weil Sie mit Ihrer jährlichen Rente vermeintlich unterhalb des Grundfreibetrages liegen – das Finanzamt rechnet all Ihre Einkünfte zusammen. Bei der steuerlichen Zusammenveranlagung von Ehepartnern wird das gemeinsame ZVE ermittelt. Und jeder Rentner kann mehrere steuerpflichtige Einkunftsquellen haben. Prüfen Sie für sich selbst. § 2 des Einkommensteuergesetzes zählt diese Einkunftsarten auf:

- **Einkünfte aus Land- und Forstwirtschaft** (Seite 27)
- **Einkünfte aus Gewerbebetrieb** (Seite 27)
- **Einkünfte aus selbstständiger Arbeit** (Seite 30)
- **Einkünfte aus nichtselbstständiger Arbeit** (ab Seite 33)
- **Einkünfte aus Kapitalvermögen** (ab Seite 51)
- **Einkünfte aus Vermietung und Verpachtung** (Seite 65)
- **sonstige Einkünfte** (ab Seite 75)

Versprochen, es gibt zwar nur diese sieben Einkunftsarten – aber der Teufel steckt wie immer im Detail. Auf den folgenden Seiten lesen Sie Erläuterungen zu jeder Einkunftsart. Auf den Seiten 22/23 sollten Sie Ihre Zwischenergebnisse in die ZVE-Tabelle eintragen. So behalten Sie die Übersicht.

! GUT ZU WISSEN

Hinter dem Begriff „Einkommensteuer" verbergen sich sämtliche Steuern, die auf das Einkommen natürlicher Personen erhoben werden. Darunter fallen auch Quellensteuern, wie die Lohnsteuer oder die Kapitalertragssteuer. Quellensteuern werden sofort an der Einkunftsquelle einbehalten, also noch bevor der Empfänger sein Geld erhält (zum Beispiel Lohn/Gehalt, Pensionen, Betriebsrenten). Von den gesetzlichen Renten werden jedoch von den Rententrägern **keine** Steuern vorab einbehalten.

Die ersten drei Einkunftsarten (Land- und Forstwirtschaft, Gewerbebetrieb und selbstständige Arbeit) nennen Steuerfachleute **Gewinneinkunftsarten**; die verbleibenden vier sind die sogenannten **Überschuss-Einkunftsarten** (nichtselbstständige Arbeit, Kapitalvermögen, Vermietung und Verpachtung, sonstige Einkünfte).

Die sieben Einkunftsarten

HINTERGRUND

Auch die Progressionsstufen sind ebenso wie der Grundfreibetrag in § 32a des Einkommensteuergesetzes geregelt. Noch heute soll der Steuerpflichtige mit hohem Einkommen prozentual stärker belastet werden als der Kleinverdiener. Der Volksmund redet von Steuerprogression. Es gibt 5 Stufen, die zu einer progressiv ansteigenden Steuerbelastung bis zu 45 % führen. Das ist der derzeitige Spitzensteuersatz für „Reiche" in Deutschland.

ab 14 % = Eingangssteuersatz
ab 42 % = Spitzensteuersatz
ab 45 % = Reichensteuer

Zu versteuerndes Jahreseinkommen 2025

Stufe 1: bis zu 12.096 €
(Grundfreibetrag 2025 steuerfrei)
Stufe 2: bis zu 17.430 €
Stufe 3: bis zu 68.430 €
Stufe 4: bis zu 277.825 €
Stufe 5: mehr als 277.825 €

Zugegeben – keine ganz einfache Berechnung. Annäherungswerte bietet die Einkommensteuertabelle. Mathematisch Begabte kennen die Begriffe „Grenzwert" und „Durchschnittswert" und können mit der Formel im Gesetzestext ihre Steuer exakt berechnen. Wenn Sie weniger mathematisch bewandert sind, hilft Ihnen bei der Berechnung ein elektronisches Berechnungsprogramm. Die meisten Steuerprogramme bieten einen Steuerrechner an. Im Internet sind unendlich viele kostenlose Tarifrechner hinterlegt. Auch das Bundesministerium für Finanzen (BmF) ermöglicht auf seiner Internetseite ganz unkompliziert eine Berechnung: www.bmf-steuerrechner.de. Wenn es Sie interessiert: Sie können dort sogar die Entwicklung seit 1958 berechnen.

Die Berechnung Ihres persönlichen ZVE

Hier können Sie Ihre persönlichen Eintragungen vornehmen:

PERSON A		PERSON B	
1. Land- und Forstwirtschaft – Formular L			
Einnahmen	€	Einnahmen	€
./. Betriebsausgaben	€	./. Betriebsausgaben	€
Gewinn =	€	Gewinn =	€
2. Gewerbebetrieb – Formular G			
Einnahmen	€	Einnahmen	€
./. Betriebsausgaben	€	./. Betriebsausgaben	€
Gewinn =	€	Gewinn =	€
3. selbstständige Arbeit – Formular S			
Einnahmen	€	Einnahmen	€
./. Betriebsausgaben	€	./. Betriebsausgaben	€
Gewinn =	€	Gewinn =	€
4. nichtselbstständige Arbeit – Formular N			
Einnahmen	€	Einnahmen	€
./. Werbungskosten	€	./. Werbungskosten	€
Überschuss =	€	Überschuss =	€
5. Kapitalvermögen – Formular KAP *)			
Einnahmen	€	Einnahmen	€
./. Werbungskosten	€	./. Werbungskosten	€
Überschuss =	€	Überschuss =	€
6. Vermietung und Verpachtung (V + V) – Formular V			
Einnahmen	€	Einnahmen	€
./. Werbungskosten	€	./. Werbungskosten	€
Überschuss =	€	Überschuss =	€

→

*) nur in Ausnahmefällen

→ Fortsetzung

PERSON A		PERSON B	
7. sonstige Einkünfte – Renten Formular R **Unterhaltsleistungen; private Veräußerungsgeschäfte – Formular SO**			
Einnahmen	€	**Einnahmen**	€
./. Werbungskosten	€	**./. Werbungskosten**	€
Überschuss =	€	**Überschuss =**	€
Summe der Einkünfte (SdE) 1 bis 7:			
SdE 1 Person A	€	**SdE 2 Person B**	€

Person A und B gemeinsam	= €
./. Altersentlastungsbetrag	€
./. Alleinerziehungsfreibetrag	€
./. Freibetrag für Landwirte	€
Gesamtbetrag der Einkünfte (GdE)	€
./. Sonderausgaben	€
./. außergewöhnliche Belastungen	€
./. Steuerbegünstigungen	€
./. Verlustabzug	€
./. Kinderfreibeträge	€
./. Härteausgleich	€
zu versteuerndes Einkommen (ZvE)	= €

Notizen:

Sprechen Sie Steuerrecht?

Wie in jedem Beruf gibt es auch für Steuerrechtprofis mehr oder weniger notwendige Fachausdrücke. Meist merken sie selbst nicht einmal, wenn sie im Gespräch mit Branchenfremden diese Wörter benutzen, und so oft für Unverständnis sorgen. Scheuen Sie sich also nicht, einfach nachzufragen. Es ist keine Schande, nicht alles zu wissen. Aufgabe der Fachleute ist es, seien es nun Steuerberater oder Sachbearbeiter im Finanzamt, sich allgemeinverständlich auszudrücken. Es „menschelt" eben an so mancher Stelle.

Verwirrender wird es allerdings für den Steuerprofi, wenn Sie als Laie fälschlich gewählte Fachausdrücke verwenden, weil eben diese auch im allgemeinen Sprachgebrauch geläufig sind. Es entstehen Missverständnisse, die Sie mit ein paar „Vokabelkenntnissen" vermeiden können. Ein paar Beispiele:

Der Begriff **Gewinn** ist steuerrechtlich eindeutig definiert: Der Gewinn ist ganz einfach das Ergebnis der Betriebseinnahmen abzüglich der Betriebsausgaben. Die eigentliche Schwierigkeit liegt darin, zu erkennen, was genau zu den Betriebseinnahmen zählt. Häufig und noch viel schwieriger ist die Frage: Was sind meine Betriebsausgaben (betrieblichen Ausgaben) und wie kann ich sie nachweisen?

Bei den letzten vier Einkunftsarten (→ Seite 20) wird der Überschuss ermittelt. Die Rechenaufgabe lautet: Einnahmen abzüglich **Werbungskosten** ergeben den jeweiligen Überschuss; eine ebenso einfache Rechenaufgabe. Aber auch hier besteht die Herausforderung darin, zu ermitteln, was genau Ihre Werbungskosten sind.

Auch die Werbungskosten sind ein Fachbegriff (→ Seite 117), der von Laien häufig falsch benutzt wird. Bitte verwechseln Sie nicht Werbungskosten mit Werb**e**kosten oder Werb**ung** – diese sind meist Betriebsausgaben, weil eben Werbung für den Betrieb gemacht wurde. **Be**werbungskosten sind hingegen häufig Werbungskosten, weil Sie sich für einen Arbeitnehmer-Job beworben haben und dafür zum Beispiel Bewerbungsmappen, Papier, Umschläge und Briefmarken gekauft haben.

Ihre Einkünfte bestehen also aus **Gewinnen** und **Überschüssen**. Alle zusammengerechnet ergeben die **Summe der Einkünfte** (= SdE). Davon werden dann noch eventuell mögliche Freibeträge (→ Seite 103) abgezogen und ergeben dann den **Gesamtbetrag der Einkünfte** (= GdE).

Einkommen, Einkünfte und Einnahmen sind für Steuerrechtler völlig unterschiedliche Begriffe, die es unbedingt auseinanderzuhalten gilt.

In Paragraph 8 Einkommensteuergesetz heißt es:

> *„Einnahmen sind alle Güter, die in Geld oder Geldeswert bestehen und dem Steuerpflichtigen im Rahmen einer der Einkunftsarten des § 2 […] zufließen."*

Einfach übersetzt bedeutet das: Alles was Sie aus einer Einkunftsart bekommen – und es sind ja sieben an der Zahl –, sei es in Geld oder Naturalien, stellt steuerrechtlich eine **Einnahme** dar. Wenn Sie jetzt vielleicht denken, Zeiten des Tauschhandels sind vorbei, irren Sie. Im aktiven Arbeitsverhältnis gibt es so manche Sachbezüge wie etwa privat genutzten Betriebs-Pkw, hohe Personalrabatte der Möbel- und Automobilindustrie, Kost und Logis in der Gastronomie. Beispielsweise kommt es heute noch recht häufig vor, dass sogar ehemalige Betriebsangehörige sogenannte Deputate erhalten. Das sind zum Beispiel Kohlen für Bergleute, Bier für Brauerei-Mitarbeiter oder verbilligter Strom für Mitarbeiter der Stromerzeugerindustrie. Bei Forstwirten würde das selbst genutzte Brennholz für den Kamin genauso dazu zählen wie der Eigenverbrauch der Gastwirtsfamilie.

Wie hoch sind Ihre Gewinne?

In diesem Kapitel lernen Sie die drei Gewinneinkunftsarten kennen und unterscheiden. Wir reißen Land- und Forstwirtschaft, Gewerbe und freiberufliche Tätigkeit an, damit Sie prüfen können, ob es Sie betrifft.

Sie sind Land- oder Forstwirt geworden?

Jeder haupt- oder nebenberuflich tätige Land- und Forstwirt wird sich der Steuerproblematik bewusst sein. Er wird in der Regel auch steuerlich beraten – häufig von den landwirtschaftlichen Buchstellen – und das ist auch gut so! Land- und Forstwirte haben mehrere Möglichkeiten der Gewinnermittlung zur Auswahl. Es gibt viele Spezialvorschriften und **die Inanspruchnahme eines Steuerprofis ist sehr zu empfehlen.**

Es ist in ländlichen Gemeinden gar nicht selten, dass Rentner auch Einkünfte aus Land- und Forstwirtschaft (LuF) haben.

Weniger bekannt ist, dass auch Nicht-Landwirte beispielsweise als Erben zu landwirtschaftlichen Einnahmen kommen, die steuerrelevant werden können.

Die Gewinne der Einkunftsart Land- und Forstwirtschaft (LuF) werden bei der Erstellung in das Steuerformular **Anlage L** eingetragen. Für jeden einzelnen Betrieb müssen Sie ein separates Formular ausfüllen. Ehepaare kreuzen darin auch jeweils an, wem der Betrieb gehört: Ehemann oder Ehefrau beziehungsweise Person A und Person B. Die elektronische Übermittlung ist notwendig.

Sie haben Ihr Gewerbe nicht angemeldet?

Auch wenn Sie niemals bei der Gemeindeverwaltung einen Gewerbeschein beantragt haben, könnten Sie Einkünfte aus einem **Gewerbebetrieb** haben (Einkunftsart 2).

Wenn Sie zum Beispiel auf Internet-Plattformen wie eBay® regelmäßig und in größerem Umfang mit Waren handeln, Schrott einsammeln, Brennholz, Näh- und Strickarbeiten, Pflanzen oder Obst und Gemüse verkaufen, kann die **Gewerbsmäßigkeit** vermutet werden. Wenn Sie nur einmal im Jahr Ihr Grundstück, Garage, Keller und Dachboden aufräumen, sind Sie gewiss nicht betroffen. Die Häufigkeit, die eigene Darstellung in der Öffentlichkeit und die Tatsache, ob Sie damit „verdienen" wollen, werden betrachtet. Die Grenzen sind fließend und es kommt auf den jeweiligen Einzelfall an.

Betreiber von **Photovoltaikanlagen** oder **Blockheizkraftwerken** (BHKW) sind ebenso Gewerbetreibende wie die Tagesmütter, die gerade in den letzten Jahren von vielen Städten und Gemeinden ausgebildet wurden. Aber nicht allein diese offiziellen Kinderbetreuer werden zur Steuerabrechnung gebeten.

Nicht selten kommt es vor, dass Oma und Opa die Enkel bei sich zu Hause hüten. Wenn die Eltern dann die Kinderbetreuungskosten ihrerseits von den Steuern absetzen möchten, sind sie sogar bereit, dafür zu zahlen. Es bleibt ja in der Familie – so denkt man. Arglos wird von den Großeltern und Eltern ein Betreuungsvertrag unterschrieben und fix ein Dauer-Überweisungsauftrag eingerichtet. Das ausgezahlte Betreuungsgeld legen die Großeltern für die Enkel langfristig an – und schon ist eine gewerbliche Tätigkeit geboren. Alles was bei den Eltern der Kinder als steuerliche Ausgabe (= Kinderbetreuung) zählt, ist im Umkehrschluss bei den Großeltern eine gewerbliche Einnahme. Es ist wichtig, dass Sie genau rechnen, ob Sie mit den eventuellen gewerblichen Einkünften als **Tageseltern** in den Bereich der Steuerzahlung geraten.

→ **TIPP Vorteil oder Nachteil?**
Prüfen Sie besser vor einem Vertragsabschluss, ob der Steuervorteil bei den Kindeseltern den Steuernachteil bei Ihnen persönlich wirklich deutlich übersteigt.

Bei der Berechnung der Gewinne dürfen natürlich Betriebsausgaben abgezogen werden: Einnahmen als Tageseltern abzüglich Betriebsausgaben ist gleich der Gewinn. Weil der Nachweis von tatsächlichen Betriebsausgaben bei Kinderbetreuung im eigenen Haushalt schwierig ist, hat der Gesetzgeber hier ausnahmsweise einen pauschalen Ansatz von Betriebsausgaben zugelassen, und zwar seit 2023 in Höhe von 400 € pro Monat je Kind. Dabei wird von einer 40-Stunden-Woche ausgegangen.

Anders sieht es aus, wenn Sie im Haushalt der Kindeseltern die Betreuung übernehmen und eventuell sogar noch einige kleine hauswirtschaftliche Aufgaben wie Bügeln,

Umsatzsteuer

Lena Freiberger ist Steuerberaterin und Leitung der Steuerabteilung des Aktuell Lohnsteuerhilfevereins e.V.

„Der Betrieb einer Photovoltaikanlage stellt einkommensteuerrechtlich einen Gewerbebetrieb dar. Die Betreiber erzielen mit den Einspeisevergütungen und dem Selbstverbrauch steuerpflichtige gewerbliche Einkünfte. Bei Erwerb einer Photovoltaikanlage bis Ende 2021 haben die Finanzämter häufig den Betrieb der Photovoltaikanlage als Liebhaberei eingestuft. Folglich wurde der sogenannte Antrag auf Liebhaberei für kleine selbstgenutzte Photovoltaikanlagen (max. 10 kWp) eingeführt – damit werden die Photovoltaikanlagen als steuerlich unbeachtlich behandelt und sind nicht in der Einkommensteuererklärung zu erfassen. Bis zum Steuerjahr 2021 hatten Lohnsteuerhilfevereine keine Beratungsbefugnis für Betreiber von Photovoltaikanlagen.

Neuregelung: Ab dem Steuerjahr 2022 greift eine Einkommensteuerbefreiung für Einnahmen aus Photovoltaikanlagen bis max. 30 kWp (Einfamilienhaus inkl. Nebengebäude wie Carport und Garage sowie Gewerbeimmobilien) bzw. bis max. 15 kWp oder 30 kWp bei Erwerb ab 2025 (sonstige Gebäude). Photovoltaikanlagen, die unter die Steuerbefreiung fallen, dürfen bzw. müssen nicht mehr in der Einkommensteuererklärung berücksichtigt werden. Ein Wahlrecht zum Ansatz besteht nicht. Erfreulicherweise besteht für Lohnsteuerhilfevereine ab dem Jahr **2022** für Betreiber von begünstigten Photovoltaikanlagen eine **Beratungsbefugnis**. Vorjahre dürfen aber weiterhin nicht beraten werden. Neu ist auch der Nullsteuersatz bei Erwerb und Installation einer Photovoltaikanlage auf bestimmten Gebäuden (z. B. Einfamilienhaus) ab 01.01.2023. Das heißt, es ist beim Kauf einer Anlage keine Umsatzsteuer mehr fällig und entlastet somit die Steuerpflichtigen. Umsatzsteuerrechtlich gilt der Betreiber aber weiterhin – unabhängig vom Nullsteuersatz – als Unternehmer. Einspeisungen und der Selbstverbrauch sind somit umsatzsteuerpflichtig. Der Betreiber muss Umsatzsteuerjahreserklärungen und Voranmeldungen einreichen. Bei Wahl der sogenannten Kleinunternehmerregelung grundsätzlich nur die Umsatzsteuerjahreserklärung, auf die aber ab dem Jahr 2024 gänzlich verzichtet wird.

Kochen, Spülen erledigen. In diesem Fall kann sozialversicherungsrechtlich ein Arbeitsverhältnis bestehen. Dieses muss dann bei der Minijob-Zentrale in Essen (www.minijob-zentrale.de) über das sogenannte Haushalts-Scheckverfahren angemeldet werden. Als „Tageseltern" sind Sie nun nicht mehr gewerblich tätig, sondern als Arbeitnehmer (nicht selbstständige Tätigkeit, Einkunftsart Nr. 4 → Seite 33). Übrigens können die Kindeseltern dann als Ausgaben sowohl Ihren Lohn als auch die Lohnnebenkosten (= Sozialversicherung) von den Steuern absetzen.

→ TIPP Aufwand entschädigen
Sollten Sie als Großeltern nur eine angemessene Aufwandsentschädigung, zum Beispiel Fahrtkostenersatz, erhalten, so ist diese bei Ihnen steuerlich keine gewerbliche Einnahme. Gleichwohl ist es aber eine Ausgabe bei den Kindeseltern. Sie holen und bringen Ihr Enkelkind beispielsweise an 20 Tagen je Monat und legen dabei jeweils 10 Kilometer mit dem Auto zurück. Dann können Sie den Eltern einen Fahrtkostenersatz in Rechnung stellen (nach Reisekostenrecht): 10 Kilometer hin + 10 Kilometer zurück x 20 Tage à 0,30 €/km = 120 € je Monat.

Wenn Sie bei Ihrem Nachbarn während dessen Urlaub einige Male den Rasen mähen und dafür ein kleines Urlaubsmitbringsel bekommen, sind Sie sicherlich im Bereich der **steuerfreien Nachbarschaftshilfe**. Sollten Sie allerdings regelmäßig im gesamten Ort und darüber hinaus tätig werden, womöglich sogar Zeitungsanzeigen mit Ihren Hilfsangeboten geschaltet haben und die „Geschenke" fallen größer aus – melden Sie schnell Ihr Gewerbe an und versteuern Sie Ihre Gewinne.

Mitunter werden besonders Rentnern Hinzuverdienste im Bereich Marktforschung, Vertrieb, Kurierfahrer, Pizza-Taxi, Flughafentransfers und Ähnliches auf „selbstständiger Basis" angeboten. Prüfen Sie die Vertragsbedingungen genau. Wenn Sie keine Lohnabrechnung, sondern eine „Gutschrift" erhalten oder gar selbst Rechnungen schreiben sollen, liegen sehr wahrscheinlich gewerbliche Einnahmen vor.

Gewinne aus gewerblicher Tätigkeit werden bei der Steuererklärung in **Anlage G** eingetragen. Wie bei allen Gewinneinkunftsarten füllen Sie je Unternehmen pro Person ein Formblatt aus, also für Ehemann und Ehefrau oder Person A und Person B. Auch hier ist die elektronische Übermittlung vom Finanzamt vorgeschrieben.

Selbst und ständig – Selbstständige Arbeit

Genau wie die „richtigen" Land- und Forstwirte oder Gewerbetreibenden ihre Gewinne im Auge behalten, tun dieses sicher auch diejenigen, die bewusst ihre selbstständige Tätigkeit ausüben. Hier kommt wieder ein steuerlicher Fachausdruck – **selbstständig** – ins Spiel, der sich vom umgangssprachlichen Gebrauch deutlich unterscheidet. § 18 des EStG zählt die Berufe auf, die eine selbstständige Arbeit ausüben und grenzt diese sozusagen von den „Gewerbetreibenden" ab.

Erste Voraussetzung ist, dass die Tätigkeit selbstständig (also **nicht** im Angestelltenverhältnis) ausgeübt wird. Aufgezählt werden:

→ *„wissenschaftliche, künstlerische, schriftstellerische, unterrichtende oder erzieherische Tätigkeiten."*

Auch die sogenannten Freiberufler gehören zu dieser Gruppe, etwa Ärzte, Steuerberater oder Architekten.

Egal ob Sie beispielsweise als Rentner Fachartikel schreiben, Ihre selbst gemalten Bilder verkaufen, Übersetzungen anfertigen, für den Lokalteil der Zeitung Fotos machen, Sportkurse, Klavierstunden oder Konzerte geben: Sobald Sie Einnahmen daraus erzielen, haben Sie Einnahmen aus selbstständiger Tätigkeit. Auch Aufsichtsratsvergütungen zählen hierzu. Die Berechnungsmethode kennen Sie nun schon: Einnahmen aus der selbstständigen Tätigkeit abzüglich Betriebsausgaben (wie zum Beispiel für PC-Hardware, Software, Reisekosten, Kamera, Raummieten, Materialien, Telefon- und Internetkosten) ergeben den steuerlichen Gewinn aus der dritten Einkunftsart. Sollte sich über mehrere Jahre hinweg ein Verlust ergeben, wird das Finanzamt prüfen, ob es sich um „Liebhaberei" handelt und dann gegebenenfalls den sogenannten Verlustabzug versagen.

! GUT ZU WISSEN

Bis 410 Euro pro Jahr Nebeneinkünfte bleiben komplett steuerfrei, bei Einzelveranlagung von Ehegatten sogar pro Person. Dieser "Härteausgleich" gilt für Einkünfte, auf die keine Lohnsteuer erhoben wird. Auch ohne besonderen Antrag wird dieser automatisch vom Finanzamt berücksichtigt.

Bei der Steuererklärung tragen Sie die Angaben hierzu in der **Anlage S** ein. Sie füllen für jede selbstständige Tätigkeit jeweils ein Formblatt aus und markieren, ob der Ehemann oder die Ehefrau die Einkünfte erzielt hat. Das Finanzamt verlangt die elektronische Übermittlung (ELSTER → Seite 193).

Wenn Sie nun die Erkenntnis gewonnen haben, dass Sie steuerlich Gewinne aus den ersten drei Einkunftsarten machen, berechnen Sie diese am einfachsten in einer separaten „Nebenrechnung" und tragen Sie Ihre persönlichen Ergebnisse – getrennt für beide Ehepartner – in Ihrer Berechnung auf Seite 20/21 zur Ermittlung Ihres ZVE ein. Die negativen Gewinne, also Verluste, mit Minus. Sollten Sie mehrere Betriebe einer Einkunftsart haben, können Sie die Ergebnisse saldieren (zusammen abrechnen).

Sie arbeit(et)en weisungsgebunden

In diesem Kapitel dreht sich alles um die nichtselbstständige Tätigkeit. Dazu gehören nicht nur Lohn und Gehalt, sondern auch Betriebsrenten, Beamtenpensionen und mehr.

Wenn Sie bei einem Arbeitgeber oder Dienstherren in Lohn und Brot stehen oder standen, haben Sie steuerrechtlich Einkünfte aus „Nichtselbstständiger Arbeit" wie es in § 19 EStG beschrieben steht. Übrigens tragen Sie bei einer Steuererklärung in Papierform alle Angaben in **Anlage N** jeweils getrennt für beide Ehepartner ein.

> *„Zu den Einkünften aus nichtselbständiger Tätigkeit gehören:*
> *1. Gehälter, Löhne, [...] für eine Beschäftigung im öffentlichen oder privaten Dienst.*
> *2. Wartegelder, Ruhegelder, Witwen- und Waisengelder und andere Bezüge und Vorteile aus früheren Dienstleistungen [...]*
> *3. laufende Beiträge und laufende Zuwendungen des Arbeitgebers aus einem bestehenden Dienstverhältnis an einen Pensionsfonds [...] für eine betriebliche Altersversorgung. Zu den Einkünften aus nichtselbständiger Arbeit gehören auch Sonderzahlungen, die der Arbeitgeber [...] an eine solche Versorgungseinrichtung leistet [...]."*

Kurz: Alles, was Sie von Ihrem Arbeitgeber oder Dienstherrn – wie die Beamten sagen – bekommen, gehört zu dieser vierten Einkunftsart „Nichtselbstständiger Arbeit". Dabei ist es zunächst unerheblich, ob Sie noch im aktiven Erwerbsleben stehen oder schon Ihren Ruhestand genießen. Sowohl Ihre Betriebsrenten und Pensionen, als auch die Hinterbliebenenrenten oder -pensionen gehören dazu. Ausschlaggebend ist der enge Zusammenhang Ihrer beruflichen Tätigkeit bei dem jeweiligen Arbeitgeber und der Betriebsrente, die Ihr Arbeitgeber an Sie zahlt. Es sind durchaus auch mehrere Betriebsrenten von verschiedenen Arbeitgebern, bei denen Sie während Ihres langen Arbeitslebens tätig waren, denkbar. Diese werden dann unabhängig voneinander an Sie ausgezahlt. Es ist sogar möglich, dass Sie zusätzlich zu der oder den Betriebsrenten noch parallel Einkünfte aus einer aktiven Berufstätigkeit haben, ob in Vollzeit oder Teilzeit.

Weil Beamte während ihres Dienstverhältnisses nicht in die gesetzliche Rentenkasse einzahlen, können sie daraus auch keine Rente beziehen. Sie erhalten eine Beamtenpension, und diese ist immer eine Einkunft aus „nichtselbstständiger Tätigkeit". Wenn Sie als Beamter aus einem anderen Arbeitsverhältnis, beispielsweise aus Zeiten **vor** der Verbeamtung, Rentenansprüche erworben haben und daraus eine gesetzliche Rente zusätzlich erhalten, wird diese genau wie bei den Betriebsrentnern unter „Sonstige Einkunft" erfasst (→ Seite 75).

Steuerkarten und eTIN-ELStAM

Die Berechnung der Einkünfte aus nichtselbstständiger Arbeit ist recht einfach, denn Sie bekommen alle Jahre wieder im Februar/März von Ihrem (ehemaligen) Arbeitgeber oder/und Dienstherren eine Bescheinigung über Ihr Jahreseinkommen – häufig im Volksmund nicht ganz korrekt „eTIN" genannt.

eTIN ist die offizielle Abkürzung für „elektronische Transfer-Identifikationsnummer". Sie hat seit der Einführung der persönlichen Steueridentifikationsnummer (kurz Steuer-ID) ihre Bedeutung verloren. Seit 2010 soll grundsätzlich nur noch die Steuer-ID für elektronische Übermittlungen verwendet werden. Diese Steuer-ID wurde Ihnen vom Bundesministerium für Finanzen seit 2003 einmalig zugeschickt und gilt ein Leben lang. Selbst Neugeborenen wird kurz nach der Anmeldung beim Standesamt eine solche ID-Nummer zugewiesen. Sie brauchen diese Nummer künftig zunehmend häufiger. Fehlt Ihnen diese Nummer in Ihren Unterlagen, dann fragen Sie einfach bei Ihrem Einwohnermeldeamt oder Finanzamt nach.

Dieser „Ausdruck der elektronischen Lohnsteuerbescheinigung" ersetzt im Grunde genommen die altbekannte Lohnsteuerkarte, die zuletzt für 2010 in Papierform ausgegeben wurde. Mit der Umstellung auf ELStAM (**E**lektronische **L**ohn**st**euer**a**bzugs**m**erkmale) sollten ab 2011 die persönlichen Steuerabzugsmerkmale über eine elektronische Datenbank abgewickelt werden. Das System konnte technisch erst ab 2013 angewendet werden. So wurde einfach die Gültigkeit der Steuerkarte 2010 auch für die Jahre 2011 und 2012 verlängert.

HINTERGRUND

Die gute alte Steuerkarte

Als Ruheständler kennen Sie noch das Prozedere: Die Steuerkarte wurde damals von den Kommunen im Herbst verschickt. Sie konnten die Angaben wie zum Beispiel Steuerklasse, Konfession, Anzahl der Kinder, Freibeträge usw. überprüfen und bei Bedarf ändern lassen. Dann haben Sie die Steuerkarte bei Ihrem Arbeitgeber eingereicht. Dieser hat dann anhand der Angaben auf der Steuerkarte Ihre Lohnabzüge vorgenommen. Bei Arbeitgeberwechsel im Laufe eines Jahres wurden Ihre jeweiligen Einnahmen und Abzüge vom Arbeitgeber auf der Rückseite eingetragen und Ihnen zur Vorlage beim nächsten Arbeitgeber (oder auch „Arbeitsamt") ausgehändigt.
Die Steuerkarte galt jeweils für ein Kalenderjahr und wurde Ihnen mit der Dezember-Abrechnung oder kurz danach ausgehändigt als Lohn- und Steuernachweis für Zwecke der Einkommensteuererklärung. Sie haben diese dann zusammen mit der Erklärung beim Finanzamt eingereicht.

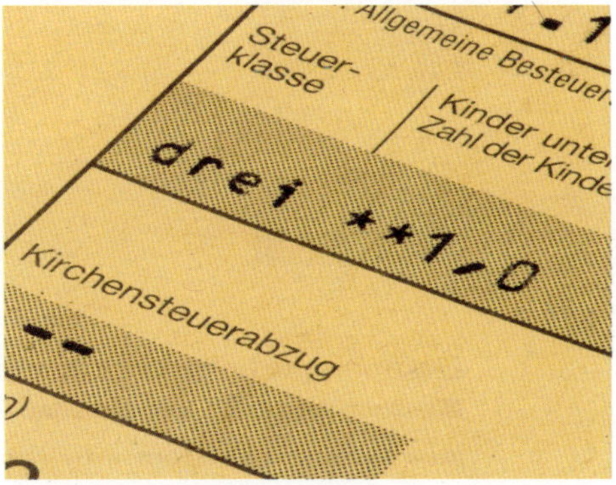

Muster einer alten Steuerkarte.

Im Prinzip hat sich durch die endgültige Umstellung nichts für Sie geändert. Mit ELStAM werden Ihre persönlichen Daten wie Familienstand, Anzahl der Kinder, Konfession einschließlich aller Änderungen von den Meldebehörden elektronisch eingespeist und von Ihrem Arbeitgeber allmonatlich automatisch abgerufen. Freibeträge und eventuelle Änderungen der Steuerklassen (→ Seite 155) beantragen Sie beim Finanzamt. Diese stets aktuellen Daten werden dann über die ELStAM-Datenbank wie eine elektronische Steuerkarte an den Arbeitgeber oder Dienstherrn übermittelt.

Wie zu Zeiten der alten Papier-Lohnsteuerkarte können Sie auch heute noch auf Ihrer Lohn- und Gehaltsabrechnung beziehungsweise der Bezügemitteilung ersehen, welche Angaben von Ihrem Arbeitgeber berücksichtigt wurden.

Finanzamt
Soest

Finanzverwaltung NRW 59491 Soest

Auskunft erteilt
Frau [redacted]

Frau
[redacted]

Durchwahl-Nr.
02921 [redacted]

Zimmer
[redacted]

IdNr.
[redacted]

Datum
[redacted]

Elektronische Lohnsteuerabzugsmerkmale (ELStAM)

Mitteilung der aktuell gespeicherten Daten

(Dieser Ausdruck ist für Ihre Unterlagen und nicht zur Vorlage beim Arbeitgeber bestimmt.)

Sehr geehrte Frau [redacted]

für Sie sind zum [redacted] die folgenden Lohnsteuerabzugsmerkmale in der ELStAM-Datenbank gespeichert:

Geburtsdatum	[redacted] 1960
Steuerklasse	3
Faktor bei Steuerklasse vier	
Kirchensteuerabzug des Steuerpflichtigen	Römisch-katholisch
Kirchensteuerabzug des Ehegatten/Lebenspartners	
Zahl der Kinderfreibeträge	0
Jahres-Freibetrag in Euro	
monatlicher, wöchentlicher, täglicher Freibetrag in Euro	
Jahres-Hinzurechnungsbetrag in Euro	
monatlicher, wöchentlicher, täglicher Hinzurechnungsbetrag in Euro	

lo:ELStAM_Datenabrufe_Aktuell Seite 1

Abb. 1: ELStaM-Mitteilung eines Musterehepaars – hier Ehefrau, Seite 37 Ehemann.

Finanzamt
Soest

Finanzverwaltung NRW 59491 Soest

Auskunft erteilt
Frau [redacted]

Herrn
[redacted]

Durchwahl-Nr.
02921 [redacted]

Zimmer
[redacted]

IdNr.
[redacted]

Datum
[redacted]

Elektronische Lohnsteuerabzugsmerkmale (ELStAM)

Mitteilung der aktuell gespeicherten Daten

(Dieser Ausdruck ist für Ihre Unterlagen und nicht zur Vorlage beim Arbeitgeber bestimmt.)

Sehr geehrter Herr [redacted]

für Sie sind zum [redacted] die folgenden Lohnsteuerabzugsmerkmale in der ELStAM-Datenbank gespeichert:

Geburtsdatum	[redacted] 1958
Steuerklasse	5
Faktor bei Steuerklasse vier	
Kirchensteuerabzug des Steuerpflichtigen	Römisch-katholisch
Kirchensteuerabzug des Ehegatten/Lebenspartners	
Zahl der Kinderfreibeträge	0
Jahres-Freibetrag in Euro	
monatlicher, wöchentlicher, täglicher Freibetrag in Euro	
Jahres-Hinzurechnungsbetrag in Euro	
monatlicher, wöchentlicher, täglicher Hinzurechnungsbetrag in Euro	

lo:ELStAM_Datenabrufe_Aktuell

Seite 1

Ausdruck der elektronischen Lohnsteuerbescheinigung für [redacted]

XXXXXXXXXXXXXXXXXXXXXXXXXXXXXXXXXXXXXXXXXXXXXXXXXXXXXXXXX

[redacted]

[redacted]

Datum: [redacted]
eTIN:
Identifikationsnummer:
Personalnummer: 00042
Geburtsdatum:

Dem Lohnsteuerabzug wurden im letzten Lohnzahlungszeitraum zugrunde gelegt:

Steuerklasse/Faktor
4

Zahl der Kinderfreibeträge
2,5

Steuerfreier Jahresbetrag

Jahreshinzurechnungsbetrag

Kirchensteuermerkmale
-- / --

Anschrift und Steuernummer des Arbeitgebers:

Raum für weitere Angaben:

Bezeichnung	EUR	Ct

Seite 1

[redacted]

1. Bescheinigungszeitraum		vom - bis 01.01.-31.12.	
2. Zeiträume ohne Anspruch auf Arbeitslohn Großbuchstaben (S, M, F, FR)		Anzahl "U"	
		EUR	Ct
3. Bruttoarbeitslohn einschl. Sachbezüge ohne 9. und 10.		6.384	71
4. Einbehaltene Lohnsteuer von 3.		---	
5. Einbehaltener Solidaritätszuschlag von 3.		---	
6. Einbehaltene Kirchensteuer des Arbeitnehmers von 3.		---	
7. Einbehaltene Kirchensteuer des Ehegatten/Lebenspartners von 3. (nur bei Konfessionsverschiedenheit)			
8. In 3. enthaltene Versorgungsbezüge			
9. Ermäßigt besteuerte Versorgungsbezüge für mehrere Kalenderjahre			
10. Ermäßigt besteuerter Arbeitslohn für mehrere Kalenderjahre (ohne 9.) und ermäßigt besteuerte Entschädigungen			
11. Einbehaltene Lohnsteuer von 9. und 10.			
12. Einbehaltener Solidaritätszuschlag von 9. und 10.			
13. Einbehaltene Kirchensteuer des Arbeitnehmers von 9. und 10.			
14. Einbehaltene Kirchensteuer des Ehegatten/Lebenspartners von 9. und 10. (nur bei Konfessionsverschiedenheit)			
15. (Saison-)Kurzarbeitergeld, Zuschuss zum Mutterschaftsgeld, Verdienstausfallentschädigung (Infektionsschutzgesetz), Aufstockungsbetrag und Altersteilzeitzuschlag		2.145	76
16. Steuerfreier Arbeitslohn nach	a) Doppelbesteuerungsabkommen (DBA)		
	b) Auslandstätigkeitserlass		
17. Steuerfreie Arbeitgeberleistungen, die auf die Entfernungspauschale anzurechnen sind			
18. Pauschal mit 15% besteuerte Arbeitgeberleistungen für Fahrten zwischen Wohnung und erster Tätigkeitsstätte			
19. Steuerpflichtige Entschädigungen und Arbeitslohn für mehrere Kalenderjahre, die nicht ermäßigt besteuert wurden - in 3. enthalten			
20. Steuerfreie Verpflegungszuschüsse bei Auswärtstätigkeit			
21. Steuerfreie Arbeitgeberleistungen bei doppelter Haushaltsführung			
22. Arbeitgeberanteil/-zuschuss	a) zur gesetzlichen Rentenversicherung	593	78
	b) an berufsständische Versorgungseinrichtungen		
23. Arbeitnehmeranteil	a) zur gesetzlichen Rentenversicherung	392	12
	b) an berufsständische Versorgungseinrichtungen		
24. Steuerfreie Arbeitgeberzuschüsse	a) zur gesetzlichen Krankenversicherung		
	b) zur privaten Krankenversicherung		
	c) zur gesetzlichen Pflegeversicherung		
25. Arbeitnehmerbeiträge zur gesetzlichen Krankenversicherung		335	18
26. Arbeitnehmerbeiträge zur sozialen Pflegeversicherung		64	29
27. Arbeitnehmerbeiträge zur Arbeitslosenversicherung		50	60
28. Beiträge zur privaten Kranken- und Pflege-Pflichtversicherung oder Mindestvorsorgepauschale			
29. Bemessungsgrundlage für den Versorgungsfreibetrag zu 8.			
30. Maßgebendes Kalenderjahr des Versorgungsbeginns zu 8. und/oder 9.			
31. Zu 8. bei unterjähriger Zahlung: Erster und letzter Monat, für den Versorgungsbezüge gezahlt wurden			
32. Sterbegeld;; Kapitalauszahlungen/Abfindungen und Nachzahlungen von Versorgungsbezügen - in 3. und 8. enthalten			
33. Ausgezahltes Kindergeld			
34. Freibetrag DBA Türkei			

[redacted]

Abb. 2: Muster eTin Arbeitnehmer.

Abrechnung der Brutto/Netto-Bezüge für Dezember [redacted]

ZZ1 [redacted] Blatt: 1

Personal-Nr.	Geburtsdatum	StKl	Faktor	Ki.Frbtr.	Konfession	Freibetrag jährl.[1]	Freibetrag mtl.[1]	DBA	Midijob	St.-Tg.
00042		4		25					Ja	30

SV-Nummer	Krankenkasse	KK %[8]	PGRS	BGRS	Um.	SV-Tg.
[redacted]		159	101	1111	1	30

Eintritt	Austritt
041116	

Steuer-ID [redacted] MFB[7]

VJ Url. üb.	Url. Anspr.	Url.Tg.gen.	Resturlaub
Anw. Tage	Urlaub Tage	Krankh. Tg.	Fehlz. Tage
Anw. Std.	Urlaub Std.	Krankh. Std.	Fehlz. Std.
	Zeitlohn Std.	Überstd.	Bez. Std.

[redacted]

Hinweise zur Abrechnung

Std.lohn 1

Brutto-Bezüge

Lohnart	Bezeichnung	Einheit[2]	Menge[3]	Faktor[3]	Prozentsatz	St[4]	SV[4]	GB[5]	Betrag
2000	Gehalt					L	L	J	826,50

Gesamt-Brutto 826,50

Steuer/Sozialversicherung

St[4]	Steuer-Brutto	Lohnsteuer	Kirchensteuer	Solidaritätszuschlag
L	82650			

Steuerrechtliche Abzüge 0,00

SV[4]	KV-Brutto	RV-Brutto	AV-Brutto	PV-Brutto	KV-Beitrag	RV-Beitrag	AV-Beitrag	PV-Beitrag[6]
L	76406	76406	76406	76406	5579	6526	842	1070

SV-rechtliche Abzüge 140,17

Netto-Verdienst 686,33

Verdienstbescheinigung

Gesamt-Brutto	8.53047	SV-Brutto	8.12714
Steuer-Brutto	6.38471	KV-Beitrag	33518
Lohnsteuer		RV-Beitrag	39212
Kirchensteuer		AV-Beitrag	5060
Solidaritätszuschlag		PV-Beitrag	6429
Steuerfreie Bezüge	2.14576	VWL gesamt	
P. verst. Zuk.sich.		Kug-Auszahlung	2.14576
Pfändung Rest			
Darlehen Rest			

Netto-Bezüge/Netto-Abzüge

Lohnart	Bezeichnung	Betrag

Betrag erhalten:

Bank

Konto

SV-AG-Anteil	Zus. AG-Kosten	Gesamtkosten	Auszahlungsbetrag
16509			686,33

[1] H = Hinzurechnungsbetrag
[2] Std = Stunden, T = Tage, Km = Kilometer, St = Stück, EUR = Euro, Tsd = Tausend Euro, Mio = Million Euro
[3] Gegebenenfalls Netto-Lohn/Netto-Stundenlohn
[4] L = Laufender Bezug, S = Sonstiger Bezug, F = Frei, E = Einmalbezug, P = Pauschalierung, A = Abfindung, M = mehrjährige Versteuerung, N = Nachberechnung, V = Vorjahr, W = Entgeltguthaben
[5] J = Bestandteil des Gesamt-Bruttos
[6] Z = Einschl. Beitragszuschlag zur PV für Kinderlose
[7] MFB = Mehrfachbeschäftigung
[8] Maßgeblicher Beitragssatz zur KV inkl.. Zusatzbeitrag

AFP Form.-Nr. PCGN14

- Dies ist eine Entgeltbescheinigung nach § 108 Abs. 3 Satz 1 der Gewerbeordnung -

[redacted]

Abb. 3: Muster Dezember-Lohnabrechnung mit Gesamtjahreswerten.

Wenn Sie Ihren „Ausdruck der elektronischen Lohnsteuerbescheinigung" zur Hand nehmen, sehen Sie alle Daten, die Ihr Arbeitgeber beziehungsweise Ihr Dienstherr bereits an das Finanzamt übermittelt hat, auf einen Blick. Ob der Arbeitgeber tatsächlich an das Finanzamt übermittelt hat, erkennen Sie am Transferticket.

Der Arbeitgeber trägt in Zeile 1 Lohnsteuerbescheinigung die Dauer des Dienstverhältnisses ein, also Beginn und Ende Ihrer Tätigkeit. Wenn Sie das ganze Jahr dort gearbeitet oder auch nur Betriebsrente bezogen haben, steht dort 1.1.–31.12. Sind Sie zum Beispiel am 1. Oktober in den wohlverdienten Ruhestand gegangen, steht dort 1.1.–30.9. Bitte beachten Sie, dass Sie zusätzliche Lohnsteuerbescheinigungen etwa aus weiteren Arbeitsverhältnissen haben könnten. Das ist häufig der Fall, wenn Sie mehr als eine Betriebsrente beziehen, Pensionsbezüge haben **und** eine steuerpflichtige Nebentätigkeit ausüben oder aus einer Urlaubskasse (beispielweise im Baugewerbe üblich) ausgezahlt wurde. Diese werden in der Regel mit der Steuerklasse 6 versteuert. Die Eintragung erfolgt auf dem Steuerformular **Anlage N, Zeile 5**. Sie füllen für jeden Ehegatten ein separates Formblatt aus.

In Zeile 2 Zeiträume ohne Anspruch auf Arbeitslohn: Anzahl „U" wird eingetragen, wenn Sie für einen oder mehrere Zeiträume vom Arbeitgeber keinen Lohn bekommen haben. Das kann zum Beispiel unbezahlter Urlaub oder Krankengeldbezug sein.

Im März haben Sie sich den Arm gebrochen und waren für acht Wochen krankgeschrieben. Nach sechs Wochen endete die Lohnfortzahlung des Arbeitgebers und Sie sind für 14 Tage in den Krankengeldbezug gerutscht. Krankengeld ist eine **Lohnersatzleistung** genau wie etwa Arbeitslosengeld, Insolvenzgeld, Übergangsgeld, Mutterschaftsgeld, Verletztengeld usw. All diese Gelder bekommen Sie **nicht** von Ihrem Arbeitgeber. Diese Leistungen werden anstelle von Lohn an Sie gezahlt. Sie gehören somit auch nicht zu den Einkünften aus nichtselbstständiger Tätigkeit und sind auch **nicht** in Anlage N einzutragen. Ihr Krankengeld weisen Sie anhand der Krankengeldbescheinigung Ihrer gesetz-

			EUR	Ct		EUR
5	Bruttoarbeitslohn	110	6 384	—	111	
7	Lohnsteuer	140			141	

Anlage N, Seite 1, Zeile 5

35	– die dem Progressionsvorbehalt unterliegen, z. B. Arbeitslosengeld, Elterngeld, Insolvenzgeld, Krankengeld, Mutterschaftsgeld, Verdienstausfallentschädigung (Infektionsschutzgesetz)	120	2 145 ,–	121	
36	– vergleichbare Leistungen i. S. d. Zeile 43 aus einem EU- / EWR-Staat oder der Schweiz	136	,–	137	

Hauptvordruck, Seite 2, Zeile 35 und 36.

lichen Krankenversicherung („Krankenkasse") nach. Die Bescheinigung erhalten Sie spätestens Anfang des Folgejahres von Ihrer Krankenkasse. Die Eintragung erfolgt als Lohnersatzleistung im **Hauptvordruck** in **Zeile 35** beziehungsweise **Zeile 36** bei vergleichbaren Leistungen aus EU-Staaten jeweils getrennt für Ehegatten (→ Seite 157, Progressionsvorbehalt).

Zeile 3 Ihrer Lohnsteuerbescheinigung weist Ihren steuerpflichtigen Bruttoarbeitslohn einschließlich eventueller Sachbezüge des jeweiligen Jahres aus. Ihr Arbeitgeber hat bereits

- → Lohn und Gehalt beziehungsweise Bezüge,
- → Überstunden,
- → Urlaubsgeld,
- → Sonderzahlungen,
- → Weihnachtsgelder,
- → den steuerpflichtigen Teil des Dienstwagens,
- → Familien- und Ortszuschläge ebenso wie
- → die Betriebsrente oder Deputate

zusammengefasst.

Steuerfreie Zahlungen wie beispielsweise Nachtzuschläge, Sonn- und Feiertagszuschläge sind hier nicht addiert.

In den Zeilen 4 bis 7 und 11 bis 14 werden die von Ihrem Arbeitgeber einbehaltenen Steuern (Lohnsteuer, Solidaritätszuschlag, Kirchensteuer) eingetragen.

Diese Steuern sind vom Arbeitgeber bereits für Sie unter Ihrer Steuer-ID an das Finanzamt abgeführt worden. Für diese Einkunftsart sind also bereits Steuern von Ihnen bezahlt worden. Ob die Zahlung der Steuern allerdings ausreichend ist oder aber zu gering, oder ob womöglich gar zu viel gezahlt wurde, können nur Sie selbst – nicht Ihr Arbeitgeber – berechnen, und zwar erst dann, wenn Sie Ihr ZVE (→ Seite 22/23) ermittelt haben.

Ihre Betriebsrente oder Pension heißt steuerlich Versorgungsbezug und ist in Zeile 8 eingetragen.

Mitunter kommt es vor, dass zum Beispiel Korrekturen bei der Berechnung von Versorgungsbezügen für mehrere meist zurückliegende Jahre gemacht werden. Diese werden in Zeile 9 eingetragen und ermäßigt besteuert (→ Seite 158, ermäßigte Besteuerung).

Aus einem aktiven Arbeitsverhältnis kommt es mitunter auch zu nachträglichen Korrekturen, Provisionszahlungen, Entschädigungen und Abfindungen, die auch ermäßigt besteuert werden. Eintragungen in Zeile 10.

Die Eintragungen in Zeile 15 Aufstockung und Altersteilzeitzuschlag hat so mancher Vorruheständler schmerzhaft zu spüren bekommen, wenn er in **Altersteilzeit** gegangen ist.

In dieser Zeile wird aber auch eingetragen: Zuschuss zum Mutterschaftsgeld, Kurzarbeitergeld und – ganz aktuell – Verdienstausfallentschädigungen nach dem Infektionsschutzgesetz etwa bei Verdienstausfall wegen behördlich angeordneter Quarantäne. All diese Leistungen unterliegen dem Progressionsvorbehalt (→ Seite 157).

In Zeile 16 wird steuerfreier Arbeitslohn nach Doppelbesteuerungsabkommen (DBA, → Seite 17) eingetragen. Achtung: Ausländische Arbeitnehmer-Einkünfte werden im Formular Anlage N-AUS eingetragen.

Die Zeilen 17, 18, 20, 21 betreffen nur aktive Dienstverhältnisse. Der Arbeitgeber macht hier Angaben zu steuerfreien Leistungen, die er Ihnen bereits steuerfrei beziehungsweise pauschal versteuert ausgezahlt hat. Es soll so verhindert werden, dass Sie diese Aufwendungen im Rahmen Ihrer Einkommensteuererklärung nochmals als Werbungskosten (→ Seite 117) geltend machen. Das sind Aufwandsentschädigungen für doppelte Haushaltsführung, Fahrten zur Arbeit und Spesen.

Die Eintragungen in Zeile 19 sind bereits in Zeile 3 enthalten – also **nicht** zusätzlich. Mitunter ist für den Arbeitgeber unklar, ob beispielsweise eine Entschädigungszahlung der ermäßigten Besteuerung unterliegt oder nicht. Der Arbeitgeber unterwirft dann die Zahlung an den Arbeitnehmer lieber der vollen Besteuerung, um seinem Haftungsrisiko zu entgehen. In der privaten Einkommensteuererklärung kann und sollten Sie dann unter Vorlage der entsprechenden Unterlagen oder Verträge den Sachverhalt dem Finanzamt erläutern und erneut würdigen lassen → ab Seite 158. Ab 2025 ist dies nur noch über die Steuererklärung möglich.

HINTERGRUND

Altersteilzeit

Es gibt verschiedene Vertragsmodelle, die Arbeitgeber und Arbeitnehmer vereinbaren können. Der Mitarbeiter kann quasi aus dem aktiven Arbeitsverhältnis „ausschleichen". Es besteht die Möglichkeit, ein paar Jahre zwar in Vollzeit zu arbeiten, aber unter Verzicht auf einen Teil des Gehalts. Später, in der vorgezogenen „Vorruhezeit", arbeitet er dann gar nicht mehr, bekommt aber weiter sein reduziertes Gehalt bis zum eigentlichen Rentenbeginn. Die Finanzierung erfolgt zum einen durch den „angesparten" Lohn und zum anderen durch Aufstockungsbeträge. Diese werden genau wie Kurzarbeitergeld und Zuschuss zum Mutterschaftsgeld steuerfrei, also brutto für netto ausbezahlt; unterliegen aber der Progression. Meist ist eine Steuernachzahlung zu erwarten.

In den Zeilen 22 bis 28 werden Ihre Beiträge zur Sozialversicherung eingetragen. Die hier ausgewiesenen Beträge hat der Arbeitgeber bereits für Sie an die gesetzlichen Sozialversicherungen abgeführt und gemeldet. Wenn Sie privat krankenversichert sind, wurden vom Arbeitgeber entsprechende Erstattungen an Sie ausgezahlt und dort eingetragen. Bei der Steuererklärung in Papierform werden die Angaben hierzu auf der **Anlage Vorsorgeaufwand** gemacht. Diese Aufwendungen sind Sonderausgaben im Sinne des Steuerrechts (→ Seite 120). In der Regel sind die Beiträge für Arbeitnehmer und Arbeitgeber zur gesetzlichen Rentenversicherung gleich hoch. Lediglich bei den sogenannten Midijobs (Löhne innerhalb des Übergangsbereichs – vormals Gleitzone – 556,01 € bis 2.000 € und ab 2026 voraussichtlich 603,01 € bis 2.000 €) werden Arbeitnehmer ein wenig entlastet. Steuerlich ergeben sich so gut wie keine Auswirkungen, abgesehen von den geringfügig geringeren anzusetzenden Sonderausgaben.

Die Zeilen 29 bis 31 betreffen ausschließlich die Empfänger von Versorgungsbezügen, also die Betriebsrentner und Pensionsempfänger. Diese Angaben werden für die Berechnung der Freibeträge benötigt und sind von großer Wichtigkeit → Seite 33.

Betriebsrenten und Beamtenpensionen

Versorgungsbezüge wurden von jeher versteuert. Währenddessen waren bis 2005 die Leistungen aus den gesetzlichen Rentenversicherungen („Rentenkassen") für Rentner fast vollständig steuerfrei. Bis 2005 blieben allerdings grundsätzlich nur 40 % der jährlichen Versorgungsbezüge steuerfrei – höchstens jedoch 3.000 € –, Versorgungsfreibetrag genannt. Zusätzlich wurde noch ein steuerfreier Zuschlag zum Versorgungsfreibetrag von 900 € gewährt. Gedeckelt also auf insgesamt 3.900 €.

Seit 2005 werden nun auch die Leistungen aus den gesetzlichen Rentenversicherungen schrittweise besteuert (also auch Zahlungen aus der Knappschaft oder der landwirtschaftlichen Alterskasse, → Seite 76). Ab 2040 (bzw. ab 2058) sollen alle „Neurentner" mit den gesamten Renteneinkünften zu 100 % der Besteuerung unterworfen werden.

BEISPIEL 1

Der Bahnbeamte Rudi Fleißig wurde zum 1.12.2004 pensioniert. Seine monatliche Pension beträgt 2.000 € brutto. Auf ein komplettes Kalenderjahr hochgerechnet entspricht das einer Jahrespension von 24.000 € – das ist die „Bemessungsgrundlage". Von dieser Bemessungsgrundlage blieben 40 % steuerfrei (40 % von 24.000 € = 9.600 €) – maximal jedoch 3.900 €. Rudi Fleißig darf also bis ans Ende seiner Tage ein jedes Jahr den Betrag von 3.900 € von seiner Pension als Steuerfreibetrag abziehen.

Die Empfänger der Versorgungsbezüge sollen sich in gleicher Weise an den Steuermehreinnahmen beteiligen. Deshalb werden sowohl der Versorgungsfreibetrag als auch der Zuschlag zum Versorgungsfreibetrag bis 2040 schrittweise auf 0 abgeschmolzen (→ Tabelle Seite 48/49). Änderung mit dem neuen Wachstumschancengesetz: ab 2023 nur noch in Schritten von 1/2-Prozentpunkten. Die volle Besteuerung tritt dann erst in 2058 ein.

BEISPIEL 2

Der Bahnbeamte Rudi Fleißig lässt sich überreden, noch etwas länger im aktiven Dienst zu bleiben, und bekommt sogar noch eine Bezüge-Erhöhung. Er beginnt seinen wohlverdienten Ruhestand erst zum 1.2.2006. Seine monatliche Pension beträgt nunmehr 2.100 € monatlich. Somit ist zwar die Bemessungsgrundlage auf 25.200 € (12 x 2.100 €) gestiegen. Jedoch darf er nur noch 38,4 % als Versorgungsfreibetrag (= 9.676,80 €), höchstens jedoch 2.880 € (zuvor 3.000 €) und den gekürzten Zuschlag in Höhe von 864 € (zuvor 900 €) also insgesamt 3.744 € (2.880 € + 864 €) als Steuerfreibetrag jährlich von seiner Pension abziehen. Er trägt in das Berechnungsblatt zur Ermittlung des ZVE ein: 21.456 € (25.200 € abzüglich 3.744 €).

Ausschlaggebend für die Berechnung ist stets das Jahr des Pensionsbeginns. Der errechnete Freibetrag bleibt dann bis zum Lebensende in gleicher Höhe erhalten. Er wird gegebenenfalls sogar von Rudi Fleißig an seine Witwe Ella „vererbt“. Denn bei Hinterbliebenenrenten wird der Beginn der ursprünglichen Rente, also im Fall von Rudi Fleißig 2006, zur Berechnung des Freibetrags herangezogen. Allerdings gibt es diesen Versorgungsfreibetrag nebst Zuschlag je Person nur **einmal** (siehe dazu Beispiel 4, Seite 46).

BEISPIEL 3

Rudi Fleißig ist verheiratet. Seine deutlich jüngere Frau Ella, eine Postbeamtin, ist seit 2016 auch endlich im Ruhestand. Ihre monatliche Pension beträgt ebenfalls 2.100 € monatlich. Sie berechnet ihren Freibetrag:
Bemessungsgrundlage 25.200 € (= 12 x 2.100 €) x 22,4 % = 5.644,80 €. Laut Tabelle höchstens jedoch: 1.680 € + Zuschlag zum Versorgungsfreibetrag 504 €, also insgesamt nur noch 2.184 € (1.680 € + 504 €) Steuerfreibetrag. Sie muss also in ihr Berechnungsblatt zur Ermittlung des ZVE die Summe von 23.016 € eintragen (25.200 € abzüglich 2.184 €).

BEISPIEL 4

Die Witwe Ella Fleißig bekommt 60 % der Pension Ihres verstorbenen Ehemannes Rudi und berechnet ihre Einkünfte aus nichtselbstständiger Arbeit: Pension von Rudi (2.100 € x 12 Monate, davon 60 % =) Bemessungsgrundlage 15.120 € x 38,4 % = 5.806,08 €, höchstens jedoch 2.880 € + Zuschlag 864 € (weil Rudi 2006 in Pension ging), also genau wie bei Rudi selbst beträgt der Steuerfreibetrag 3.744 €.

Eigene Pension Ella	**25.200 €**
plus Hinterbliebenenpension Rudi	**15.120 €**
Zwischensumme	**40.320 €**
abzüglich Steuerfreibetrag	**–3.744 €**
insgesamt zu versteuern	**36.576 €**

Diese Summe von 36.576 € trägt Ella nun in ihrem ZVE-Berechnungsblatt ein → Seite 22/23.

Insbesondere bei verschiedenen Dienstherren – wie im Fall von Rudi (Bahn) und Ella (Post) – kommt es vor, dass die Berechnung der einbehaltenen Steuer bei beiden Versorgungsbezügen jeweils unter Abzug der Freibeträge erfolgt. Es wird also zu wenig Steuer vom Dienstherrn einbehalten, denn der Freibetrag wird ja vom Finanzamt nur ein einziges Mal je Person gewährt. Den beiden Dienstherren kann hier gar kein Vorwurf gemacht werden, denn oft wissen sie gar nicht, dass noch ein weiterer Versorgungsbezug besteht. Es sind nicht unerhebliche Steuernachzahlungen als böse Überraschung zu erwarten.

→ TIPP Rechnen Sie genau!
Es kann durchaus vorkommen, dass die Höhe der Pension infolge von Lohnerhöhungen ansteigt, wenn die Pensionierung auf ein Folgejahr verschoben wird. Auf der anderen Seite sinkt der Steuerfreibetrag, und zwar unwiderruflich bis zum Ende der Pensionszahlungen. Das kann durchaus bedeuten, dass Sie unter dem Strich ein „schlechtes Geschäft“ machen. Ein Gespräch mit dem Arbeitgeber lohnt sich vielleicht für Sie. Mitunter kann Ihnen ein „Minijob“ oder ein Beratervertrag für die Zeit nach der Pensionierung angeboten werden. Der Steuerrechtler spricht von „Gestaltung“, solange Sie sich im Bereich des Legalen bewegen.

„Arbeitgeber müssen sich an der betrieblichen Altersvorsorge, kurz BAV, beteiligen.“

PATRICK CHEEMA, Beratungsstellenleiter, ist Versicherungsexperte bei der Aktuell Lohnsteuerhilfe Arnsberg (NRW): „Würde der Arbeitnehmer nicht über die Gehaltsumwandlung an seine Rente denken, sondern zum Beispiel eine private Rentenversicherung wählen, müsste er deutlich mehr Geld einzahlen.“

Wie hoch wäre denn so eine Gehaltsumwandlung im Monat?

Nehmen wir jemanden mit Steuerklasse 1, keine Kinder, keine Konfession. Der Bruttolohn beträgt 4.000 €, der Nettolohn circa 2.602 €. Mit einer Gehaltsumwandlung von 100 € monatlich würde der Nettolohn auf rund 2.549 € sinken, d.h. für nur 53 € (2.602 € – 2.549 €) würden 100 € in die Altersvorsorge eingezahlt.

Was bedeutet es für Arbeitgeber?

Nun, es spart ja nicht nur der Arbeitnehmer, sondern auch der Arbeitgeber. Während die Steuer stets vom Arbeitnehmer allein getragen wird, teilen sich Arbeitgeber- und Arbeitnehmer die Beiträge zur Sozialversicherung – immerhin fast 40 %. Im Beispiel beträgt der Arbeitgeberanteil der gesamten Sozialversicherung rund 20 € monatlich. Hier setzt die Neuerung an: Für alle ab dem 1.1.2019 abgeschlossenen Verträge ist der Arbeitgeber **verpflichtet**, einen Zuschuss in Höhe von 15 % des eingezahlten Beitrags zu zahlen. So soll zumindest ein Teil der ersparten Aufwendungen des Arbeitgebers durch die BAV seines Arbeitnehmers an den Arbeitnehmer weitergegeben beziehungsweise in die Altersvorsorge eingezahlt werden. In dem zuvor genannten Beispiel wären das immerhin weitere 15 € monatlich. (15 % von 100 € Gehaltsumwandlung). Jedoch spricht nichts dagegen, mit dem Arbeitgeber über einen höheren Zuschuss zu verhandeln. Viele sind durchaus freiwillig bereit, den Pflichtbetrag aufzustocken.

Wie sieht es mit „Altverträgen“ aus?

Für bereits vor dem 1.1.2019 bestehende Verträge greift der „Muss- Zuschuss“ seit dem 1.1.2022. Auf jeden Fall ist es ratsam zu überprüfen, ob innerhalb des Betriebs Sonder-Vereinbarungen oder Tarifverträge gelten, die den Arbeitgeber vom gesetzlichen Zuschuss befreien. Dies ist in Ausnahmefällen möglich.

Versorgungsfreibetrag §19 (2) Satz 3 EStG (Auszug)

JAHR DES VERSORGUNGS-BEGINNS	VERSORGUNGSFREIBETRAG		ZUSCHLAG ZUM VERSORGUNGS-FREIBETRAG IN EURO
	in % der Versorgungsbezüge	Höchstbetrag in Euro	
bis 2005	40,0	3.000	900
ab 2006	38,4	2.880	864
2007	36,8	2.760	828
2008	35,2	2.640	792
2009	33,6	2.520	756
2010	32,0	2.400	720
2011	30,4	2.280	684
2012	28,8	2.160	648
2013	27,2	2.040	612
2014	25,6	1.920	576
2015	24,0	1.800	540
2016	22,4	1.680	504
2017	20,8	1.560	468
2018	19,2	1.440	432
2019	17,6	1.320	396
2020	16,0	1.200	360
2021	15,2	1.140	342
2022	14,4	1.080	324
2023	14,0	1.050	315
2024	13,6	1.020	306
2025	13,2	990	297
2026	12,8	960	288
2027	12,4	930	279
2028	12,0	900	270
2029	11,6	870	261
2030	11,2	840	252
2031	10,8	810	243
2032	10,4	780	234
2033	10,0	750	225

→

Versorgungsfreibetrag §19 (2) Satz 3 EStG (Auszug)			
JAHR DES VERSORGUNGS-BEGINNS	VERSORGUNGSFREIBETRAG		ZUSCHLAG ZUM VERSORGUNGS-FREIBETRAG IN EURO
	in % der Versorgungsbezüge	Höchstbetrag in Euro	
2034	9,6	720	216
2035	9,2	690	207
2036	8,8	660	198
2037	8,4	630	198
2038	8,0	600	180
2039	7,6	570	171
2040	7,2	540	162
2041	6,8	510	153
2042	6,4	480	144
2043	6,0	450	135
2044	5,6	420	126
2045	5,2	390	117
2046	4,8	360	108
2047	4,4	330	99
2048	4,0	300	90
2049	3,6	270	81
2050	3,2	240	72
2051	2,8	210	63
2052	2,4	180	54
2053	2,0	150	45
2054	1,6	120	36
2055	1,2	90	27
2056	0,8	60	18
2057	0,4	30	9
2058	0,0	0	0

Neues Wachstumschancengesetz: ab 2023 nur noch Minderungen von 0,4 Punkten (bisher 0,8 Punkte); der gedeckelte Höchstbetrag mindert sich jährlich um 30 € (bisher 60 €) und der Zuschlag zum Versorgungsfreibetrag um 9 € (bisher 18 €). Die Abschmelzung auf Null wird somit erst in 2058 erreicht.

Verdienen Sie mit Geld Geld?

In diesem Kapitel lesen Sie Wissenswertes über Kapitalerträge wie Zinsen und die Abgeltungssteuer. Sie erhalten zudem Hinweise, wie Sie den Abzug vermeiden können.

Einkünfte aus Kapitalvermögen sind in § 20 des EStG geregelt. Dazu gehören nicht nur Ihre Zinseinnahmen aus Sparguthaben im In- und Ausland, sondern u. a. auch Dividenden, Einnahmen als typischer stiller Gesellschafter, Erträge aus Lebensversicherungen, Guthabenzinsen aus Gemeinschaftseigentum, Zinsen auf Rentennachzahlungen, Zinserträge aus privaten Darlehen und sogar die Erstattungszinsen des Finanzamts.

Wie bei den anderen Einkunftsarten auch, will der Fiskus seinen Anteil an Ihren Erträgen. In dieser Zeit der „Niedrigzinsen" sind Ihre aktuellen Einkünfte aus Kapitalvermögen gewiss geringer als noch vor einigen Jahren und dennoch eine eventuell auch für Sie lukrative Thematik.

Seit 2009 gibt es die **Abgeltungssteuer**. Pauschal erheben Banken und Versicherungsgesellschaften 25 % Kapitalertragsteuer zuzüglich Solidaritätszuschlag und eventuell Kirchensteuer. Damit ist Ihre Steuerpflicht „abgegolten". Sie erinnern sich bestimmt noch an diverse, komplizierte Schreiben Ihrer Hausbank, Rückfragen wegen Ihrer Konfession, Ihrer Steuer-ID und vielem mehr. Banken und Versicherungen sind mehr oder weniger freiwillig zu „Steuereintreibern" des Finanzamts geworden. Mitunter bemerken Sie gar nicht, dass beispielsweise Ihre Hausbank Ihrem Konto lediglich die Netto-Dividende (also nach Abzug der Steuern) gutschreibt. Das ist immerhin fast ein Drittel weniger! Dabei haben Sie auch bei den Kapitalerträgen einen Steuerfreibetrag; und zwar je Kalenderjahr von immerhin 1.000 € pro Person – also 2.000 € bei Verheirateten (bis 2023 801 € bzw. 1.602 €).

Leider oder zum Glück weiß Ihre Hausbank aber nicht, bei welchen anderen Banken, Versicherungen oder Bausparkassen Sie auch noch Zinsen o. Ä. ausgezahlt bekommen. Es ist also einzig und allein **Ihre** Aufgabe, jeder einzelnen Bank mitzuteilen, in welcher Höhe Ihr persönlicher Steuerfreibetrag berücksichtigt werden soll. Dazu müssen **Sie** Ihrer Bank einen sogenannten **Freistellungsauftrag** erteilen. Die Bank wird dann genau den von Ihnen angegebenen Betrag von dem Abzug der Steuer freistellen. Hierfür hat Ihre Bank Formulare, die bei Verheirateten von **beiden** Ehegatten unterschrieben werden müssen – auch dann, wenn nur einer von Ihnen Kontoinhaber ist. Sie können dort den Höchstbetrag oder auch nur Teilbeträge der 1.000 € beziehungsweise 2.000 € eintragen. Diesen Freistellungsauftrag können Sie Ihrer Bank einmalig oder dauerhaft erteilen und auch nach Bedarf ändern. Beachten Sie unbedingt: Sie können zwar beim Bankberater Ihrer Hausbank u. a. auch Bausparverträge und Rentensparverträge problemlos abschließen. Wenn Sie allerdings Ihre Kapitalerträge „freistellen" wollen, müssen Sie für jedes Institut einen separaten Freistellungsauftrag erteilen. Meist erledigt der Bankmitarbeiter mit Ihnen zusammen die Freistellung für Ihre Bankkonten. Manchmal fordert er auch für Sie bei den anderen Anbietern (etwa Bausparkassen, Versicherung) ein entsprechendes Formular an. Dieses wird Ihnen in der Regel nach einiger Zeit nach Hause geschickt.

→ **TIPP Überblick behalten**
In der Hektik des Alltags und der vielen Post kann schnell mal was untergehen. Denken Sie daran, Ihre Freistellungs-Anweisungen jährlich regelmäßig zu überprüfen. Notieren Sie sich unbedingt, welchem Geldinstitut Sie Freistellungsaufträge erteilt haben und vor allem auch die Höhe. Es fällt Ihnen sonst schwer, den Überblick zu behalten.

Gerade in der derzeitigen Zinsphase wechseln Sie als Anleger vielleicht häufiger als bisher das Anlageinstitut. Oft bekommen Sie als Neukunde ja für eine begrenzte Zeit deutlich bessere Konditionen. Freistellungsaufträge können Sie selbstverständlich auch Online-Banken erteilen. Und im Internet gibt es die Möglichkeit, entsprechende Formulare abzurufen.

BEISPIEL: Resi Sparsam ist ledig und wohnt in ihrer netten kleinen Eigentumswohnung. Sie freut sich schon auf März 2023, denn dann erfolgt die Auszahlung ihres mehrjährigen Sparvertrages bei ihrer Hausbank. Sie rechnet mit Zinsen und Bonuszahlungen in Höhe von rund 500 €. Außerdem hat sie noch einen Bausparvertrag, auf den sie fleißig einzahlt. Etwa 100 € Zinsen werden ihr wohl 2023 darauf gutgeschrieben. Bei ihrer Geburt hatte der stolze Opa einst ein Sparbuch bei der Post

Freistellungsauftrag für Kapitalerträge

Name, abweichender Geburtsname, Vorname des Gläubigers der Kapitalerträge | Geburtsdatum | Identifikations-Nr. (11-stellig)

Strasse, Hausnummer, PLZ, Wohnort, | Kontonummer

☒ ledig ☐ verheiratet ☐ geschieden ☐ dauernd getrennt lebend ☐ verwitwet

☐ gemeinsamer Freistellungsauftrag (Angaben zum Ehegatten und dessen Unterschrift sind nur bei einem gemeinsamen Freistellungsauftrag erforderlich)

ggf. Name, abweichender Geburtsname, Vorname des Ehegatten | Geburtsdatum des Ehegatten | Identifikations-Nr. (11-stellig)

Hiermit erteile ich/erteilen wir* Ihnen den Auftrag, meine/unsere* bei Ihrem Institut anfallenden Kapitalerträge vom Steuerabzug freizustellen und/oder bei Dividenden und ähnlichen Kapitalerträgen die Erstattung von Kapitalertragsteuer zu beantragen, und zwar

☒ bis zu einem Betrag von ____________ € (bei Verteilung des Sparer-Pauschbetrages auf mehrere Kreditinstitute)

☐ bis zur Höhe des für mich/uns* geltenden Sparer-Pauschbetrages von insgesamt 801€/1.602 €*.

☐ über 0 € (nur für die Beantragung der ehegattenübergreifenden Verlustverrechnung – keine Löschung)

Dieser Auftrag gilt ab dem 01.01._____ bzw. ab Beginn der Geschäftsverbindung

☐ so lange, bis Sie einen anderen Auftrag von mir/uns* erhalten.

☐ bis zum 31.12._____ .

Die in dem Auftrag enthaltenen Daten werden dem BZSt übermittelt. Sie dürfen zur Durchführung eines Verwaltungsverfahrens oder eines gerichtlichen Verfahrens in Steuersachen oder eines Strafverfahrens wegen einer Steuerstraftat oder eines Bußgeldverfahrens wegen einer Steuerordnungswidrigkeit verwendet sowie vom BZSt den Sozialleistungsträgern übermittelt werden, soweit dies zur Überprüfung des bei der Sozialleistung zu berücksichtigenden Einkommens oder Vermögens erforderlich ist (§ 45d EStG).

Ich versichere/Wir versichern*, dass mein/unser* Freistellungsauftrag zusammen mit Freistellungsaufträgen an andere Kreditinstitute, Bausparkassen, das BZSt usw. den für mich/uns* geltenden Höchstbetrag von insgesamt 801 €/1.602 €* nicht übersteigt. Ich versichere/Wir versichern* außerdem, dass ich/wir* mit allen für das Kalenderjahr erteilten Freistellungsaufträgen für keine höheren Kapitalerträge als insgesamt 801 €/1.602 €* im Kalenderjahr die Freistellung oder Erstattung von Kapitalertragsteuer in Anspruch nehme(n)*.

Die mit dem Freistellungsauftrag angeforderten Daten werden auf Grund von § 44a Abs. 2 und 2a, § 45b Abs. 1 und § 45d Abs. 1 EStG erhoben. Die Angabe der steuerlichen Identifikationsnummer ist für eine Übermittlung der Freistellungsdaten an das BZSt erforderlich. Die Rechtsgrundlagen für die Erhebung der Identifikationsnummer ergeben sich aus § 139a Absatz 1 Satz 1 2. Halbsatz AO, § 139b Ab- satz 2 AO und § 45d EStG. Die Identifikationsnummer darf nur für Zwecke des Besteuerungsverfahrens verwendet werden.

Unterschrift | ggf. Unterschrift Ehegatte/gesetzliche(r) Vertreter

* Nichtzutreffendes bitte streichen

Der Höchstbetrag von 1.602 € gilt nur bei Ehegatten, die einen gemeinsamen Freistellungsauftrag erteilen und bei denen die Voraussetzungen einer Zusammenveranlagung i. S. des § 26 Absatz 1 Satz EStG vorliegen. Der gemeinsame Freistellungsauftrag ist z. B. nach Auflösung der Ehe oder bei dauerndem Getrenntleben zu ändern. Erteilen Ehegatten einen gemeinsamen Freistellungsauftrag, führt dies am Jahresende zu einer Verrechnung der Verluste des einen Ehegatten mit den Gewinnen und Erträgen des anderen Ehegatten. Der gemeinsame Freistellungsauftrag kann nur für sämtliche Depots oder Konten bei einem Kreditinstitut oder einem anderen Auftragnehmer gestellt werden. Ein Widerruf des Freistellungsauftrags ist nur zum Kalenderjahresende möglich.

Abb. 4: Muster für einen neutralen Freistellungsauftrag.

für sie angelegt und immer wieder darauf eingezahlt. Inzwischen ist ein beachtliches Vermögen herangewachsen. Im laufenden Jahr kann sie mit 400 € Zinsen rechnen. Im Herbst des Vorjahres erteilte sie Freistellungsaufträge in Höhe von insgesamt:

Hausbank	**500 €**
Bausparkasse	**100 €**
Postbank	**400 €**
Summe	**1.000 €**

Anfang des Folgejahres freut sie sich erneut. Von ihrer Hausbank, der Bausparkasse und der Postbank wurden ihr die Jahreszinsbescheinigungen des Folgejahres zugeschickt – alle Zinszahlungen (insgesamt 976,14 €) blieben steuerfrei.

Zinserträge Hausbank	**499,49 €**
Zinserträge Bausparkasse	**98,88 €**
Zinserträge Postbank	**377,77 €**
Summe	**976,14 €**

Anfang April schickt der Hausverwalter Resi die Nebenkostenabrechnung für Ihre Eigentumswohnung. Erfreut stellt Resi fest, dass sie eine kleine Erstattung bekommt, und legt die Abrechnung zur Seite. Im Mai beschäftigt sich Resi dann mit ihrer Einkommensteuererklärung und stellt fest, dass der Hausverwalter ihr Zinseinnahmen in Höhe von 23,66 €, Kapitalertragsteuer 5,92 € und Solidaritätszuschlag 0,33 € bescheinigt hat. Sie fragt nach und erfährt, dass die Eigentümergemeinschaft im Laufe der Jahre eine stolze Rücklage für eventuell anfallende

Bei der Steuerfestsetzung wurde nachträglich der Teil des Sparer-Pauschbetrags berücksichtigt, den Sie bei den kontoführenden Instituten nicht in Anspruch genommen haben. Sie können das Besteuerungsverfahren vereinfachen, wenn Sie Ihr gesetzliches Freistellungsvolumen künftig so auf die kontoführenden Institute aufteilen, dass der Sparer-Pauschbetrag von 801 € (bei zusammenveranlagten Ehegatten 1.602 €) vollständig bzw. so weit wie möglich ausgeschöpft wird. Ausländische Steuer auf Einkünfte aus Kapitalvermögen konnte nicht angerechnet werden, weil diese Einkünfte nach Abzug des Sparer-Pauschbetrags und/oder der Verrechnung von Verlusten 0 € betragen. Der Höchstbetrag für sonstige Vorsorgeaufwendungen wurde bereits durch die Berücksichtigung Ihrer Beiträge zu Basiskranken- und gesetzlichen Pflegeversicherungen ausgeschöpft; ein darüber hinausgehender Abzug von sonstigen Vorsorgeaufwendungen ist daher nicht möglich.

Abb. 4a: Im Steuerbescheid gibt das Finanzamt gegebenenfalls eine konkrete Rückmeldung zum Freistellungauftrag.

Großreparaturen angespart hat. Dieses Geld hat der Hausverwalter zinsbringend angelegt. Anhand der Miteigentumsanteile hat der Verwalter Resis Anteil errechnet und bescheinigt. Kirchensteuer wurde nicht abgeführt. Der Verwalter erläutert Resi, er habe der Bank keine entsprechende Erklärung abgeben können, weil er als Verwalter ja gar nicht wisse, welcher Eigentümer kirchensteuerpflichtig sei. Auch ein Freistellungsauftrag sei nicht möglich. Resi muss also auch künftig selbst die Besteuerung dieser Zinsen überwachen.

Anhand der Bescheinigungen der drei Banken und der des Hausverwalters erklärt Resi auf der Anlage KAP ihre gesamten Zinseinahmen von 1.000 € (976,14 € + 23,66 €). Weil ja bis zu 1.000 € Kapitalerträge steuerfrei sind, bekommt Resi vom Finanzamt eine Rückerstattung der gezahlten Kapitalertragsteuer nebst Solidaritätszuschlag in Höhe von immerhin 6,25 €.

→ TIPP Prüfen lohnt sich

Überprüfen Sie als Eigentümer einer Wohnung also Ihre jährliche Nebenkostenabrechnung genau. Vor allem bei größeren und älteren Wohnanlagen sind dort oft „versteckte" und bereits versteuerte Zinserträge zu finden.

Sie haben vergessen, bei einer oder mehreren Banken einen Freistellungsauftrag zu erteilen? Die Zinserträge waren höher als erwartetet und der freigestellte Betrag zu niedrig? Der Anbieter hat – warum auch immer – Ihren Freistellungsauftrag nicht berücksichtigt? Alles kein Problem! Füllen Sie bei der Einkommensteuererklärung die **Anlage KAP** aus und beantragen Sie auch gleich die „Günstigerprüfung".

Seit 2018 gibt es außerdem noch die neue Anlage KAP-BET. Dort tragen Sie Erträge und anrechenbare Steuern aus Beteiligungen ein. Diese werden gesondert und einheitlich festgestellt. Die ebenfalls neue Anlage **KAP-INV** ist für Investmenterträge, die **nicht** der deutschen Besteuerung unterlegen haben. Wenn Sie in diesen beiden neuen Formularen Angaben einzutragen haben, müssen Sie **unbedingt** auch die Angaben zum Sparerpauschbetrag in **Anlage KAP,** Zeile 16 und 17 machen. Die Abgeltungssteuer beträgt grundsätzlich 25 % zuzüglich Solidaritätszuschlag und ggf. Kirchensteuer. Dieser Steuersatz ist nicht so in Stein gemeißelt wie oft vermutet wird. Auch und gerade wenn Sie höhere Zinserträge haben und die Banken Kapitalertragssteuer für Sie abgeführt haben, lohnt die Überprüfung bei Ihrer jährlichen Einkommensteuererklärung. Es kann für Sie niemals eine höhere Steuer entstehen, wohl aber eine niedrigere bis hin zur kompletten Erstattung. Mit der Günstigerprüfung (bei Angabe **aller** Kapitalerträge) berechnet das Finanzamt Ihren persönlichen Steuersatz aufgrund Ihres ZVE (→ Seite 19). Sollte dieser niedriger als 25 % sein, wäre eine „Tarifbesteuerung" für Sie günstiger. Die Folge ist dann eine entsprechende Steuerrückerstattung für Sie. Sollte die tarifliche Steuer höher als 25 % sein, passiert gar nichts, denn für Kapitalerträge ist die Steuer mit dem Abgeltungssteuersatz von 25 % „gedeckelt".

Aber beachten Sie: „Ganz oder gar nicht" lautet die Devise. Sie tragen „1" in **Zeile 4** des KAP-Formulars ein und beantragen so-

mit auch gleich die Günstigerprüfung. Wenn Sie als Verheiratete eine gemeinsame Steuerklärung abgeben, müssen Sie beide eine Anlage KAP ausfüllen. **Alle** Kapitalerträge sind tatsächlich alle! „Vergessen" kann Ihnen als Steuerhinterziehung ausgelegt werden. Bedenken Sie, dass Sie mitunter von den Banken nur auf Anforderung (oft sogar nur gegen Gebühr) eine Jahres-Zins-Bescheinigung bekommen. Hilfreich ist, dass die meisten Steuerbescheinigungen bereits vorgeben, in welcher Zeile der Anlage KAP die jeweiligen Beträge einzutragen sind.
Zu den Kapitalerträgen zählen auch die im Ausland (etwa in Luxemburg oder der Schweiz) erwirtschafteten Zinsen, und zwar unabhän-

gig davon, ob eventuell bereits ausländische Steuer wie beispielsweise „Quellensteuer" abgezogen wurde.

Wenn Sie ein Privatdarlehen ausgegeben haben und hierfür Zinsen erhalten, wurde noch keine Kapitalertragssteuer abgeführt – von wem auch? Gleichwohl müssen Sie dem Finanzamt entsprechende Angaben machen.

Banken, Versicherungen und Bausparkassen führten bis 2015 nur dann Kirchensteuer (zusätzlich zur Kapitalertragssteuer und Solidaritätszuschlag) auf Ihre Kapitalerträge ab, wenn Sie von Ihnen dazu beauftragt wurden. Meist haben Ihnen die Institute entsprechende Formulare vorgelegt. Wenn Sie keine Angaben gemacht haben, wurde auch keine Kirchensteuer einbehalten. In diesem Fall mussten Sie selbst über Ihre Einkommensteuererklärung die Kapitalerträge der Kirchensteuer unterwerfen. Ein entsprechendes Kreuzchen auf Anlage KAP war nötig. Seit 2015 rufen die Banken (ähnlich wie die Arbeitgeber) über ein Web-Portal die Informationen über Ihre Konfessionszugehörigkeit und den zu erhebenden Kirchensteuersatz ab. Diesbezüglich wurden Sie seinerzeit von den Banken informiert. In meist schwierig zu lesenden Schreiben wurden Sie auch auf Ihr Widerspruchsrecht hingewiesen. Sollten Sie tatsächlich Ihrer Bank mithilfe eines Sperrvermerks beim Bundeszentralamt für Steuern untersagt haben, die notwendigen Auskünfte einzuholen, kann diese keine Kirchensteuer für Sie abführen. In diesem Fall sind Sie nach wie vor selbst hierfür verantwortlich. „Schummeleien" sind nicht mehr möglich, denn es erfolgen entsprechende „Kontrollabgleichungen". Sie kreuzen dann in **Zeile 6** auf Anlage KAP entsprechend an. In regelmäßigen Abständen wird von den Finanzämtern überprüft, ob Sie in der Summe nicht etwa zu hohe Freistellungsaufträge an

Musterübersicht über Ihre erteilten Freistellungsaufträge

☒ **ledig**

BANK/SPARKASSE	ERTEILT AM	GÜLTIG BIS	HÖHE IN €
SUMME DER ERTEILTEN FREISTELLUNGSAUFTRÄGE			0,00 €
NOCH NICHT AUSGESCHÖPFTER FREISTELLUNGSBETRAG			1.000,00 €

Banken erteilt haben – also höher als 1.000 € (beziehungsweise 2.000 € bei Verheirateten). Die Erhöhung des Freibetrags erfolgte zum 1.1.2023. Die Banken erhöhen den eingetragenen Freistellungsauftrag automatisch entsprechend prozentual, wenn Sie keine anderen Anweisungen erteilen. Bisher 801 € = 100 % wird neu 1.000 Euo = 100 %. Bisher 100 € = 12,48 % von 801 € wird 124,84 € von 1.000 €.

Es kann schnell passieren, das Sie zu hohe Freistellungsaufträge erteilt haben, vor allem wenn Sie ein Konto bei einer Bank bestehen lassen, gleichwohl aber nicht mehr nutzen. Dann existiert dort eventuell noch ein nicht mehr benötigter Freistellungsauftrag. Sie haben inzwischen eine andere, weitere Bank und auch dieser einen Freistellungsauftrag erteilt. Das Finanzamt kann die Summe der erteilten Freistellungsaufträge ersehen, nicht aber unbedingt Ihre tatsächlichen Zinserträge. Es kommt durchaus vor, dass Sie nach mehreren Jahren aus genau diesem Grund plötzlich vom Finanzamt aufgefordert werden, rückwirkend für alle Jahre, die Kapitalerträge offenzulegen. Oft haben Sie dann gar keine Unterlagen mehr und die Beschaffung bei den Banken ist nicht nur lästig, sondern auch kostspielig.

→ **TIPP Aufheben – das A und O**
Da hilft nur – Freistellungsaufträge peinlich genau aufzeichnen (→ Musterliste siehe Seite 57) und bei Bedarf ändern oder löschen. Belege stets sammeln, abheften und für mindestens zehn Jahre aufbewahren!

Wenn Sie nicht zur Abgabe einer Einkommensteuererklärung verpflichtet sind, lediglich aber eine Erstattung der gezahlten Kapitalertragssteuer vom Finanzamt haben möchten, gibt es noch eine andere Lösung für Sie: Die „Nichtveranlagungsbescheinigung“ (NV-Bescheinigung, → Seite 62). Die Beantragung einer solchen Bescheinigung kommt für Sie immer dann infrage, wenn Sie insgesamt mit Ihrem ZVE so niedrig liegen, dass keine Steuerpflicht entsteht, Sie aber gleichwohl Kapitalerträge von mehr als 1.000 € (2.000 € bei Eheleuten) haben. Auf Seite 1 des Antrags auf Ausstellung einer NV-Bescheinigung (→ Seite 60) tragen Sie allgemeine Angaben ein. Ihre voraussichtlichen Einnahmen und die wichtigsten Ausgaben für das kommende Jahr tragen Sie auf Seite 2 des Formblatts ein. Sie benötigen für jede Bank, Versicherung oder Bausparkasse eine eigene Original-Bescheinigung des Finanzamtes.

Die benötigte Anzahl tragen Sie deshalb auf Seite 1, Zeile 25 des Formblatts ein. Besser beantragen Sie eine mehr als eine zu wenig, denn es könnte ja sein, dass Sie demnächst bei einer weiteren Bank Geld anlegen wollen. So haben Sie dann bereits eine NV-Bescheinigung in Reserve. Auf der ersten Seite, Zeile 1 können Sie den Beginn der Gültigkeit Ihrer „NV-Bescheinigung“ eintragen. Sprechen Sie vorher am besten mit Ihrem Bankberater darüber. Sie stellen beispielsweise erst im Oktober den Antrag auf eine NV-Bescheinigung beim Finanzamt. Nach einer Bearbeitungszeit von vier Wochen bekommen Sie die Bescheinigungen Ende November vom Finanzamt zugeschickt.

Sie müssen diese dann **im Original** an all Ihre Banken weiterleiten. Bis diese dann bei den Banken im Dezember bearbeitet wurden, ist eine Berücksichtigung für das laufende Jahr möglicherweise zu spät. Also tragen Sie in diesem Fall in **Zeile 1** sofort das Folgejahr ein. Das bedeutet für Sie leider, nochmals eine Einkommensteuererklärung für das laufende Jahr zu machen. Dann gilt die NV-Bescheinigung auch ein Jahr länger, denn die Finanzämter stellen die Bescheinigungen meist für drei Jahre aus (→ Muster Seite 57). Rechtzeitig bevor Ihre NV-Bescheinigung ausläuft, beantragen Sie einfach eine neue. Tragen Sie sich diesen wichtigen Termin am besten in Ihrem Jahreskalender, als Erinnerung im PC oder Handy ein! In **Zeile 21** auf Seite 1 des Formulars machen Sie dann die Angaben zu der alten, ablaufenden NV-Bescheinigung.

→ TIPP Antrag auf NV-Bescheinigung
Das Formular können Sie beim Bundesministerium für Finanzen im Internet ausfüllen, als PDF herunterladen und ausdrucken (www.formulare-bfinv.de, „Formularcenter; Formulare von A–Z“; „N“ Nichtveranlagungsbescheinigung für natürliche Personen – NV 1 A; Formular-ID: 034042_08). Sie bekommen es auch beim Finanzamt – manchmal sogar bei Ihrer Bank. Das Formular ist von Ihnen (und Ihrem Ehepartner) eigenhändig zu unterschreiben. Als Ehepaar benötigen Sie nur einen gemeinsamen Antrag. Sie finden das Musterformular auf den Seiten 60/61.

€ FINANZEN

Erstattungszinsen
Auch vom Finanzamt gezahlte Erstattungszinsen gehören zu den Kapitalerträgen. Eine Steuer wurde bislang hierfür nicht abgeführt.
Wenn Sie keine Angaben zu Ihren Kapitalerträgen machen (weil diese unterhalb des Pauschbetrages liegen und ohnehin freigestellt sind), setzt das Finanzamt mitunter die erhaltenen Erstattungszinsen als steuerpflichtig ein. Sie sollten also unbedingt entsprechende Eintragungen machen.

Zeile		
1	**An das Finanzamt**	Eingangsstempel
	Antrag auf Ausstellung einer Nichtveranlagungs- (NV-) Bescheinigung (§ 44a Abs. 2 Satz 1 Nr. 2 EStG) Dieser Antrag ist nur erforderlich, wenn Ihre steuerpflichtigen Kapitalerträge 801 € (bei Ehegatten / Lebenspartnern 1.602 €) jährlich übersteigen. Ansonsten reicht ein **Freistellungsauftrag** an Ihr Kreditinstitut aus. Eine Bescheinigung wird nicht erteilt in Fällen des Verlustabzugs.	
2	**Die NV-Bescheinigung soll erstmals für das Jahr 20 ____ gelten.**	

Allgemeine Angaben ①

Antragstellende Person, bei Ehegatten: Ehemann oder Person A (Ehegatte A / Lebenspartner[in] A nach dem LPartG) ②

Zeile				
3	Identifikationsnummer (IdNr.)			
4	Name			Geburtsdatum
5	Vorname			Ausgeübter Beruf
6	Straße, Hausnummer			Telefonische Rückfragen tagsüber unter Nr.
7	Postleitzahl	Wohnort		
8	Verheiratet / Lebenspartnerschaft begründet seit dem	Verwitwet seit dem	Geschieden / Lebenspartnerschaft aufgehoben seit dem	Dauernd getrennt lebend seit dem

Ehefrau oder Person B (Ehegatte B / Lebenspartner[in] B nach dem LPartG)

Zeile			
9	IdNr.		
10	Vorname		Geburtsdatum
11	Name		Ausgeübter Beruf
12	Straße, Hausnummer (falls von Zeile 6 abweichend)		Telefonische Rückfragen tagsüber unter Nr.
13	Postleitzahl	Wohnort (falls von Zeile 7 abweichend)	

Steuerlich zu berücksichtigende Kinder

Zeile	Vorname des Kindes (ggf. auch abweichender Familienname)	Geburtsdatum	Bei Kindern ab 18 Jahren: steuerlich zu berücksichtigen, weil
14			
15			
16			

Die NV-Bescheinigung soll nicht mir / uns zugesandt werden, sondern:

Zeile		
17	Name	
18	Vorname	
19	Straße, Hausnummer	
20	Postleitzahl	Wohnort

Zeile		
21	**Wurden Sie bisher zur Einkommensteuer veranlagt?** ☐ Nein	**Wurde (Wird) für das Vorjahr ein Antrag auf Veranlagung zur Einkommensteuer gestellt?** ☐ Nein
22	Ja, beim Finanzamt	Ja, beim Finanzamt
23	Steuernummer	Steuernummer

Wurde bereits früher eine NV-Bescheinigung erteilt?

Zeile		Nein	Ja, vom Finanzamt	Ordnungsnummer	gültig bis
24	Für die antragstellende Person / Ehegatten / Lebenspartner	☐			31.12. ____

Benötigte NV-Bescheinigungen

25 Anzahl der benötigten Bescheinigungen ____ der antragstellenden Person / Ehegatten / Lebenspartner

NV 1 A – Okt. 2018

–2–

Zeile	Bitte unbedingt ausfüllen. Ihr Antrag kann sonst nicht bearbeitet werden!	Antragstellende Person / Ehemann / Person A EUR	Ehefrau / Person B EUR
31	**Angaben zum voraussichtlich zu versteuernden Einkommen** ① ③ (für das in Zeile 2 genannte Jahr) **20**		
32	**Einkünfte aus Land- und Forstwirtschaft**		
33	**Einkünfte aus Gewerbebetrieb**		
34	**Einkünfte aus selbständiger Arbeit**		
35	**Einkünfte aus nichtselbständiger Arbeit** **Bruttoarbeitslohn** (ohne Versorgungsbezüge) aus allen Dienstverhältnissen		
36	**Werbungskosten,** wenn mehr als 1.000 €		
37	**Versorgungsbezüge** (Ruhegehälter, Pensionen)		
38	Beginn des Versorgungsbezugs — Antragstellende Person / Ehemann / Person A: ; Ehefrau / Person B:		
39	**Werbungskosten,** wenn mehr als 102 €		
40	**Einkünfte aus Kapitalvermögen** – Sparer-Pauschbetrag wird vom Finanzamt berücksichtigt – a) Dividenden, Zinsen usw. ④		
41	b) Veräußerungsgewinne ④		
42	c) Investmenterträge nach Teilfreistellung i. S. d. §§ 20, 21 InvStG ⑤		
43	**Einkünfte aus Vermietung und Verpachtung**		
44	**Sonstige Einkünfte,** ⑥ insbesondere a) Rentenbeträge (einschließlich Einmalzahlungen und Leistungen) aus gesetzlichen Rentenversicherungen, aus der landwirtschaftlichen Alterskasse und aus berufsständischen Versorgungseinrichtungen		
45	Beginn der Rente — Antragstellende Person / Ehemann / Person A: ; Ehefrau / Person B:		
46	b) Rentenbeträge aus übrigen Renten (z. B. private Rentenversicherungen)		
47	Beginn der Rente		
48	Die Rente erlischt mit dem Tod von		
49	Die Rente erlischt / wird umgewandelt spätestens am		
50	c) Leistungen aus Altersvorsorgeverträgen und aus der betrieblichen Altersversorgung		
51	d) Einnahmen aus **anderen wiederkehrenden Bezügen**		

Weitere Angaben **(z. B. Sonderausgaben, außergewöhnliche Belastungen) – Voraussichtliche Änderungen in den beiden auf das o. a. Kalenderjahr folgenden Jahren.** – ggf. auf besonderem Blatt –

52

53

Hinweis: Das Bundeszentralamt für Steuern ist berechtigt, die Höhe Ihrer Kapitalerträge dem für Sie zuständigen Finanzamt und den Sozialleistungsträgern mitzuteilen.

Unterschrift

Datenschutzhinweis:

Die angeforderten Daten werden auf Grund des § 150 der Abgabenordnung in Verbindung mit § 44a Abs. 2 EStG verlangt.

Informationen über die Verarbeitung personenbezogener Daten in der Steuerverwaltung und über Ihre Rechte nach der Datenschutz-Grundverordnung sowie über Ihre Ansprechpartner in Datenschutzfragen entnehmen Sie bitte dem allgemeinen Informationsschreiben der Finanzverwaltung. Dieses Informationsschreiben finden Sie unter www.finanzamt.de (unter der Rubrik „Datenschutz") oder erhalten Sie bei Ihrem Finanzamt.

Mir ist bekannt, dass ich verpflichtet bin, die ausgestellte NV-Bescheinigung an das Finanzamt zurückzugeben, wenn die Voraussetzungen für ihre Erteilung weggefallen sind.

54

Datum, Unterschrift(en) — Der Antrag ist eigenhändig – bei Ehegatten / Lebenspartnern von beiden – zu unterschreiben. Bei minderjährigen Kindern: Unterschrift des gesetzlichen Vertreters

Bei der Anfertigung dieses Antrags hat mitgewirkt: (Name, Anschrift, Telefon)

Sie haben grundsätzlich Anspruch auf die Ausstellung einer NV-Bescheinigung, wenn Ihr Einkommen einschließlich der Kapitalerträge im Kalenderjahr den Grundfreibetrag je Person nicht übersteigt. Die NV-Bescheinigung wird regelmäßig für drei Jahre ausgestellt.

① Für jedes minderjährige Kind mit eigenen Einnahmen aus Kapitalvermögen, für das eine NV-Bescheinigung ausgestellt werden soll, ist ein eigener Vordruck NV 1 A auszufüllen.
② Bei gleichgeschlechtlichen Ehegatten und bei Lebenspartnern nach dem Lebenspartnerschaftsgesetz (LPartG) hat sich als Person A die Person einzutragen, die nach alphabetischer Reihenfolge des Nachnamens an erster Stelle steht; bei Namensgleichheit nach alphabetischer Reihenfolge des Vornamens; bei Gleichheit des Vornamens nach dem Alter der Personen (ältere Person).
③ Auch Einkünfte, die voraussichtlich negativ sind, sind hier einzutragen.
④ Anzugeben sind die Bruttoeinnahmen, also einschließlich einer etwa einzubehaltenden Kapitalertragsteuer.
⑤ Einschließlich einer etwa einzubehaltenden Kapitalertragsteuer.
⑥ Anzugeben sind die Bruttoeinnahmen, also einschließlich der bei der Auszahlung einbehaltenen Beitragsanteile zur Kranken- und Pflegeversicherung.

Finanzamt Arnsberg
Veranlagungsb[redacted]
IdNr.
Steuernummer
(Bitte bei Rückfragen angeben)

[redacted]
Telefon [redacted]
Telefax

Finanzamt, 59818 Arnsberg

[redacted]

Aktuell Lohnsteuerhilfe e.V.
[redacted]

NV-Bescheinigung

(Nichtveranlagungs-Bescheinigung)
gemäß § 44 a Abs. 2 Satz 1 Nr. 2
des Einkommensteuergesetzes (EStG)

als Empfangsbevollmächtigter für
[redacted]

frei für Eintragungen des Kreditinstituts

Ordnungsnummer [redacted]

Diese Bescheinigung gilt für Kapitalerträge, die zufließen in der Zeit vom [redacted] **bis** [redacted].

[redacted]

Frau
[redacted]

wird hiermit bescheinigt, dass voraussichtlich für den o. a. Zeitraum eine Veranlagung zur Einkommensteuer nicht in Betracht kommt.

Der Widerruf dieser Bescheinigung bleibt vorbehalten.

Diese NV-Bescheinigung ist dem Finanzamt nach § 44a Abs. 2 EStG zurückzugeben,
1. wenn das Finanzamt sie zurückfordert,
2. wenn Sie erkennen, dass die Voraussetzungen für die Erteilung weggefallen sind (vgl. §§ 44 a Abs. 4 und 5 des Einkommensteuergesetzes - EStG -, § 11 Investmentsteuergesetz - InvStG -).

Erläuterungen

1. Die Voraussetzungen für die Erteilung der Bescheinigung entfallen, wenn Sie nicht mehr unbeschränkt steuerpflichtig sind oder Ihre Einkommensverhältnisse sich so ändern, dass auch im Falle der Günstigerprüfung (§ 32 d Absatz 6 EStG) eine Steuer entsteht. In diesem Fall sind Sie verpflichtet, die ausgestellte NV-Bescheinigung an das Finanzamt zurück zu geben.

   Die NV - Bescheinigung ist ferner zurückzugeben, wenn Sie während der Geltungsdauer der Bescheinigung heiraten. Verstirbt ein Ehegatte, bleibt eine für die Ehegatten erteilte NV-Bescheinigung noch für solche Kapitalerträge wirksam, bei denen die alleinige Gläubigerstellung des verwitweten Ehegatten feststeht, und ist erst im Folgejahr zurückzugeben.

2. Sollten Sie Ihren Wohnsitz wechseln, so teilen Sie bitte dem Finanzamt, das diese Bescheinigung ausgestellt hat (vgl. oben links), Ihre neue Anschrift unter Angabe der Ordnungs-Nr./IdNr. dieser Bescheinigung mit.

3. Das Bundeszentralamt für Steuern ist berechtigt, die Höhe Ihrer Kapitalerträge dem für Sie zuständigen Finanzamt und den Sozialleistungsträgern mitzuteilen.

Diese Bescheinigung wurde mit Hilfe einer Datenverarbeitungs-Anlage erstellt. Sie ist ohne Unterschrift gültig (§ 119 Absatz 3 Abgabenordnung).

NV 1 B

FALTEN.FRM

******* Fortsetzung siehe Seite 2 *******

001654

Abb. 5: Muster Nichtveranlagungsbescheinigung.

[redacted] [redacted]

[redacted]

Seite: 1 von 1
Erstellt am: [redacted]
Kundennummer:

[redacted]

14730893 0001/0001 0031490 18.02.2021 0081677

Steuerbescheinigung

[X] **Bescheinigung für alle Privatkonten und / oder -depots**

Für (Gläubiger) Herrn [redacted]

werden für das Kalenderjahr 2020 folgende Angaben bescheinigt:

	EUR / CT
Höhe der Kapitalerträge nach Berücksichtigung der teilweisen Steuerfreistellung im Sinne des § 20 Abs. 1 Nr. 6 Satz 9 EStG (ohne Kapitalerträge aus Lebensversicherungen im Sinne des § 20 Abs. 1 Nr. 6 Satz 2 EStG) Zeile 7 Anlage KAP	233,72
Kapitalertragsteuer Zeile 37 Anlage KAP	52,63
Solidaritätszuschlag Zeile 38 Anlage KAP	2,89
Kirchensteuer zur Kapitalertragsteuer Erzbistum Paderborn Zeile 39 Anlage KAP	4,73
Summe der angerechneten ausländischen Steuer Zeile 40 Anlage KAP	4,62

[X] Leistungen aus dem Einlagekonto (§ 27 Abs. 1 - 7 KStG)

Abb. 6: Muster: Steuerbescheinigung, Kapitalerträge

Sie sind ernsthafter Vermieter?

Dieses Kapitel erläutert die Vermietungseinkünfte und gibt Vermietern Hinweise, welche Belege wichtig für die Steuererklärung sind – und wie sie aufbereitet werden sollten.

Vermietung und Verpachtung ist die sechste und vorletzte Einkunftsart, geregelt in § 21 EStG:

> *„Einkünfte aus Vermietung und Verpachtung sind:*
> *1. Einkünfte aus Vermietung und Verpachtung von unbeweglichem Vermögen, insbesondere von Grundstücken, Gebäuden, Gebäudeteilen [...] und Rechten [...] (z.B. Erbbaurecht [...]).“*

Wenn Sie ein Grundstück (ausgenommen landwirtschaftliche Flächen), Eigentumswohnungen, ein Haus, Garagen oder auch nur einen Gebäudeteil (zum Beispiel Kellerräume) vermieten, sind Ihre Einkünfte steuerpflichtig. Auch die Einnahmen aus Erbbauzinsen gehören dazu. Die Angaben hierzu machen Sie bei der Steuererklärung in Papierform auf dem Formular Anlage V (bis einschließlich 2022).

Ab dem Veranlagungsjahr 2023 gibt es zwei weitere Formulare: Anlage V-Fewo falls Sie Einkünfte aus kurzfristiger Vermietung wie z.B. Ferienwohnungen, Monteur-Zimmer u. ä. haben. Auf dem Formular V-Sonstige werden Vermietungseinkünfte von Grundstücksgemeinschaften eingetragen – als Ergänzung zu einer Einkommenssteuererklärung oder gesonderten Feststellung. Für jedes vermietete Objekt füllen Sie eine gesonderte Anlage V aus.

An dieser Stelle werden nur Vermietungen von unbeweglichem Vermögen erfasst, eben Immobilien. (Die gelegentliche Vermietung von beweglichen Gegenständen wird als „sonstige Einkunft“ betrachtet (mehr dazu: → Seite 75). Sie sind jedoch kein Vermieter, wenn Sie lediglich eine Aufwandsentschädigung erhalten. Sie sollten rechtzeitig und peinlich genau diese Frage klären. Steuerrechtlich muss ein Vermieter stets eine „Einkunftserzielungsabsicht" haben: Er will – zumindest langfristig – ein Plus aus der Vermietung erwirtschaften.

Mag sein, dass es nicht immer gelingt; allein die Absicht zählt für den Fiskus. Wenn diese Absicht fehlt, haben Sie keine steuerrechtlichen Einkünfte aus Vermietung. Insbesondere wenn Sie an nahe Angehörige vermieten, wird das Finanzamt die Einkunftserzielungsabsicht genau prüfen. Die Folge ist recht einfach: Wenn Sie nicht „vermieten", können Sie auch keine Vermietungsverluste geltend machen.

Wenn Sie ernsthaft vermieten möchten, sollten Sie Ihre Mietverträge schriftlich vereinbaren. Die monatlichen Mietzahlungen müssen regelmäßig unbar auf Ihr Konto erfolgen. Zeiten der „Mietbücher" und Barzahlungen sind Geschichte. Vermieten Sie an Familienangehörige, achten Sie unbedingt darauf, dass die getroffenen Vereinbarungen einem „Fremdvergleich" standhalten. Damit ist gemeint, dass alle Vereinbarungen so getroffen und auch durchgeführt werden müssen, wie es unter fremden Vertragspartnern (die eben nicht zur Familie gehören) üblich ist. Sie tragen im Zweifel die Beweislast. Es ist Ihre Aufgabe, Sachverhalte dem Finanzamt gegenüber nachzuweisen oder zumindest glaubhaft zu machen.

BEISPIEL

Ernst Wucher hat eine nette kleine Eigentumswohnung in einem angesagten Viertel von Heidelberg erworben. Irgendwann möchte er sie vielleicht selbst als Altersruhesitz nutzen. Derzeit studiert sein Lieblingsenkel Kevin im zweiten Semester in Heidelberg. Kevin darf, solange er studiert, die Wohnung nutzen. Er zahlt seinem Opa für die 50 Quadratmeter monatlich 150 €.
Ernst Wucher hat ausgerechnet, dass er damit in etwa die laufenden Betriebskosten (Heizung, Grundbesitzabgaben, Wasser, Abwasser, Müll, Versicherung, Hausmeister usw.) decken kann. Eine Miete im eigentlichen Sinne bekommt Ernst Wucher nicht – er überlässt Kevin vielmehr die Wohnung gegen Kostenerstattung. Eine Anlage V muss er bei seiner Steuererklärung nicht auszufüllen.

Empfindlich reagiert das Finanzamt auch, wenn zum Beispiel Ihre zu vermietende Wohnung über einen längeren Zeitraum hinweg leer steht. Eine leer stehende Wohnung verursacht Kosten, die Sie gewiss von der Steuer absetzen möchten. Oft stellt das Finanzamt die Frage, ob Sie die Vermietungsabsicht eventuell aufgegeben haben und verwehrt Ihnen im Zweifel den Verlustabzug. Tatsächlich sollten Sie in Ihrem eigenen Interesse akribisch Beweissicherung betreiben. Schneiden Sie Ihre Vermietungsanzeigen aus der Zeitung aus. Notieren Sie die Anrufe von Interessenten, dokumentieren Sie die Besichtigungen und auch, warum zum Beispiel eine Vermietung nicht zustande kam. Dokumentieren Sie Ihre weiteren Vermietungsbemühungen wie etwa Aushänge im Supermarkt, Ihre „Internetaktivitäten" bei Onlineportalen, die Mietangebote am Schwarzen Brett Ihres Vereins, Facebook-Aufrufe. Ihrer Kreativität sind keine Grenzen gesetzt.

Es kommt häufig vor, dass gerade in den ersten Jahren nach Kauf oder Bau einer Immobilie bei der Vermietung negative Einkünfte – also Verluste – entstehen. Die Einkünfte aus Vermietung und Verpachtung errechnen sich genau wie bei den anderen Überschusseinkunftsarten auch: Einnahmen abzüglich Werbungskosten sind die Einkünfte aus V+V (Vermietung und Verpachtung). Tragen Sie alles im entsprechenden Formblatt s.o. ein.

ACHTUNG

Renovierungsstau

Eine fehlende Vermietungsabsicht wird auch schnell unterstellt, wenn Ihre Immobilie aufgrund von Renovierungsstau unvermietbar geworden ist und Sie zum Beispiel keine finanziellen Mittel haben, um Abhilfe schaffen zu können.

Eine „Netto-Rechnung" wird aus Vereinfachungsgründen nur noch in Ausnahmefällen akzeptiert; allerdings ist sie recht simpel und dient auch der eigenen Übersicht. Als Einnahmen tragen Sie lediglich die tatsächlich erhaltene Kaltmiete (ohne Nebenkosten, ohne Betriebskosten) auf Anlage V ein; keine Umlagen. Auf der anderen Seite dürfen Sie dann natürlich auch nur die Ausgaben als Werbungkosten eintragen, die Sie nicht auf Ihre Mieter umlegen.

Ihre Werbungskosten beschränken sich dann auf die nicht umlegbaren Kosten. Das sind in erster Linie AfA (Absetzung für Abnutzung), Finanzierungskosten (Zinsen und Gebühren), Verwaltungs- und Renovierungsaufwand. Bei Eigentumswohnungen erstellt der Verwalter in der Regel eine Jahresabrechnung. Meist weist die Abrechnung schon die Kosten in „auf Mieter umlegbar" und „nicht auf Mieter umlegbar" separat aus. Oft bekommen Sie sogar eine Nebenkostenabrechnung für „Leerstandszeiten". Das ist natürlich sehr hilfreich, wenn Sie Ihre Steuererklärung erstellen, denn die Kosten während der Leerstände sind grundsätzlich Werbungskosten

Mitunter bescheinigt der Hausverwalter auch die „haushaltsnahen Dienstleistungen" oder „Handwerkerleistungen" im Sinne § 35a EStG (→ Seite 163). Als Vermieter ist diese Bescheinigung für Sie persönlich völlig belanglos. Allerdings freut sich Ihr Mieter darüber, denn er kann seinerseits die Bescheinigung einsetzen. Das gilt natürlich nur für die Leistungen, die er als Mieter auch über die Nebenkosten (zum Beispiel Hausmeister, Treppen-/Hausreinigung, Gartenpflege, Schornsteinfeger) bezahlt hat.

→ TIPP Mieter unterstützen
Heften Sie Ihrem Mieter die Bescheinigung einfach mit an die Nebenkostenabrechnung.

Eigentümer, die ihre Wohnung selbst bewohnen – also nicht vermieten –, dürfen sowohl die umlegbaren als auch die nicht umlegbaren Dienstleistungen in ihrer Steuer eintragen.

Wenn Sie eine Eigentumswohnung kaufen, erwerben Sie üblicherweise automatisch einen eigenen Anteil an der „Rücklage". Die Rücklage ist der gemeinsame „Sparstrumpf" aller Miteigentümer. Jeder zahlt, in der Regel monatlich, über das „Hausgeld" einen zuvor auf der jährlichen Eigentümerversammlung festgelegten Betrag. Der Hausverwalter legt das Geld an und bezahlt damit bei Bedarf größere Reparaturen und Renovierungen für die Eigentümergemeinschaft. Als Werbungskosten dürfen Sie nur „Entnahmen aus der Rücklage" anteilig geltend machen. Der Verwalter führt in der Jahresabrechnung auch immer auf, was aus der Rücklage bezahlt wurde und wie hoch Ihr eigener Anteil zum Beispiel an den Renovierungskosten ist. Es handelt sich dabei stets nur um Kosten, die alle Eigentümer betreffen: beispielsweise Streichen der Fassade, Dacheindeckung, Treppenhausrenovierung, Reparatur der Zentralheizung, Neugestaltung der Gartenanlage, Balkonsanierung usw.

Renovierungen, die nur Ihre eigene Wohnung betreffen, etwa eine Renovierung bei Mieterwechsel wie Badsanierung, Fußbodenaustausch, Fliesenarbeiten, sind weitere, voll abzugsfähige Werbungskosten.

Mitunter entstehen in einem Kalenderjahr sehr hohe Renovierungskosten. Sie könnten die Kosten wahlweise in dem einen Jahr geltend machen oder aber auf mehrere Jahre verteilen. Sie allein haben die Wahl, aber auch die Qual. Sie allein können und müssen entscheiden, ob und auf wie viele Jahre Sie die Ausgaben verteilen möchten (zwei, drei, vier oder fünf Veranlagungszeiträume – kurz VZ.

→ **TIPP Zuerst mit Bleistift**

Nicht gleich mit Kuli ausfüllen: Falls Sie eine Erklärung in Papierform abgeben, tragen Sie die Angaben erst mal mit Bleistift ein und später, wenn Sie Ihr ZVE komplett errechnet haben, korrigieren Sie nach Bedarf. Wenn Sie ein Computerprogramm nutzen, können Sie ganz zum Schluss Ihre verschiedenen Möglichkeiten durchrechnen.

Überlegen Sie gut: „Wie entwickelt sich mein ZVE (→ Seite 19) in den nächsten zwei bis fünf Jahren?", denn davon hängt die kluge Entscheidung ab. Eine persönliche Zukunftsprognose, Ihr Blick in die berühmte Glaskugel ist gefragt. Wenn Sie also bereits wissen oder ahnen, dass in den nächsten Jahren Ihre Gesamteinkünfte zum Beispiel aufgrund von Sonderzahlungen eher ansteigen, könnten Sie Ihr künftiges ZVE durch die Verteilung senken. Sie profitieren dann eventuell von der Progression (→ Seite 19). Die Eintragung erfolgt dann in der Anlage V entsprechend – auch in den Folgejahren. Aber beachten Sie: die einmal getroffene Entscheidung können Sie nicht nachträglich ändern – etwa weil sich

Ihre Prognose als falsch erweist. Diese aufgeteilten Erhaltungsaufwendungen sind auch leider nicht vererblich bzw. können nicht an etwaige Rechtsnachfolger übertragen werden.

Selbstverständlich gelten dieselben Regeln analog auch für die Vermietung von „gemischten" Grundstücken. Ganz häufig sind das selbst genutzte Einfamilienhäuser mit Einliegerwohnung. Sie selbst bewohnen das Haus (eigene Wohnzwecke) und die separate Souterrain-Wohnung haben Sie vermietet (fremde Wohnzwecke). Wohnungen, die Sie kostenlos zur Nutzung überlassen, gelten wie eigengenutzt. Die Werbungskosten werden anhand der anteiligen Quadratmeter aufgeteilt. Entsprechend sind in Anlage V die Eintragungen der Werbungskosten getrennt vorzunehmen. Es ist sinnvoll, wenn Sie bereits beim Einkauf von Material beziehungsweise bei Rechnungseingang eine Zuordnung treffen, denn spätestens bei der Steuererklärung ist dies unerlässlich.

Anton Pfennigfuchser verfährt so im Laufe des Jahres mit allen Einkaufsbelegen. Auch Rechnungen markiert er in „Ampel-Manier". Er weiß, wie schwierig es ist, sich nach längerer Zeit an die richtige Zuordnung zu erinnern.

rot = nicht bei der Steuer absetzbar
gelb = anteilig bei der Steuer absetzbar
grün = vollständig bei der Steuer absetzbar

Belege, die ihm seine Gebäudeversicherung erstattet hat, etwa die Dachreparatur vom letzten Sturmschaden, sortiert er sofort ganz aus, denn Anton hatte ja keine Kosten. Anhand der Versicherungsabrechnung kann er allenfalls die Eigenbeteiligung als sonstige Kosten ansetzen. Amalie erinnert Anton noch daran, die mit dem privaten Auto gefahrenen Kilometer sofort in der Liste „Materialbeschaffung V+V" einzutragen. Die Pfennigfuchsers zeichnen alljährlich ihre Fahrtkosten auf und sind immer wieder erstaunt, wenn sie die Aufstellung zusammenrechnen. Im Laufe eines Jahres fahren sie so manchen Kilometer, jeweils berechnet mit 0,30 €, sind das schon etliche Euros.

BEISPIEL

Anton Pfennigfuchser bewohnt das Erdgeschoss seines Eigenheims mit 100 Quadratmetern selbst. Die 50 Quadratmeter große Souterrainwohnung hat er vermietet. Das Dachgeschossappartement, ebenfalls 50 Quadratmeter, hält er für gelegentliche Besuche seiner großen Familie frei. Als Rentner erledigt er die meisten Arbeiten an Haus und Garten persönlich. In den Baumärkten der Umgebung schaut er regelmäßig nach Schnäppchen. Und weil das Angebot der Baumärkte breit gefächert ist, kommt zu seinem Einkauf noch ein Eis am Stiel, ein Ü-Ei für die Enkelin, dicke Sitzkissen für die eigenen Terrassenmöbel und Bastelsachen für seine Frau Amalie dazu. Diese Posten sind auf jeden Fall „privat".

Weil Anton weiß, die nächste Steuererklärung kommt bestimmt, legt er bereits beim Einkauf im Baumarkt die Ware getrennt aufs Kassenband und zahlt für Privates die fälligen 50 € separat. Auf dem zweiten Beleg sind aufgeführt: Blumen für die Vorgartenbepflanzung 20 €, eine schicke Glastür für das Wohnzimmer der Mieterwohnung 300 €, die Anstreichfarbe für den Zaun 30 €, eine neue Lampe für den Kellerflur 10 €, eine Stehlampe für das Dachgeschoss 50 € sowie ein Restposten Fliesen 100 € (ausreichend für die Fliesenspiegel aller drei Küchen im Haus).

Zu Hause angekommen, markiert er sofort mit Buntstiften den Bon in „Ampel-Farben":
Rot: nicht bei der Steuer absetzbar – die Stehlampe;
Gelb: anteilig bei der Steuer absetzbar – Blumen 20 €, Farbe 30 €, Kellerlampe 10 €, Fliesen 100 €, Total = 160 €; und zuletzt
Grün: vollständig steuerlich absetzbar – Glastür 300 €.

Das Dachgeschoss ist nicht vermietet, also selbst genutzt, somit ist der Kauf der Stehlampe reines Privatvergnügen. Die Bepflanzung des Vorgartens und das Streichen des Zauns verbessern das Gesamtbild des Hauses. Ebenso wie die Kellerlampe dient es dem Mieter und Familie Pfennigfuchser gleichermaßen. Weil Anton die Fliesenspiegel in allen drei Küchen erneuern will, sind auch diese anteilige Werbungskosten.

ACHTUNG

Reisekosten

Die Fahrten werden nach Reisekostengrundsätzen abgerechnet und haben mit der Entfernungspauschale gar nichts zu tun. Es gilt nach wie vor 0,30 € je gefahrenem km und nicht die Distanz (Entfernung) wie etwa bei Fahrten zur Arbeit.

Bei der Erstellung der Steuererklärung addiert Anton all seine „Ampelbelege". Die gelben Belege teilt er dann auf und rechnet im Dreisatz:

Gesamtwohnfläche des Hauses EG 100 qm + UG 50 qm + DG 50 qm = 200 qm Gesamtfläche = 100 %.
Eigengenutzt EG 100 qm + DG 50 qm = 150 qm = 75 %;
Vermietet 50 qm UG = 25 %.

Er weiß, die gelben Beträge seines letzten Einkaufs (160 €) sind mit 25 %, also 40 €, Werbungskosten. Dazu kommt noch die Glastür mit 300 € als 100-prozentige Werbungskosten (Ampelfarbe Grün).

→ **TIPP Achtung Thermo**

Die Kassenbons einiger Geschäfte sind aus Thermopapier. Der Aufdruck ist – je nach Lagerung – dann nach einiger Zeit nicht mehr entzifferbar. Besser den Bon zusätzlich kopieren und an das Original anheften. Zur Markierung am besten Buntstifte verwenden. Sie können notfalls sogar radieren. Auch Textmarker lassen mitunter die Schrift „verschwinden". Es gibt spezielle Textmarker, die sich wieder entfernen lassen.

„Eine gute Vorbereitung ist für Mandanten und Notare das A und O.“

BURKHARD MAJEWSKI ist Rechtsanwalt und Notar in Arnsberg (NRW). Das Motto seiner Kanzlei: „Eine wirkungsvolle und zielgerichtete Beratung hat für uns nicht rein juristische Aspekte. Wir berücksichtigen vielmehr auch wirtschaftliche, steuerliche und soziale Gesichtspunkte, um eine optimale Problemlösung für unsere Mandanten zu erreichen.“

Was ist die Aufgabe eines Notars?

Ein Notar ist unabhängiger Träger eines öffentlichen Amtes und unparteiischer Rechtsberater der notariellen Verfahrensbeteiligten.

Warum ist bei Vertragsabschlüssen ein Notar unverzichtbar?

Trotz Vertragsfreiheit können nicht alle Verträge formfrei abgeschlossen werden. Der Gesetzgeber schreibt bei bestimmten Rechtsgeschäften die Form der notariellen Beurkundung vor. Damit soll eine qualifizierte Beratung und die volle Beweiskraft über die beurkundeten Tatsachen sichergestellt werden. Zu diesen Rechtsgeschäften gehören etwa der Kaufvertrag über Grundbesitz, aber auch der Ehe- und Erbvertrag oder verschiedene Gesellschaftsverträge (zum Beispiel bei Gründung einer GmbH).

Wie kann ich meinen Grundstücksverkauf am besten vorbereiten?

In vielen Fällen spielen steuerrechtliche Fragen eine große Rolle. Es empfiehlt sich daher die rechtzeitige Hinzuziehung eines steuerlichen Beraters vor Beurkundungen und Vertragsabschlüssen, um die Zielvorstellungen und gegebenenfalls verschiedenen Regelungsmöglichkeiten vorab steuerlich einer professionellen Prüfung zu unterziehen. Optional ist es daher in vielen Fällen sinnvoll, den Steuerberater von Beginn bis zum Abschluss des Beurkundungsverfahrens miteinzubinden. Achtung auch bei Grundstücken, die zu Betriebsvermögen (auch Landwirtschaft) gehören.

Welche weiteren Aufgaben übernehmen Notare?

Ein Notar wird auch bei anderen Rechtsgeschäften beratend, gestaltend und protokollierend tätig, die gesetzlich nicht zwingend von einem Notar vorgenommen werden müssen. Zu nennen ist insbesondere die individuelle Gestaltung von Testamenten.

Welche sonstigen Einkünfte haben Sie?

In diesem Kapitel beschreiben wir, was alles zu den sonstigen Einkünften zählt – auch Ihre gesetzliche Rente – und wie die Rentenfreibeträge ermittelt werden.

In der 7. und letzten Einkunftsart (→ Seite 20) ist unter dem Oberbegriff „sonstige Einkünfte" alles zusammengefasst, was auch noch der Besteuerung unterliegt, beispielsweise:

„§ 22 EStG Arten der sonstigen Einkünfte
Sonstige Einkünfte sind [...]
1.a) aa) Leibrenten und andere Leistungen, die aus der gesetzlichen Rentenversicherung, den landwirtschaftlichen Alterskassen, den berufsständischen Versorgungseinrichtungen [...]
bb) [...] bei denen in den einzelnen Bezügen Einkünfte aus Erträgen des Rentenrechts enthalten sind. Auf Antrag auch für Leibrenten [...] bis 31.12.2004 [...].
Der Ertrag des Rentenrechts (Ertragsanteil) ist aus der nachstehenden Tabelle zu entnehmen.

1a. Einkünfte aus Unterhaltsleistungen, soweit sie nach § 10 (1) Nr. 1 vom Geber abgezogen werden können [...]

2. Einkünfte aus privaten Veräußerungsgeschäften im Sinne des § 23. [...]

3. [...] Einkünfte aus gelegentlichen Vermittlungen und aus der Vermietung beweglicher Gegenstände. Solche Einkünfte sind nicht einkommensteuerpflichtig, wenn sie weniger als 256,- € im Kalenderjahr betragen haben. Übersteigen die Werbungskosten die Einnahmen, so darf der übersteigende Betrag bei der Ermittlung des Einkommens nicht ausgeglichen werden [...].
[...]

5. Leistungen aus Altersvorsorgeverträgen [...]."

Rente ist nicht gleich Rente

Fast alle Renten werden Ihnen als „Brutto-Renten“ bescheinigt, jedoch als „Netto-Renten“ überwiesen. In der Regel wird vom Rententräger für Sie Kranken- und Pflegeversicherung einbehalten. Diese gezahlten Beiträge sind steuerlich „Sonderausgaben“ (→ Seite 120, Sonderausgaben) und als solche auf der Anlage Vorsorgeaufwand einzutragen. Zur Berechnung der steuerpflichtigen Rentenanteile gehen Sie stets von den Brutto-Renten-Werten aus.

Gesetzliche Renten

Bei der Papier-Steuererklärung werden alle Eintragungen zu diesen Renten in der **Anlage R** gemacht. Ehepartner füllen jeweils ein eigenes Formular R aus. Mit der ersten Rubrik sind, vereinfacht ausgedrückt, die „normalen“ gesetzlichen Renten gemeint. Während der langen Jahre Ihrer Berufstätigkeit haben Sie und Ihr Arbeitgeber die Beiträge zur Rentenversicherung jeweils zur Hälfte einbezahlt. Bis 2005 waren diese Renten bei der Auszahlung meist steuerfrei. Ab 2005 werden nun auch diese Renten besteuert, und zwar schrittweise nach dem sogenannten **Kohortenprinzip**. Eine „Kohorte“ war einst eine militärische Einheit im antiken Römischen Reich – eine genau definierte geschlossene Gruppe von Kriegern. Die Einteilung der Rentner erfolgt auch in Einheiten. Die erste Kohorte bilden die Rentner, die bereits vor oder in 2005 Rente bezogen haben. Die zweite Kohorte sind die Rentner mit Rentenbeginn 2006, die dritte Kohorte die „Neurentner“ aus dem Jahr 2007 usw. bis 2058 (→ Tabelle Seite 79).

Durch dieses ausgefeilte System sollen stufenweise auch die gesetzlichen Renten der „nachgelagerten Besteuerung“ unterworfen werden. Nachgelagert bedeutet, die Besteuerung erfolgt jeweils in dem Jahr, in dem die Beträge auch zur Auszahlung kommen. Ähnlich wie der Versorgungsfreibetrag der Pensionen (→ Seite 48) abgeschmolzen wird, wird bei den gesetzlichen Renten der Besteuerungsanteil jährlich um ein bis zwei Prozentpunkte erhöht. Aufgrund des neuen Wachstumschancengesetzes wird der Besteuerungsanteil ab 2023 nur noch um 0,5 Prozentpunkte jährlich angehoben. Somit wird die vollständige Besteuerung der Rente dann erst in 2058 erreicht (bisher 2040). So soll die mögliche Doppelbesteuerung der künftigen Neurentner vermieden werden. Durch das Kohortenprinzip wird – abhängig vom Jahr des Rentenbeginns – Ihr steuerfreier Anteil der Rente ermittelt. Für die Rentner mit Rentenbeginn in 2005 (oder früher) bleiben 50 Prozent der gesetzlichen Rente frei – und zwar bis zum Ende dieser Rentenzahlungen.

Eine Rentner-Kohorte hat also jeweils den Prozentsatz des steuerpflichtigen Rentenanteils gemeinsam. Diesen Besteuerungsanteil sehen Sie in der Tabelle (→ Seite 79). Die Rentner-Kohorte 2058 muss demnach die Rente zu 100 Prozent der Steuer unterwerfen. Die steuerfreien Beträge werden sozusagen bis zum Ende der Rentenzahlungen „eingefroren". Sie werden anteilig sogar weitergeführt bei Hinterbliebenenrenten (Witwer-/Witwenrenten). Jahr des Rentenbeginns ist dann jeweils das Jahr, in dem die Ursprungsrente begonnen hat

BEISPIEL:

→ Rentenbeginn 2003 (Kohorte 2005) mit Rentenzahlung in 2005: 18.000 € x 50 % = steuerpflichtiger Anteil 9.000 €; steuerfreier Anteil somit auch 9.000 €.

→ Rentenbeginn 1.1.12 (Kohorte 2012) mit Rentenzahlung in 2012: 18.000 € x 64 % = steuerpflichtiger Anteil 11.520 €; somit steuerfreier Anteil nur noch 6.480 €.

→ Rentenbeginn 1.1.19 (Kohorte 2019) mit Rentenzahlung in 2019: 18.000 € x 78 % = steuerpflichtiger Anteil 14.040 €; somit steuerfreier Anteil nur noch 3.960 €.

Sobald Sie wissen, welcher Rentner-Kohorte Sie angehören, können Sie Ihren persönlichen Freibetrag ermitteln. Die Rentenerhöhungen unterliegen einer besonderen Berechnung. Es hilft leider gar nicht, anhand Ihrer Kontoauszüge die ausgezahlte Rente zu ermitteln. Sie benötigen den Brutto-Rentenbetrag und noch etliche weitere Angaben. Ab 2020 ist das Formular „R" neu gestaltet worden. Dort werden nur noch die gesetzlichen Renten aus der gesetzlichen Rentenversicherung, der landwirtschaftlichen Alterskasse und den berufsständischen Versorgungseinrichtungen eingetragen. Hinzu kommen eigene, zertifizierte Basisrentenverträge (Rürup-Verträge) sowie sonstige private Leibrenten aus dem Inland (→ Seite 81).

Für derartige **Renten aus dem Ausland** gibt es das neue Formular R-AUS. Dieses Formblatt ähnelt dem Formular „R" – allerdings sind keine Felder grün hinterlegt. Das bedeutet, es werden keine Zahlen elektronisch an das Finanzamt übermittelt.

Wenn Sie sich von Ihrer Rentenanstalt alljährlich eine Bescheinigung für die Steuer zuschicken lassen (→ Abbildung Seite 80), haben Sie es mit den Eintragungen bei der Steuererklärung recht einfach. Die Bescheinigungen von den gesetzlichen Rentenversicherungsträgern erhalten Sie beim ersten Mal nur auf Anforderung. Das kostet Sie einmalig etwas Mühe, weil für jede Rente eine eigene Bescheinigung geordert werden muss; beispielsweise Witwenrente bei der Bundesknappschaft, eigene gesetzliche Rente bei der Deutschen Rentenversicherung Westfalen usw. Sie können die Bescheinigung telefonisch, meist über eine 0800er-Hotline, oder per E-Mail anfordern. Wenn aber einmal Ihre Bestellung der Jahresbescheinigung für die Steuer korrekt bearbeitet wurde, erfolgt die Zusendung in den Folgejahren in der Regel reibungslos. Der Aufwand lohnt sich, denn auf der Jahresbescheinigung für das Finanzamt sind Art der Rente, Rentenbeginn, Jahresbruttorente, Anpassungsbetrag, Kranken- und Pflegekassenbeiträge aufgeführt. Es werden Ihnen sogar die entsprechenden Zeilen in der Anlage R zur Eintragung bei der Steuererklärung „mitgeliefert". Es gibt noch weitere Rentenbescheinigungen, die mitunter irrtümlich verschickt werden. Die sind jedoch für Ihre Steuererklärung wenig hilfreich: Sie benötigen die „Mitteilung zur Vorlage beim Finanzamt".

→ **TIPP Deutsche Rentenversicherung**
Informationen zu Ihrer persönlichen Rente erhalten Sie unter 0 800/10 00 48 00 (kostenloses Servicetelefon), im Internet: www.deutsche-renten-versicherung.de oder per E-Mail: info@deutsche-rentenversicherung.de

Steuerpflichtiger Anteil gesetzl. Renten („Kohortentabelle“)

JAHR DES RENTENBEGINNS	BESTEUERUNGS-ANTEIL IN %
bis 2005	50
ab 2006	52
2007	54
2008	56
2009	58
2010	60
2011	62
2012	64
2013	66
2014	68
2015	70
2016	72
2017	74
2018	76
2019	78
2020	80
2021	81
2022	82
2023	82,5
2024	83
2025	83,5
2026	84
2027	84,5
2028	85
2029	85,5
2030	86
2031	86,5

→ Fortsetzung

JAHR DES RENTENBEGINNS	BESTEUERUNGS-ANTEIL IN %
2032	87
2033	87,5
2034	88
2035	88,5
2036	89
2037	89,5
2038	90
2039	90,5
2040	91
2041	91,5
2042	92
2043	92,5
2044	93
2045	93,5
2046	94
2047	94,5
2048	95
2049	95,5
2050	96
2051	96,5
2052	97
2053	97,5
2054	98
2055	98,5
2056	99
2057	99,5
2058	100

Für die Jahre bis einschließlich 2020 steigt der Besteuerungsanteil um jeweils 2 %. Ab 2021 ist es jeweils 1 % und nach dem neuen Wachstumschancengesetz ab 2023 nur noch 0,5 %.

Versicherungsnummer Abt.-Nr.
[redacted]

Deutsche Rentenversicherung
Westfalen

Die Geschäftsführung
Leistungsabteilung

Deutsche Rentenversicherung Westfalen, 48125 Münster
[redacted]

[redacted]

[redacted] Januar [redacted]

Mitteilung zur Vorlage beim Finanzamt
Leistungen aus der gesetzlichen Rentenversicherung im Jahr [redacted]

Sehr geehrte [redacted]

Sie erhalten hiermit eine Aufstellung über die Leistungen aus der gesetzlichen Rentenversicherung im **Jahr 2020**, die Ihnen beim Ausfüllen Ihrer Einkommensteuererklärung helfen soll. Diese Daten haben wir auch der Zentralen Zulagenstelle für Altersvermögen (ZfA) mitgeteilt. Dazu sind wir gesetzlich verpflichtet (§ 22a Einkommensteuergesetz - EStG). Von der ZfA werden die Daten an die zuständige Landesfinanzverwaltung übermittelt.

Anspruch auf große Witwenrente

mit einem Rentenbeginn am 01.05.2012
(einzutragen in die Anlage R, Zeile 6)

Rentenbetrag einschließlich Einmalzahlung (einzutragen in die Anlage R, Zeile 4)	**9.210,06 EUR**
im Rentenbetrag enthaltener Rentenanpassungsbetrag (einzutragen in die Anlage R, Zeile 5)	**1.510,80 EUR**

Es wurde eine vorhergehende Rente bezogen vom 01.06.2010 bis zum 30.04.2012.
(einzutragen in die Anlage R, Zeilen 7 und 8)

Beiträge zur Kranken- und Pflegeversicherung können steuermindernd geltend gemacht werden. Die Höhe der vom Rentenversicherungsträger aus der Rente einbehaltenen Beitragsanteile zur Kranken- und Pflegeversicherung haben wir ebenfalls der ZfA zur Weiterleitung an die zuständige Landesfinanzverwaltung mitgeteilt. Dazu sind wir nach dem Bürgerentlastungsgesetz verpflichtet.

[redacted]

Folgende Beitragsanteile zur gesetzlichen Krankenversicherung haben wir an die ZfA gemeldet:

Seite 02

Abb. 7: Leistungen aus der gesetzlichen Rentenversicherung, Fortsetzung nächste Seite.

Versicherungsnummer Abt.-Nr. [redacted] Seite 02 Datum [redacted]

Geleistete Beiträge zur Krankenversicherung
von 01.[redacted] bis 12.[redacted] 713,76 EUR
(einzutragen in die Anlage Vorsorgeaufwand, Zeile 16)

Folgende Beitragsanteile zur sozialen Pflegeversicherung wurden an die ZfA gemeldet:

Geleistete Beiträge zur Pflegeversicherung
von 01.[redacted] bis 12.[redacted] 303,96 EUR
(einzutragen in die Anlage Vorsorgeaufwand, Zeile 18)

Für weitere Fragen zu Einzelheiten der Besteuerung wenden Sie sich bitte an Ihr Finanzamt.

Mit freundlichen Grüßen

Ihre Deutsche Rentenversicherung
Westfalen

Beachten Sie bitte, dass Rentennachzahlungen für mehrere Jahre anders versteuert werden. Wenn Ihnen beispielsweise rückwirkend für mehrere Jahre eine Erwerbsminderungsrente bewilligt wird, sind mitunter auch in den Vorjahren Korrekturen vorzunehmen. Oft wird Ihnen nur ein Teil der Rentennachzahlung überwiesen. Zu viel gezahltes Arbeitslosen- oder Krankengeld der vergangenen Jahre verlangen Arbeitsamt und Krankenkasse zurück. Eine Verrechnung erfolgt meist direkt mit der Rentenstelle. Die Berichtigung, also anstatt der bisher berücksichtigten Progressionsleistungen Arbeitslosen- beziehungsweise Krankengeld nunmehr Rentenzahlungen, wird schnell übersehen und ist tatsächlich mühselig zu berechnen. Rentenbeginn (zur Ermittlung der Kohorte) ist dann auf jeden Fall das rückliegende Jahr, für das **erstmalig** die Rente bewillig wurde. Im Zweifel sollten Sie wirklich fachkundige Hilfe in Anspruch nehmen.

Zertifizierte Basisrenten (Rürup-Renten)

Die eigenen zertifizierten Basisrentenverträge, sogenannte Rürup-Renten, sind vollständig von Ihnen selbst finanziert worden und werden dennoch exakt so versteuert wie eine gesetzliche Rente – wie zuvor beschrieben. Zertifizierte Basisrentenverträge werden in der Regel von Selbstständigen, nicht rentenversicherungspflichtigen Berufstätigen zur privaten Altersversorgung abgeschlossen. Über die Zertifizierung stellt der Gesetzgeber sicher, dass die Ansparungen ausschließlich für die Sicherung im Alter genutzt werden. Es kann sich durchaus lohnen, auch noch einige wenige Jahre vor Rentenbeginn in eine Rürup-Rente einzuzahlen. Die Beträge sind als Sonderausgaben steuermindernd absetzbar. Bis 2014 war der jährliche steuerlich zu berücksichtigende Höchstbetrag auf 20.000 € pro Steuerpflichtigem begrenzt. Zwischenzeitlich steigt der Höchstbetrag alljährlich an, weil er ab 2015 an die Beitragsbemessungsgrenze der knappschaftlichen Rentenversicherung gekoppelt wurde. 2022 konnte ein Ehepaar maximal 51.278 € einzahlen. Davon wurden maximal 94 Prozent als absetzbare Sonderausgaben/Altersvorsorgeaufwendungen anerkannt, das waren immerhin 48.201 €, die Ihr ZVE (zu versteuerndes Einkommen) mindern. Der Höchstbetrag 2024 bemisst sich auf 27.566 € bzw. 55.132 € für Verheiratete. In 2023 waren es noch 26.528 € bzw. 53.056 €. Der maximal absetzbare Prozentsatz wurde rückwirkend ab VZ 2023 auf 100 Prozent erhöht. (Zuvor war eine stufenweise Erhöhung bis 2025 geplant.) Bei einer so großzügigen steuerlichen Förderung während der Ansparphase ist im Gegenzug die nachgelagerte Besteuerung bei der Auszahlung vom Steuerpflichtigen hinzunehmen. Der Vorteil bei dieser Rente liegt darin, dass der persönliche Steuersatz in der Ansparphase, also während der Berufstätigkeit, meist deutlich höher ist. Wird dann später die Rürup-Rente ausgezahlt, sind häufig die Einkünfte viel geringer und somit auch der persönliche Steuersatz (→ Seite 19, Progression). Egal wie sehr der Steuervorteil lockt, Sie sollten auch all die anderen Bedingungen dieser Verträge genau prüfen und mit Ihrer persönlichen Situation abstimmen. Auch für Ihre Rürup-Renten-Auszahlungen bekommen Sie von dem Anbieter alljährlich eine entsprechende Bescheinigung, die Sie in der Anlage R Ihrer Steuererklärung eintragen müssen.

Wenn Sie Ihre Steuererklärung in Papierform beim Finanzamt einreichen, füllen Sie für jeden Ehegatten eine eigene Anlage R aus.

Sie können durchaus mehrere (gesetzliche) Renten mit sogar unterschiedlichem Rentenbeginn haben. Tragen Sie all diese Renten in **einer Anlage R, Zeilen 4 bis 12** ein.

Ausländische Renten werden im Formular **R-AUS** in die **Zeilen 4 bis 13** eingetragen.

Wenn Sie den steuerpflichtigen Teil all Ihrer gesetzlichen Renten errechnet haben, tragen Sie die entsprechenden Werte in Ihre ZVE-Tabelle (→ Seite 22/23) für beide Ehegatten getrennt ein. Sollten Sie mehrere gesetzliche Renten erhalten, können Sie die steuerpflichtigen Werte zusammenfassen.

! ACHTUNG

Nicht alles ist „Basis"

Bei Weitem nicht jede privat abgeschlossene Rente ist eine zertifizierte Basis-Rente (Rürup-Rente) im Sinne des Steuerrechts. Häufig bieten Versicherungsgesellschaften „normale" Lebensversicherungen auf Rentenbasis mit ähnlichen Begriffen an, zum Beispiel „Basis Zusatzrente", „private Altersrente".

Private Renten

Die zweite Rentenrubrik sind die **privaten Renten**. Sie werden eben nicht von den gesetzlichen Rentenkassen, sondern von privaten Anbietern ausgezahlt. Das sind meist Versicherer oder sogenannte Zusatzversorgungskassen. Die jeweiligen Anbieter senden Ihnen alljährlich eine Jahresbescheinigung zu. In der Regel sind die Bescheinigungen bereits so gestaltet, dass Sie mühelos die Eintragungen in der Steuererklärung vornehmen können. Die Eintragungen erfolgen auf der **Anlage R**, Seite 1, **Zeilen 13 bis 18**. Derartige Renten aus dem Ausland werden im Formular **R-AUS** in die **Zeilen 14 bis 20** eingetragen.

Mit „privaten Renten“ sind Renten gemeint, die der Steuerpflichtige – also Sie – vollständig selbst finanziert hat, und zwar **ohne** staatliche Förderung oder Arbeitgeberbeteiligung. Das sind unter anderem Unfallrenten, Berufsunfähigkeitsrenten und ausgezahlte Lebensversicherungen auf Rentenbasis.

Bitte verwechseln Sie nicht die private Unfallrente mit Renten der Berufgenossenschaft – diese sind nämlich komplett steuerfrei (→ Seite 111).

Im Gegensatz zu den gesetzlichen Renten wird in diesen Fällen nur der erheblich geringere „Ertragsanteil“ von 1 % bis 59 % der Steuer unterworfen. **Je älter Sie bei Renteneintritt sind, desto weniger wird von Ihrer privaten Rente versteuert.** Wenn Sie beispielsweise mit 63 Jahren in Rente gehen, beträgt der Ertragsanteil 20 %. Bei einer Jahresrente von 24.000 € werden also 4.800 € besteuert. Ist Ihr Rentenbeginn erst mit 67

Lebens-/Rentenversicherung Nr.: [redacted]
Steuerbescheinigung für das Jahr [redacted]

Für das Meldejahr [redacted] haben wir Renten von insgesamt 1.787,85 EUR gezahlt.

Es handelt sich um eine private Rentenversicherung. Die Rente ist nach § 22 Ziffer 1 Satz 3 a) bb) Einkommensteuergesetz (EStG) mit dem Ertragsanteil zu versteuern.

Rentenbeginn war der 01.08.2012.

Diese Bescheinigung ist maschinell erstellt und daher nicht unterschrieben. Die Leistungen müssen wir nach § 22a, Satz 3 EStG auch der zentralen Stelle (§ 81 EStG) zur Übermittlung an die Landesfinanzbehörden mitteilen (Rentenbezugsmitteilungsverfahren).

Abb. 8: Muster für Bescheinigung private Rente.

Ausdruck der elektronischen Lohnsteuerbescheinigung für [redacted]

Nachstehende Daten wurden maschinell an die Finanzverwaltung übertragen

[redacted]

Korrektur/Stornierung:
eTIN:
Identifikationsnummer:
Korrespondenznummer:
Personalnummer:
Geburtsdatum:
Strasse:
PLZ und Ort:
Transferticket:
Datum: [redacted]

Dem Lohnsteuerabzug wurden im letzten Lohnzahlungszeitraum zugrunde gelegt:

[redacted]

Steuerklasse/Faktor
3

Zahl der Kinderfreibeträge
0,0

Steuerfreier Jahresbetrag

Jahreshinzurechnungsbetrag

Kirchensteuermerkmale
rk / --

1.	Bescheinigungszeitraum		01. 01. - 31. 12.
2.	Zeiträume ohne Anspruch auf Arbeitslohn		Anzahl "U":
	Großbuchstaben (S, M, F, FR)		
			EUR, Ct
3.	Bruttoarbeitslohn einschl. Sachbezüge ohne 9. und 10.		966,00
4.	Einbehaltene Lohnsteuer von 3.		0,00
5.	Einbehaltener Solidaritätszuschlag von 3.		0,00
6.	Einbehaltene Kirchensteuer des Arbeitnehmers von 3.		0,00
7.	Einbehaltene Kirchensteuer des Ehegatten/Lebenspartners von 3. (nur bei Konfessionsverschiedenheit)		
8.	In 3. enthaltene Versorgungsbezüge		966,00
9.	Ermäßigt besteuerte Versorgungsbezüge für mehrere Kalenderjahre		
10.	Ermäßigt besteuerter Arbeitslohn für mehrere Kalenderjahre (ohne 9.) und ermäßigt besteuerte Entschädigungen		
11.	Einbehaltene Lohnsteuer von 9. und 10.		
12.	Einbehaltener Solidaritätszuschlag von 9. und 10.		
13.	Einbehaltene Kirchensteuer des Arbeitnehmers von 9. und 10.		
14.	Einbehaltene Kirchensteuer des Ehegatten/Lebenspartners von 9. und 10. (nur bei Konf.verschiedenheit)		
15.	(Saison-)Kurzarbeitergeld, Zuschuss zum Mutterschaftsgeld, Verdienstausfallentschädigung (Infektionsschutzgesetz), Aufstockungsbetrag und Altersteilzeitzuschlag		
16.	Steuerfreier Arbeitslohn nach	a) Doppelbesteuerungsabkommen (DBA)	
		b) Auslandstätigkeitserlass	
17.	Steuerfreie Arbeitgeberleistungen, die auf die Entfernungspauschale anzurechnen sind		0,00
18.	Pauschal besteuerte Arbeitgeberleistungen für Fahrten zwischen Wohnung und erster Tätigkeitsstätte		0,00
19.	Steuerpflichtige Entschädigungen und Arbeitslohn für mehrere Kalenderjahre, die nicht ermäßigt besteuert wurden - in 3. enthalten		
20.	Steuerfreie Verpflegungszuschüsse bei Auswärtstätigkeit		
21.	Steuerfreie Arbeitgeberleistungen bei doppelter Haushaltsführung		
22.	Arbeitgeberanteil/ -zuschuss	a) zur gesetzlichen Rentenversicherung	
		b) an berufsständische Versorgungseinrichtungen	
23.	Arbeitnehmeranteil	a) zur gesetzlichen Rentenversicherung	
		b) an berufsständische Versorgungseinrichtungen	
24.	Steuerfreie Arbeitgeber -zuschüsse	a) zur gesetzlichen Krankenversicherung	
		b) zur privaten Krankenversicherung	
		c) zur gesetzlichen Pflegeversicherung	
25.	Arbeitnehmerbeiträge zur gesetzlichen Krankenversicherung		
26.	Arbeitnehmerbeiträge zur sozialen Pflegeversicherung		
27.	Arbeitnehmerbeiträge zur Arbeitslosenversicherung		
28.	Beiträge zur privaten Kranken- und Pflege-Pflichtversicherung oder Mindestvorsorgepauschale		
29.	Bemessungsgrundlage für den Versorgungsfreibetrag zu 8.		966,00
30.	Maßgebendes Kalenderjahr des Versorgungsbeginns zu 8. und/oder 9.		2013
31.	Zu 8. Bei unterjähriger Zahlung: Erster und letzter Monat, für den Versorgungsbezüge gezahlt wurden		
32.	Sterbegeld; Kapitalauszahlungen/ Abfindungen und Nachzahlungen von Versorgungsbezügen - in 3. und 8. enthalten		
33.	Ausgezahltes Kindergeld		--
34.	Freibetrag DBA Türkei		
35.			
36.			
37.			
38.			
39.			

Finanzamt, an das die Lohnsteuer abgeführt wurde (Name und vierstellige Nr.)
[redacted] [redacted]

Anschrift und Steuernummer des Arbeitgebers:

[redacted]

Berlin, den [redacted]

Abb. 9: Muster Betriebsrente, Zeile 8, → auch Seite 43.

Jahren, so sinkt der zu versteuernde Ertragsanteil auf 17 %; das entspricht bei der Jahresente von 24.000 € dann nur noch 4.080 €.
Der Ertragsanteil wird nach versicherungsmathematischen Berechnungen ermittelt und kann in der nachfolgenden Tabelle leicht abgelesen werden.

Das Ergebnis Ihrer Ertragsanteile tragen Sie in der Tabelle ZVE (→ Seite 22/23) getrennt für jeden Ehegatten ein. Sollten Sie mehrere private Renten bekommen, können Sie Ihre steuerpflichtigen Ertragsanteile selbstverständlich addieren.

Wenn dann diese Renten später ausgezahlt werden – sei es als „Einmalzahlung“ oder monatliche Zusatzsatzrente –, hält der Fiskus die Hände auf und begehrt die Versteuerung sozusagen nachträglich. Bei Einmalauszahlungen sofort im Jahr der Auszahlung; bei jährlichen Zahlungen eben jährlich und zwar in voller Höhe. Sie erhalten also kein wirkliches Steuergeschenk, sondern vielmehr eine zeitliche Verschiebung der Steuerzahlung. Der Gedanke dahinter: Meist ist der Steuersatz aufgrund der geringeren Einkünfte im Rentenalter niedriger als in den Jahren der aktiven Berufstätigkeit (→ Seite 19, Progression).

Altersvorsorgeverträge, Direktversicherungen

Auch diese „Zusatzrenten“ werden **nachgelagert besteuert**. Das bedeutet im Grunde genommen, dass Ihnen ein Aufschub der Steuerzahlungen gewährt wird. In der aktiven Ansparphase zahlen Sie in die Versicherungen ein. Teilweise leistet sogar Ihr Arbeitgeber einen steuerfreien Zuschuss oder aber Sie erhalten staatliche Zuschüsse (zum Beispiel Riester-Förderung). Außerdem können Sie Ihre Einzahlungen teilweise als Sonderausgaben (→ Seite 120) in Ihrer jährlichen Steuererklärung steuermindernd einsetzen.

Steuerpflichtiger Anteil (Ertragsanteil) privat finanzierter Renten

BEI BEGINN DER RENTE VOLLENDETES LEBENSJAHR DES RENTENBERECHTIGTEN	ERTRAGSANTEIL IN %
0 bis 1	59
2 bis 3	58
4 bis 5	57
6 bis 8	56
9 bis 10	55
11 bis 12	54
13 bis 14	53
15 bis 16	52
17 bis 18	51
19 bis 20	50
21 bis 22	49
23 bis 24	48
25 bis 26	47
27	46
28 bis 29	45
30 bis 31	44
32	43
33 bis 34	42
35	41
36 bis 37	40
38	39
39 bis 40	38
41	37
42	36
43 bis 44	35
45	34
47 bis 47	33
48	32
49	31
50	30
51 bis 52	29
53	28
54	27
55 bis 56	26
57	25
58	24
59	23
60 bis 61	22
62	21
63	20
64	19
65 bis 66	18
67	17
68	16
69 bis 70	15
71	14
72 bis 73	13
74	12
75	11
76 bis 77	10
78 bis 79	9
80	8
81 bis 82	7
83 bis 84	6
85 bis 87	5
88 bis 91	4
92 bis 93	3
94 bis 96	2
ab 97	1

Auch Rentner können Steuern sparen

Christian Staller ist seit 25 Jahren Vorstand des Aktuell Lohnsteuerhilfevereins e. V. und Altbayerischen Lohnsteuerhilfevereins e. V. Seit 2017 ist er Vorstandsmitglied im Bundesverband Lohnsteuerhilfe e. V. Berlin: „Auch Rentner haben Möglichkeiten, Steuern zu sparen. Eine Steuererklärung müssen Rentner im Regelfall dann abgeben, wenn ihr zu versteuerndes Einkommen den jeweiligen Grundfreibetrag übersteigt (→ Seite 17). Hierbei ist nur ein Teil der Rente als steuerpflichtig zu behandeln. Häufig haben Rentner daneben aber noch andere Einkünfte, etwa aus Vermietung oder aus **Kapitalvermögen**. Bei vorgenannten Einkunftsarten trägt der zutreffende Ansatz der Werbungskosten erheblich zum Steuersparen bei. Auch ist bei Rentnern ein besonderes Augenmerk auf Gesundheits- oder Pflegekosten zu legen, die die Steuerlast mindern."

Mit dem **Alterseinkünftegesetz** gab es eine wesentliche Änderung für Verträge die nach dem 31.12.2004 abgeschlossen wurden. Die sogenannten Altverträge aus den Jahren vor 2005 genießen „Vertrauensschutz" und bleiben in der Regel steuerfrei. Das betrifft jedoch nicht „Riester-Verträge", die ab 2002 aufgrund des **Altersvermögensgesetzes** eingeführt wurden. Die nachgelagerte Besteuerung war hierbei von vornherein vorgesehen.

Es wartet noch eine weitere böse Falle auf Sie bei der Auszahlung einer Direktversicherung. Neben der grundsätzlichen Steuerpflicht (s. o.) besteht auch noch Sozialversicherungspflicht. Bei einer Direktversicherung wird während der Ansparphase meist ein Teil Ihres Brutto-Lohns „umgewandelt" und mit oder auch ohne Arbeitgeberzuschuss steuer- und sozialversicherungsfrei in die entsprechende Versicherung eingezahlt.

Seit 2005 zahlen weder Sie noch Ihr Arbeitgeber auf diese Beträge Steuern; auch keine Sozialversicherung. Bei der Auszahlung verlangt dann die Krankenkasse entsprechend die Zahlung der Beiträge, und zwar von Ihnen allein. Sie zahlen also Arbeitgeber- **und** Arbeitnehmeranteil (fast 20 %) zur Kranken- und Pflegeversicherung, sofern Sie gesetzlich krankenversichert sind (Vergleiche auch → **Freibetrag**, Seite 90).

Kirchliche Zusatzversorgungskasse

[redacted]

[redacted]

[redacted]

Wichtiger Hinweis:
Diese Mitteilung informiert Sie über die Höhe der steuerpflichtigen Leistungen aus Ihrem Altersvorsorgevertrag oder aus Ihrer inländischen betrieblichen Altersversorgung. Die Daten werden elektronisch an Ihr Finanzamt übermittelt und automatisch berücksichtigt. Bitte füllen Sie die Anlage R-AV/ bAV zur Einkommensteuererklärung nur aus, wenn Sie von den hier bescheinigten Daten abweichen oder Ergänzungen vornehmen möchten.

Mitteilung

über steuerpflichtige Leistungen aus einem Altersvorsorgevertrag oder aus einer betrieblichen Altersversorgung (§ 22 Nummer 5 Satz 7 Einkommensteuergesetz - EStG)

für das Kalenderjahr [redacted] (Pflichtversicherung)

Name, Vorname [redacted]	**Geburtsdatum (soweit bekannt)** [redacted]
Straße, Hausnummer [redacted]	
Postleitzahl, Wohnort [redacted]	
Vertragsnummer (soweit vorhanden) [redacted]	**Sozialversicherungsnummer/ Zulagennummer (soweit vorhanden)**
Anbieternummer (soweit vorhanden) [redacted]	**Zertifizierungsnummer (soweit vorhanden)**

Grund für die Mitteilung:

- [ ] Erstmalige regelmäße Leistungen im Sinne des § 22 Nummer 5 EStG
- [X] Änderung des Leistungsbetrags gegenüber dem Vorjahr
- [ ] Ausschließlich einmalige Leistungen im Sinne des § 22 Nummer 5 EStG
- [ ] Berichtigung der für dieses Kalenderjahr erstellten Mitteilung vom ________

Abb. 10: Muster betriebliche Altersvorsorge (Seite 2 → Seite 89).

Folgende Leistungen aus Ihrem Altersvorsorgevertrag oder aus Ihrer betrieblichen Altersversorgung im Kalenderjahr [redacted] unterliegen der Besteuerung nach § 22 Nummer 5 EStG:

Nr.	Besteuerung nach	Betrag in Euro / Cent
1	§ 22 Nummer 5 Satz 1 EStG [1]	1.114,92
5	§ 22 Nummer 5 Satz 2 Buchstabe a in Verbindung mit § 22 Nummer 1 Satz 3 Buchstabe a Doppelbuchstabe bb EStG ggf. in Verbindung mit § 55 Absatz 1 Nummer 1 EStDV [5]	4.416,30
6	§ 22 Nummer 5 Satz 2 Buchstabe a in Verbindung mit § 22 Nummer 1 Satz 3 Buchstabe a Doppelbuchstabe bb Satz 5 EStG in Verbindung mit § 55 Absatz 2 EStDV ggf. in Verbindung mit § 55 Absatz 1 Nummer 1 EStDV [6]	
7	§ 22 Nummer 5 Satz 2 Buchstabe b in Verbindung mit § 20 Absatz 1 Nummer 6 EStG [7]	
9a	§ 22 Nummer 5 Satz 3 in Verbindung mit Satz 2 Buchstabe a in Verbindung mit § 22 Nummer 1 Satz 3 Buchstabe a Doppelbuchstabe bb EStG in Verbindung mit § 55 Absatz 1 Nummer 1 EStDV [9]	
9b	§ 22 Nummer 5 Satz 3 in Verbindung mit Satz 2 Buchstabe a in Verbindung mit § 22 Nummer 1 Satz 3 Buchstabe a Doppelbuchstabe bb Satz 5 EStG in Verbindung mit § 55 Absatz 2 EStDV in Verbindung mit § 55 Absatz 1 Nummer 1 EStDV [9]	
9c	§ 22 Nummer 5 Satz 3 in Verbindung mit Satz 2 Buchstabe b in Verbindung mit § 20 Absatz 1 Nummer 6 EStG [9]	
9d	§ 22 Nummer 5 Satz 3 in Verbindung mit Satz 2 Buchstabe c EStG [9]	
11	In der Nummer _1_ enthaltene Nachzahlungen für mehrere vorangegangene Jahre [11]	
11	In der Nummer _5_ enthaltene Nachzahlungen für mehrere vorangegangene Jahre [11]	
11	In der Nummer __ enthaltene Nachzahlungen für mehrere vorangegangene Jahre [11]	

Die Rente begann am: 01.04.2010
An Ihre Krankenkasse wurden folgende Beiträge abgeführt:
Beiträge zur Krankenversicherung in Höhe von 561,12 Euro
Beiträge zur Pflegeversicherung in Höhe von 182,58 Euro

Diese Bescheinigung ist maschinell erstellt und daher nicht unterschrieben. Die bescheinigten Leistungen werden gemäß § 22a EStG auch der zentralen Stelle (§81 EStG) zur Übermittlung an die Landesfinanzbehörden mitgeteilt (Rentenbezugsmitteilungsverfahren).

Hinweise

Geförderte Beträge im Sinne des § 22 Nummer 5 EStG sind

- Beiträge, auf die § 3 Nummer 63, § 3 Nummer 63a, § 10a, Abschnitt XI oder Abschnitt XII EStG angewendet wurde,
- steuerfreie Leistungen nach § 3 Nummer 55b Satz 1, § 3 Nummer 55c oder § 3 Nummer 66 EStG oder
- steuerfreie Zuwendungen nach § 3 Nummer 56 EStG.

Gefördertes Kapital ist Kapital, das auf geförderten Beträgen und Zulagen im Sinne des Abschnitts XI EStG beruht.

[redacted]

→ **TIPP Prüfen Sie genau!**
Überprüfen Sie die Bescheide der Krankenkasse. Wenn Sie beispielsweise Ihre Direktversicherung zum Teil selbst angespart haben (etwa während Arbeitslosigkeit), besteht für diesen Anteil keine nachträgliche Krankenkassenpflicht. Gleiches gilt, wenn einst eine bestehende, bereits von Ihnen selbst angesparte Lebensversicherung in eine Direktversicherung umgewandelt wurde. Mitunter wird von der auszahlenden Stelle dies nicht berücksichtigt – und dann ein zu hoher Betrag an Ihre Krankenkasse gemeldet.

Privat Krankenversicherte bleiben hiervon verschont. Vor einer Auszahlung erfragt der Versicherer bei Ihnen in der Regel, wie (gesetzlich, freiwillig oder privat) und bei wem Sie krankenversichert sind. Der Versicherer meldet dann Ihrer Krankenkasse die Auszahlung. Diese wiederum errechnet die Höhe der von Ihnen zu zahlenden Beiträge und bietet – je nach Betrag – auch eine einmalige Zahlung an. Lediglich „Kleinst-Renten" fallen unter die Bagatellgrenze (1/20 der Bezugsgröße) und bleiben krankenversicherungsfrei. In 2025 beträgt die Grenze monatlich 187,25 €. Wenn Sie also beispielsweise 190 € monatlich bekommen, sind nur die übersteigenden 2,75 € (190 € - 187,25 €) der Kranken- und Pflegeversicherung zu unterwerfen (→ Seite 120, Sonderausgaben). Die gezahlten Beiträge bescheinigt Ihnen Ihre Krankenkasse alljährlich. Diese Beträge werden als Sonderausgaben ebenfalls in der Anlage Vorsorgeaufwand eingetragen. Ehepaare machen die Angaben gemeinsam auf nur einem Formblatt.

> **!** ACHTUNG
>
> **Neuverträge**
>
> Das Betriebsrentenstärkungsgesetz, in Kraft getreten am 1.1.2018, beinhaltet etliche Änderungen, die jedoch hauptsächlich die Ansparphasen und sogenannten Neuverträge betreffen. Mehr dazu im Interview Seite 81.

Wenn Sie eine solche Rente aufgrund von Altersvorsorgeverträgen und/oder betrieblicher Altersversorgung beziehen, erhalten Sie ebenfalls jährlich eine Bescheinigung für die Steuer. Die entsprechenden Eintragungen in Ihrer Steuerklärung machen Sie in dem neuen Formular **R-AV/bAV**. Alle Werte werden dem Finanzamt elektronisch übermittelt, daher sind die Felder dunkelgrün hinterlegt . Jeder Ehegatte hat dann eine eigene Anlage R-AV/bAV.

→ **TIPP Erst beraten, dann unterschreiben**
Bevor Sie also zum Beispiel eine Direktversicherung abschließen, sollten Sie genau rechnen. Bedenken Sie auch, dass durch die meist alljährliche „Umwandlung“ weniger Beiträge in Ihre Rentenversicherung einbezahlt werden. Zusätzlich zur Versteuerung und Zahlung von Kranken- und Pflegeversicherung bei Auszahlung ist auch die Höhe Ihrer gesetzlichen Rente unter Umständen niedriger. Das kann durchaus im Laufe des Lebens eine fünfstellige Summe werden. Lassen Sie sich beraten (→ Experten-Interview Seite 47).

Auch die Ergebnisse dieser steuerpflichtigen Rentenbezüge tragen Sie bitte getrennt für die Ehegatten in Ihrer ZVE-Tabelle (→ Seite 22/23) ein. Mehrere Beträge können Sie zusammenfassen.

Bereits 2017 wurde das „Betriebsrentenstärkungsgesetz“ eingeführt. Es sollte die betriebliche Altersvorsorge, meist Direktversicherungen, attraktiver machen. Seit dem 1.1.2019 gibt es nun wesentliche Neuerungen für Arbeitnehmer in der Ansparphase. Betroffen sind alle Fälle der sogenannten „Gehaltsumwandlung“ und zwar Neuverträge ab dem 1.1.2019, und die bereits bestehenden „Altverträge“ dann ab 1.1.2022.

Bei einer Gehaltsumwandung führt der Arbeitnehmer einen Teil seines Bruttolohns in die betriebliche Altersvorsorge (BAV) ab. Er spart Steuern und Sozialversicherung. Später in der Auszahlungsphase werden diese Beträge sowohl der Steuer als auch der Kranken- und Pflegeversicherung unterworfen. Der Rentner zahlt dann neben den eventuell anfallenden Steuern auch noch die doppelten Kranken- und Pflegekassenbeiträge (Arbeitnehmer- **und** Arbeitgeberanteile).

! GUT ZU WISSEN

Während der Ansparphase der Direktversicherungen fallen üblicherweise Rentenversicherung, Arbeitslosenversicherung sowie Kranken- und Pflegeversicherungsbeiträge an, das sind circa 40 bis 42 % je zur Hälfte für Arbeitnehmer und Arbeitgeber. Zum Zeitpunkt der Auszahlung werden nur noch Kranken- und Pflegeversicherung erhoben, Renten- und Arbeitslosenversicherung entfallen (zurzeit circa 20-22 %). Diese Zahlungen mindern als Sonderausgaben die Steuer.

Sicher in die Zukunft

Franz-Josef Schröer arbeitete als Sozialversicherungsfachmann. Er ist nun im Ruhestand und war einige Jahre als ehrenamtlicher Rentenberater der Deutschen Rentenversicherung tätig:

„Heute ist die gesetzliche Rentenversicherung die wichtigste Säule der Alterssicherung in Deutschland. Für die verschiedenen Renten gibt es unterschiedliche Zugangsbedingungen. Informationen zu Ihrer persönlichen Rente sind nur einen Schritt entfernt. Ihr kurzer Draht zu uns:

0 800/10 00 48 00 (kostenloses Servicetelefon) oder im Internet: www.deutsche-renten-versicherung.de oder per E-Mail: info@deutsche-rentenversicherung.de.

So erhalten Sie die Kontaktdaten, um in einem persönlichen Gespräch mit einem ehrenamtlich tätigen Versichertenberater in Ihrer unmittelbaren Nachbarschaft einen Termin zu vereinbaren. Er oder sie kann Ihnen mit Informationen, Beratungen und Antragstellungen gezielt, sicher und kostenlos weiterhelfen."

Unterhaltsleistungen von (Ex-)Ehegatten

Unter die „sonstige Einkünfte“ fallen bei bestimmten Voraussetzungen auch erhaltene Unterhaltszahlungen eines dauernd getrennt lebenden Ehegatten (Trennungsunterhalt) oder der nacheheliche Unterhalt eines geschiedenen Ehepartners. Der Steuerfachmann spricht von **Realsplitting**. Achtung: Kindesunterhalt oder Unterhalt für andere Personen gehören niemals dazu (mehr dazu → Seite 139). Auch ein eventueller Vermögensausgleich ist hier nicht gemeint!

Erhaltener Unterhalt wird in der Anlage SO, Seite 1 eingetragen.

Wenn Ehegatten auf Dauer getrennte Wege gehen, gelten Sie steuerlich als „dauernd getrennt lebend“. In der Steuererklärung ist entsprechend auf dem **Hauptvordruck Zeile 18** im 4. Kästchen das Trennungsdatum einzutragen. Ab dem auf die Trennung folgendem Jahr wird das Finanzamt dann automatisch zwei Einzelveranlagungen – für jeden Ehegatten getrennt – vornehmen. Die in der Regel günstigere Zusammenveranlagung ist nur noch für das Trennungsjahr möglich.

Sollten Sie sich also in der Silvesternacht entzweien, schauen Sie sofort auf die Uhr – war es vor Mitternacht, gilt das auslaufende Jahr als Trennungsjahr, und bereits für den folgenden Veranlagungszeitraum werden Sie steuerlich wie zwei Singles behandelt. War aber Ihre Trennung erst nach Mitternacht, gilt das neue Kalenderjahr als Trennungsjahr, und es bietet sich somit auch die Möglichkeit der gemeinsamen Veranlagung. Diese Regelung gilt völlig unabhängig von einer eventuellen Scheidung. Es gibt durchaus Ehepaare, die zwar seit 20 Jahren dauernd getrennt leben, aber keinesfalls geschieden sind.

Sie sollten dem **Finanzamt** gegenüber Ihre Trennung bekannt geben. Die Unterschrift **eines** Ehegatten ist dabei ausreichend. Das Finanzamt wird automatisch dann auch ggf. eine Änderung der Steuerklassen vornehmen (→ Seite 156). Früher wurden diese Erklärungen beim Einwohnermeldeamt der Gemeinde abgegeben. Sollten Sie eine einmal abgegebene Getrenntlebenderklärung wieder aufheben wollen, ist zwingend eine gemeinsame Erklärung **beider** Ehegatten notwendig.

18 Verheiratet / Lebenspartnerschaft begründet seit dem T T M M J J J J | Verwitwet seit dem T T M M J J J J | Geschieden / Lebenspartnerschaft aufgehoben seit dem T T M M J J J J | Dauernd getrennt lebend seit dem T T M M J J J J

Hauptvordruck, Seite 1, Zeile 18.

Während der Zeit zwischen Trennung und Scheidung erhält der wirtschaftlich schwächere Partner häufig vom Ehepartner den sogenannten Trennungsunterhalt. Nach der Scheidung spricht der Jurist von nachehelichem Unterhalt. Genau diese Zahlungen sind es, die in den Veranlagungsjahren nach der Trennung, also bei der Einzelveranlagung, steuerpflichtig werden können.

Der Empfänger der Unterhaltszahlungen muss eine **Anlage U** (Unterhaltsleistungen) ausfüllen und unterschreiben.

→ **TIPP Überweisungen auseinanderhalten**
Für alle Beteiligten ist es deutlich einfacher, wenn Sie bereits bei den Zahlungen die Beträge für Kindesunterhalt und Ex-Ehegattenunterhalt und Trennungsunterhalt sowie Vermögensausgleich getrennt ausweisen oder gar einzeln überweisen!

Bevor Sie diese wirklich bedeutende Unterschrift leisten, sollten Sie unbedingt fachkundigen Rat einholen. Zum einen können Sie die Unterschrift nicht so ohne Weiteres verweigern. Der Jurist spricht von „Wohlverhalten". Auf der anderen Seite gilt Ihre Unterschrift gegenüber dem Finanzamt bis auf Widerruf. Ein Widerruf muss bis zum Jahresende für das folgende Kalenderjahr beim Finanzamt schriftlich abgegeben werden. Es kann zu ganz erheblichen Steuernachzahlungen kommen, für die der Empfänger der Unterhaltsleistungen gegenüber dem Finanzamt geradestehen muss, denn nur er ist im Zweifel der Steuerschuldner. Auf der anderen Seite wird die Anlage U auch vom Unterhaltszahler unterschrieben. Die Anlage U wird immer 4-fach ausgedruckt; zwei Exemplare mit Originalunterschriften für das Finanzamt und sowohl für Unterhaltsempfänger als auch für Unterhaltszahler jeweils ein Original. Mit Ihrem Original sollten Sie sehr sorgfältig umgehen. Der Unterhaltszahler ist gesetzlich verpflichtet, den eventuellen Nachteil dem Unterhaltsempfänger zu erstatten. Als Nachteil sind nicht nur eventuelle Steuernachzahlungen und Beratungskosten, sondern auch gekürzte Sozialleistungen zu sehen. Eine Angabe in der Steuererklärung ist nur dann notwendig, wenn der Zahlende in seiner eigenen Steuererklärung die Zahlungen als „Sonderausgaben" geltend macht. Er ganz allein hat das Wahlrecht, ob und in welcher Höhe er die Beträge steuermindernd ansetzt – höchstens jedoch 13.805 € je Kalenderjahr. Er kann auch alljährlich neu wählen. Das wird er davon abhängig machen, wie hoch sein eigener Steuervorteil im Verhältnis zu dem zu erstattenden Steuernachteil ist.

Als Unterhaltsleistungen gelten auch Naturalleistungen, zum Beispiel kostenlose Wohnung, übernommene Versicherungen, aber auch Steuerzahlungen.

! GUT ZU WISSEN

Verweigert ein Partner zunächst die Zustimmung zum Realsplitting (also die Unterschrift auf "Anlage U"), können ggf. rückwirkend alle Steuerbescheide aufgehoben werden, wenn dann später eine Einigung doch erfolgt.

Mitunter verlangt das Finanzamt vom Unterhaltsempfänger Einkommensteuer-Vorauszahlungen. Dagegen können und sollten Sie sich wehren. Noch ist ja gar nicht gewiss, ob und in welcher Höhe der Unterhaltszahlende Beträge steuermindernd ansetzt.

Wenn Sie also diese besagte Anlage U unterschrieben haben, sollten Sie bei Ihrer Steuerklärung auf jeden Fall dem Finanzamt gegenüber Angaben dazu machen. Wenn Sie möglichst zeitig im Jahr Ihre Steuererklärung

einreichen, wissen Sie oft noch gar nicht, ob und in welcher Höhe der Expartner Unterhaltsbeträge geltend machen möchte. Sie können dann symbolisch 1 € eintragen. Das Finanzamt wird dann ohne den Unterhalt einen Bescheid erlassen, diesen jedoch bei Bedarf später korrigieren. Für Sie ist dann auch die Berechnung des „Nachteils" – also des Steuerbetrages, den Ihnen Ihr Expartner erstatten muss – recht einfach.

BEISPIEL: Svetlana lebt seit einigen Jahren von Ihrem Ehemann Igor getrennt. Igor zahlt für Svetlana regelmäßig Versicherungsbeiträge, einen Ratenkredit und überweist ihr auch monatlich Unterhaltsleistungen in Höhe von 1.000 €. Insgesamt hat Svetlana von Igor Unterhaltsleistungen in Höhe von 17.478 € im Jahr 2022 erhalten. Sozialleistungen erhält Svetlana nicht. Die Anlage U hat sie bereits in 2013 unterschrieben und nicht widerrufen.

Svetlana hat selbst nur geringe eigene Einkünfte und gibt ihre Steuererklärung zeitig im Frühjahr 2023 beim Finanzamt ab. Sie erhält ihren Einkommensteuerbescheid für 2022 bereits nach einigen Wochen. Das Finanzamt überweist ihr eine Erstattung von 248,33 €. Sie hatte eine Lebensversicherung ausgezahlt bekommen und u. a. Kapitalertragssteuer bezahlt. Den Unterhalt von Igor hat sie mit 1 € in ihrer Steuererklärung angeben.

Anfang Februar 2024 bekommt sie einen korrigierten Einkommensteuerbescheid für 2022. Das Finanzamt hat Unterhaltsleistungen in Höhe von 13.805 € nachträglich berücksichtigt. Svetlana soll nun innerhalb von vier Wochen über 700 € an das Finanzamt überweisen.

Svetlana wendet sich an Igor. Igor bestätigt, dass er die insgesamt an Svetlana gezahlten Unterhaltsleistungen in Höhe von 17.478 € in seiner eigenen Steuer steuermindernd eingesetzt hat. Allerdings wurde bei ihm nur der Höchstbetrag, also 13.805 €, vom Finanzamt anerkannt. Entsprechend ist der Korrekturbescheid von Svetlana richtig. Sie schickt eine Kopie beider Steuerbescheide des Jahres 2022 an Igor und bittet ihn, den nachzuzahlenden Betrag direkt an das Finanzamt zu überweisen. Svetlana denkt, damit sei für sie alles erledigt.

Aber Svetlana irrt sich – denn nach ein paar Wochen flattert ihr eine Mahnung des Finanzamtes ins Haus. Zusätzlich zu der Nachzahlung sind nun auch noch weitere Kosten entstanden. Svetlana kann Igor nicht erreichen.

Wohl oder übel überweist nun Svetlana selbst aus ihren eigenen Reserven an das Finanzamt. Sie ist ärgerlich und will die unterschriebene Anlage U beim Finanzamt zurückziehen. Der Sachbearbeiter beim Finanzamt erklärt ihr, dass ihr Widerruf erst zum 31.12.2024 wirksam wird. Das bedeutet für

Svetlana, dass sie in den Veranlagungsjahren 2023 und 2024 noch daran gebunden ist. Svetlana hofft nun, dass sich die Angelegenheit kurzfristig klären lässt. Im Zweifel – so rät ihr eine Freundin – muss sie juristisch gegen Igor vorgehen und den Nachteilsausgleich einfordern.

Svetlana hat Glück, denn Igor hat, wie sich später herausstellt, die Überweisung ans Finanzamt vor seinem Urlaub vergessen. Aber künftig will sie stets selbst die Überweisung an das Finanzamt vornehmen. Sie kann so besser kontrollieren, dass die Zahlung rechtzeitig erfolgt. Igor soll ab sofort an Svetlana die Steuernachzahlung überweisen – dafür hat er 14 Tage Zeit.

Im nächsten Jahr war Igor schneller. Er hat ebenfalls zeitig im Frühjahr seine eigene Steuer bem Finanzamt eingereicht und wieder den Höchstbetrag von 13.805 € steuermindernd eingetragen. Svetlana hatte wie in den Jahren zuvor obligatorisch 1 € angegeben. Das Finanzamt schickt Svetlana nun einen Einkommensteuerbescheid – aber anstelle der erwarteten Erstattung in Höhe von 248,33 € soll sie nun 214,92 € nachzahlen. Sie kopiert für Igor den Bescheid und außerdem ihre Berechnungen – einmal mit und einmal ohne Unterhaltszahlungen. Glücklicherweise hat sie ihre Steuererklärung mit einem einfachen Steuerprogramm am PC erstellt und abgespeichert. So ist es für sie gar keine große Mühe. Sie berechnet für Igor auch ihren „Nachteil" 248,33 € mögliche Erstattung plus Nachzahlung 214,92 € also: 463,25 €.

Igor hat zwischenzeitlich seine eigene Steuererstattung bekommen und überweist pünktlich an Svetlana (mehr zu den Auswirkungen bei Igor → Seite 128).

Private Veräußerungsgeschäfte

Auch ganz private Verkäufe können unter die „sonstigen Einkünfte" fallen. Früher sprach man von „Spekulationsgeschäften". Es ist also nicht von gewerbsmäßigem Handeln, sondern tatsächlich von Privatgeschäften die Rede. Eine mögliche Wertsteigerung zwischen Anschaffung und Veräußerung soll besteuert werden. Ausgenommen von dieser Regelung sind inzwischen Gegenstände des alltäglichen Gebrauchs, die häufig – meist mit Verlust – privat verkauft werden: zum Beispiel Brautkleider, Autos, Schützenfestkleider, Kinderspielzeug, Möbel usw. Der Gesetzgeber denkt dabei eher an Wertpapiere, Schmuck, Raritäten, Antiquitäten, Sammlungen, Münzen, Briefmarken und Oldtimer. Wenn zwischen Anschaffung und Veräußerung weniger als ein Kalenderjahr liegt und ein Gewinn erzielt wurde, hält im Zweifel der Fiskus die Hand auf. Es ist also hilfreich, geradezu notwendig, Daten und Preise schriftlich festzuhalten sowie Belege sorgfältig aufzubewahren.

Gewinne aus privaten Veräußerungsgeschäften bleiben bisher bis zu einer Grenze von 600 € steuerfrei, ab 2024 nach dem neuen Wachstumschancengesetz sogar 1.000 €. Diese Beträge gelten pro Ehegatten sofern beide auch Veräußerungsgeschäfte erzielt haben.

BEISPIEL: Tülay Yilmaz kauft auf dem Oster-Flohmarkt im Nachbarort eine hübsche chinesische Vase für 20 €. Zu Hause angekommen, meint ihre Nachbarin Ayshe, dass die Vase sehr alt und wertvoll – eben wie eine Antiquität – anmutet. Schon im Sommer fahren beide nach Köln, um das gute Stück bei „Bares für Rares" schätzen zu lassen. Die Expertise stellt einen Wert von circa 2.000 € fest. Tatsächlich verkauft Tülay die Vase noch am selben Tag an einen Händler: für satte 2.300 €.

Zwischen Ankauf und Verkauf sind nur einige Monate vergangen – also weniger als ein Jahr. Es sind Tülay kaum Veräußerungskosten entstanden, nämlich nur die An- und Abfahrt mit dem Auto nach Köln.

Der Gewinn lässt sich leicht ermitteln: Verkaufspreis: 2.300 € abzüglich Ankaufpreis 20 € abzüglich 30 € Reisekosten (100 km à 0,30 € = 30 €) ergibt den steuerpflichtigen Gewinn von 2.250 €. Als ehrliche Steuerzahlerin gibt Tülay diesen Betrag in Ihrer nächsten Steuererklärung an. Aufgrund ihres persönlichen Steuersatzes von etwa 30 % nimmt Tülay die Einkommensteuer von 675 € hin. Immerhin bleibt ihr trotzdem noch ein schöner Zuschuss für ihre bevorstehende Hochzeit mit Mehmed Yildir übrig und die chinesische Vase bleibt somit ein Schnäppchenkauf. Allerdings überlegt Tülay, dass sie bei einem neuerlichen Schnäppchenkauf auf dem Flohmarkt mindestens zwölf Monate bis zum Verkauf warten wird.

! GUT ZU WISSEN

Freibetrag vs. Freigrenze

Während ein Freibetrag einfach von einem Gewinn abgezogen wird, ist bei einer Freigrenze zu beachten: Sobald auch nur 1 € des Betrags überschritten wird, ist der komplette Gewinn steuerpflichtig. Also Veräußerungsgewinn 999 € steuerfrei / 1.001 € steuerpflichtig.

Veräußerung privater Immobilien

Weitaus höhere Beträge ergeben sich, wenn private Grundstücke veräußert werden. Die Besteuerung bezieht sich auf bebaute und unbebaute Grundstücke, die im Privatvermögen – also nicht zu einem Betriebsvermögen gehören. Das sind zum Beispiel auch Ihre vermietete Eigentumswohnung oder das Ferienhäuschen an der See. Der Zeitraum zwischen Ankauf und Verkauf beträgt hierbei jedoch zehn Jahre. Für die Berechnung der 10-Jahres-Frist gilt jeweils das „obligatorische Rechtsgeschäft". Grundstücksveräußerungen müssen zwingend von einem Notar abgewickelt werden (→ Seite 73).

Wenn Sie also Ihre Immobilie vor mehr als zehn Jahren angeschafft haben, droht Ihnen absolut keine Besteuerung des eventuellen Veräußerungsgewinns. Steuerlich ohne Bedeutung ist es auch, wenn sie sich beispielsweise in 2015 eine kleine stadtnahe Eigentumswohnung gekauft haben. Sie bewohnen die Wohnung selbst. Inzwischen hat Ihre Tochter gebaut und Sie entscheiden sich jetzt doch, nach den Feiertagen ab Februar 2024 zu den Kindern zu ziehen. Das Glück ist Ihnen hold und Sie können Ihre Wohnung noch im Februar 2024 mit einem Gewinn von 10.000 € verkaufen. Das ist auch steuerlich ein Glücksfall, denn eine Besteuerung fällt **nicht** an.

→ TIPP So bleibt der Grundstücksverkauf steuerfrei

Für die 10-Jahres-Frist gilt das Datum der Unterschrift bei Kauf beziehungsweise Verkauf auf der Urkunde des Notars (→ auch Interview Seite 73); zwischen beiden Terminen müssen mehr als zehn Jahre liegen. Diese 10-Jahres-Frist bezieht sich **nicht** auf die Eintragung im Grundbuch und auch **nicht** auf das steuerliche Datum des wirtschaftlichen Eigentums (Übergang Lasten und Nutzen)! Von der Besteuerung ausgenommen sind Immobilien, die selbst bewohnt wurden.

Die Steuerfalle schnappt aber unbarmherzig im folgenden Fall zu. Beispielsweise verzögert sich die Veräußerung aus welchen Gründen auch immer. Sie sind bereits früher zu den Kindern gezogen, Ihre alte Wohnung steht jetzt leer und Sie vermieten Ihre alte Wohnung nun vorübergehend für sechs Monate – bis zum Verkauf. Der komplette Veräußerungsgewinn wird nun sehr wohl versteuert, denn sie haben die zehnjährige „Haltefrist" nicht beachtet **und** die Wohnung auch nicht bis zur Veräußerung selbst bewohnt, sondern eben die letzten sechs Monate vermietet.

Gleiches gilt übrigens auch, wenn Sie dauerhaft in eine Pflegeeinrichtung ziehen und Sie Ihr erst kürzlich erworbenes Haus zunächst vermieten. Wenn Sie sich zur endgültigen Veräußerung entscheiden **und** die 10-Jahre-Haltefrist noch nicht vorüber ist, ist der Veräußerungsgewinn steuerpflichtig.

Zieht nur **ein** Ehepartner ins Pflegeheim und der andere verbleibt bis zur Veräußerung im Eigenheim, gilt die Nutzung weiterhin als „eigene Wohnzwecke", falls nicht ein Teil vermietet wird. Ein Verkauf ist dann auch innerhalb der zehn Jahre steuerunschädlich, wenn Sie mindestens die zwei Jahre vor der Veräußerung dort selbst gewohnt haben. Private Veräußerungsgeschäfte tragen Sie in die **Anlage SO**, Seite 2 ein. Ganz genau verlangt der Gesetzgeber die eigene Nutzung im Jahr der Veräußerung und im Jahr davor sowie im vorletzten Jahr.

Unter „selbst genutzt" versteht der Gesetzgeber die eigene Nutzung, aber auch die Nutzung eines Kindes zu dessen eigenen Wohnzwecken. Allerdings ist hier ein Kind im Sinne des Steuerrechts gemeint, also wenn Anspruch auf Kindergeld besteht.

Geerbte Immobilien

Eine weitere Besonderheit gibt es bei den geerbten Immobilien. Es gilt die sogenannte Fußstapfen-Theorie. Wenn Sie beispielsweise im Juli 2022 ein vermietetes Mehrfamilienhaus von Ihren Eltern geerbt haben, wird Ihnen das ursprüngliche Kaufdatum zugerechnet. Der Steuerrechtler spricht von „unentgeltlichem Erwerb". Das Gebäude haben einst Ihre Eltern 1995 gekauft. Sie können vom Immobilienboom profitieren und veräußern im Mai 2023 mit hohem Gewinn. Eine Besteuerung fällt nicht an, weil zwischen dem Kauf 1995 und der Veräußerung 2023 mehr als zehn Jahre liegen. Es ist in diesem Fall ohne Bedeutung, dass Ihnen das Haus erst seit knapp einem Jahr wirklich selbst gehört; Sie sind in die Fußstapfen der Eltern getreten.

Und doch lauert eine Steuerfalle. Häufig glaubt man nur, ein Haus geerbt – unentgeltlich erworben – zu haben. Wenn Sie beispielsweise eine Hypothek, die auf dem Haus liegt, übernehmen und abzahlen oder aber Geschwister auszahlen müssen, haben Sie das Objekt ja nur zum Teil unentgeltlich bekommen – einen Teil haben Sie de facto bezahlt. Jetzt spricht das Finanzamt von teilentgeltlichem Erwerb und ermittelt die Entgeltlichkeitsquote.

> ! ACHTUNG
>
> ### Holen Sie sich Rechtsrat
>
> Erbschaften und Schenkungsfälle können auch Auswirkungen auf die Einkommensteuer haben. Lassen Sie sich bei Fragen von einem Fachanwalt und/oder Steuerprofi beraten (→ Interview Seite 73).

Die Berechnung des Veräußerungsgewinns an sich ist nicht weiter schwierig:
Sollte sich bei dieser Berechnung ein Verlust ergeben, kann dieser nur mit anderen Veräußerungsgewinnen verrechnet werden. Ein Gewinn erhöht also sofort Ihr ZVE (→ Seite 21), während ein Verlust sich nur dann auswirkt, wenn Sie irgendwann einmal einen Veräußerungsgewinn erwirtschaften. Gleichwohl sollten Sie den Verlust vom Finanzamt festschreiben und alljährlich vortragen lassen. Wer weiß denn schon, was die Zukunft für Überraschungen bereithält.

BEISPIEL

Ehepaar Peter und Petra Pfiffig aus dem Sauerland erwerben am 17. August 2022 ein kleines Einfamilienhaus in Dortmund am Phönix-See als Renditeobjekt. Sie kennen die zehnjährige Haltefrist und hoffen auf einen Verkauf mit einem satten Gewinn – eben nach diesen zehn Jahren. Nach kleinen Renovierungen vermieten sie es ab 1. Oktober 2022 sehr lukrativ an ein Beamtenehepaar. Sie sind mit ihren ordentlichen Mietern zufrieden und freuen sich über die Einnahmen. Leider kündigen die Mieter zum 15. Dezember 2025. Pfiffigs wissen: Der Marktwert der Immobilie ist stark angestiegen, aber leider – NOCH sind die zehn Jahre nicht vorbei! Versteuern wollen sie aber den erhofften Gewinn auch nicht. Also verkaufen kommt für sie nicht infrage. Aber ob sie jemals wieder solch angenehme Mieter finden, ist auch fraglich. Dann haben sie eine gute Idee. Ihr Sohn Fabian, 20 Jahre jung, studiert ab Wintersemester 2025 in Dortmund Informatik. Er sucht sich keine Studentenbude, sondern pendelt ab Oktober vom Sauerland aus zur Uni. Nach Weihnachten zieht er dann am 28. Dezember 2025 in das inzwischen frei gewordene Haus der Eltern am Phönix-See. Miete zahlt er nicht. So geht das Jahr 2026 dahin und Fabian verkündet seinen Eltern im Herbst, dass er ab Anfang 2027 erst einmal ins Ausland will. Das Haus wird somit ab Mitte Januar 2027 wieder frei. Umgehend machen sich die Pfiffigs auf Käufersuche. Im März 2027 haben sie einen Käufer für das Haus gefunden. Sie veräußern das Haus mit einem erfreulichen Gewinn direkt nach Ostern am 7. April (Notartermin). Der Veräußerungsgewinn bleibt steuerfrei. Das Haus wurde selbst genutzt (von Kind Fabian) im Jahr der Veräußerung, also 2027 bis Mitte Januar, im Jahr davor, also 2026, UND im vorletzten Jahr, nämlich ab 28. Dezember 2025. Gut, dass es für Fabian noch Kindergeld gab!

Entlastungen der Steuerpflichtigen

Zur Steuerminderung sieht das Einkommensteuergesetz besondere Entlastungsbeträge für ausgewählte Personenkreise vor. Wenn die entsprechenden Voraussetzungen vorliegen, gewährt das Finanzamt diese „automatisch" von Amts wegen.

Altersentlastungsbetrag § 24a EStG

Das Einkommensteuergesetz § 24a legt den Altersentlastungsbetrag fest:

> *„Der Altersentlastungsbetrag wird einem Steuerpflichtigen gewährt, der vor dem Beginn des Kalenderjahres, in dem er sein Einkommen bezogen hat, das 64. Lebensjahr vollendet hatte. Im Fall der Zusammenveranlagung von Ehegatten zur Einkommensteuer sind die Sätze 1 bis 3 für jeden Ehegatten gesondert anzuwenden. Der maßgebende Prozentsatz und der Höchstbetrag des Altersentlastungsbetrags sind der nachstehenden Tabelle zu entnehmen:"*

Bevor Sie die Tabelle anwenden, prüfen Sie, ob Sie die Bedingungen für die Gewährung des Altersentlastungsbetrags überhaupt erfüllen – für jeden Ehegatten getrennt. Es kann durchaus sein, dass Ihnen der Altersentlastungsbetrag gleich zweimal zusteht.

Erste Voraussetzung: Sie müssen in dem Jahr, für das Sie die Steuererklärung abgeben wollen, mindestens 65 Jahre alt geworden sein.

Zweite Voraussetzung: Sie müssen Einkünfte in dem Veranlagungszeitraum gehabt haben, die **nicht** zu den Versorgungsbezügen oder Renten zählen. Beispielsweise Einkünfte aus Vermietung und Verpachtung, selbstständiger Tätigkeit, nichtselbstständiger Tätigkeit (Brutto-Arbeitslohn) usw. Haben Sie verschiedene dieser Einkünfte, dürfen Sie alles als Bemessungsgrundlage zusammenrechnen.

Erfüllen Sie diese beiden Bedingungen, schauen Sie in der nebenstehenden Tabelle nach. Es ist für Sie maßgeblich das Jahr, in dem Sie 65 Jahre alt geworden sind. Anhand der Tabelle ermitteln Sie den für Sie gültigen Prozentsatz und den Höchstbetrag. Diese beiden Beträge bleiben bis zu Ihrem Lebensende gültig.

An der Tabelle können Sie unschwer erkennen, dass dieser Altersentlastungsbetrag auf **null** abgeschmolzen wird. Für jüngere Geburtenjahrgänge gibt es dieses Steuerbonbon also nicht mehr.

BEISPIEL: Francesco und Francesca Rabotti sind verheiratet und geben eine gemeinsame Steuererklärung für 2021 ab. Francesca ist am 18. Juli 1952 geboren; Francesco am 17. August 1950. Sie erhalten beide Versorgungsbezüge und haben außerdem noch ein gemeinsames Mehrfamilienhaus. Im Veranlagungszeitraum betragen die Einkünfte aus Vermietung und Verpachtung jeweils 2.536 €. Außerdem arbeitet Francesco gelegentlich als geringfügig beschäftigter Lkw-Fahrer und hatte in 2021 pauschal versteuerten Arbeitslohn in Höhe von 4.800 € aus dem Minijob. Francesca hingegen ist nebenbei noch als selbstständige Musiklehrerin tätig. Sie machte einen Gewinn von 5.400 €.

Francesca erreichte 2017 das Alter von 65 Jahren. Laut Tabelle kann sie also 20,8 %, höchstens jedoch 988 € Altersentlastungsbetrag beanspruchen. Ihre Bemessungsgrundlage sind die Einkünfte aus Vermietung und Verpachtung in Höhe von 2.536 € sowie der Gewinn aus selbstständiger Tätigkeit (Musiklehrerin) mit 5.400 €. Gesamt also 7.936 € x 20,8 % = 1.650,69 € . Sie kann nun den Höchstbetrag laut Tabelle von 988 € als Altersentlastungsbetrag von Ihrem ZVE (→ Seite 19) abziehen.

Altersentlastungsbetrag (ein Auszug)

DAS AUF DIE VOLLENDUNG DES 64. LEBENSJAHRES FOLGENDE KALENDERJAHR	ALTERSENTLASTUNGSBETRAG	
	IN % DER EINKÜNFTE	HÖCHSTBETRAG IN EURO
2005	40,0	1.900
2006	38,4	1.824
2007	36,8	1.748
2008	35,2	1.672
2009	33,6	1.596
2010	32,0	1.520
2011	30,4	1.444
2012	28,8	1.368
2013	27,2	1.292
2014	25,6	1.216
2015	24,0	1.140
2016	22,4	1.064
2017	20,8	988
2018	19,2	912
2019	17,6	836
2020	16,0	760
2022	14,4	684
2023	14,0	665
2024	13,6	646
2025	13,2	627
2026	12,8	608
2027	12,4	589
2028	12,0	570
2029	11,6	551
2030	11,2	532
2031	10,8	513
2032	10,4	494

→ Fortsetzung

DAS AUF DIE VOLLENDUNG DES 64. LEBENSJAHRES FOLGENDE KALENDERJAHR	ALTERSENTLASTUNGSBETRAG	
	IN % DER EINKÜNFTE	HÖCHSTBETRAG IN EURO
2033	10,0	475
2034	9,6	456
2035	9,2	437
2036	8,8	418
2037	8,4	399
2038	8,0	380
2039	7,6	361
2040	7,2	342
2041	6,8	323
2042	6,4	304
2043	6,0	285
2044	5,6	266
2045	5,2	247
2046	4,8	228
2047	4,4	209
2048	4,0	190
2049	3,6	171
2050	3,2	152
2051	2,8	133
2052	2,4	114
2053	2,0	95
2054	1,6	76
2055	1,2	57
2056	0,8	38
2057	0,4	19
2058	0,0	0

Ab 2023 nur noch jährliche Reduzierung um 0,4 Prozentpunkte (bisher 0,8 Prozentpunkte). Der Höchstbetrag mindert sich jährlich um 19 € (bisher 38 €). Somit wird die Abschmelzung auf Null erst 2058 erreicht (Wachstumschancengesetz).

Francesco feierte schon 2015 den Beginn des 65. Lebensjahres. Laut Tabelle kann er also 24 %, höchstens jedoch 1.140 € Altersentlastungsbetrag erhalten. Seine Bemessungsgrundlage sind nur die Einkünfte aus Vermietung und Verpachtung aus dem gemeinsamen Mehrfamilienhaus; sein Lohn als Lkw-Fahrer (Minijob) zählt nicht dazu. Er rechnet: 2.536 € x 24 % = 608,64 €. Der Höchstbetrag von 1.140 € ist für ihn bei Weitem nicht erreicht. Der darf also lediglich 608,64 €, gerundet 609 €, Altersentlastungsbetrag vom ZVE abziehen.

Eine Verrechnung zwischen den Eheleuten ist leider nicht möglich. Insgesamt ziehen die beiden also 988 € + 609 € = 1.597 € von Ihrem gemeinsamen ZVE als Altersentlastungsbetrag ab.

Francesco überlegt. Hätte er seiner Frau nicht vor einigen Jahren die Hälfte des Mehrfamilienhauses übertragen, würden die Gesamteinkünfte aus Vermietung und Verpachtung ihm allein zugerechnet. Dann wäre seine Bemessungsgrundlage 5.072 € (2 x 2.536 €) x 24 % = 1.217,28 €; höchstens jedoch 1.140 €. Beide hätten dann den Höchstbetrag erreicht und gemeinsam (988 € + 1.140 €) 2.128 € als Altersentlastungsbetrag vom ZVE abziehen können. Der Unterschied von 531 € macht bei einem Steuersatz von 25 bis 30 % eine Steuerersparnis von 130 bis 150 € aus. Das wäre jedes Jahr ein nettes Abendessen oder Konzertbesuch gewesen. Der Notar hatte ihm seinerzeit sogar geraten, einen Steuerberater zu fragen. Er wollte die Kosten sparen. Jetzt fragt er sich, ob es wohl steuerlich bessere Lösungen gegeben hätte.

Alleinerziehungsfreibetrag § 24b EStG

Dieser Freibetrag soll „echte" Alleinerziehende steuerlich ein wenig entlasten. Er ist in der Steuerklasse II bereits „eingearbeitet" (→ Seite 155). Dieser Freibetrag ist keine Jahrespauschale, sondern wird jeweils rückwirkend anteilig für die Monate gewährt, in denen die Voraussetzungen vorgelegen haben.

! GUT ZU WISSEN

Alleinerziehungsfreibetrag

Auch wer gemeinsam zur Steuer veranlagt wird, jedoch nicht das ganze Jahr in einer Haushaltsgemeinschaft lebte, hat zeitanteilig Anspruch auf den Alleinerziehungsfreibetrag. Etwa im Jahr der Eheschließung, der Trennung oder Verwitwung. Dies gilt auch bei Anwendung des Splittingtarifs – vorausgesetzt die übrigen Voraussetzungen liegen vor.

Die erste Bedingung: Sie brauchen mindestens ein Kind in Ihrem Haushalt. Dabei ist das Alter des Kindes oder wie aufwendig die tatsächliche Erziehungsarbeit ist ohne Bedeutung. Steuerlich ist ein Kind nur dann ein Kind, wenn Sie Anspruch auf Kindergeld für dieses Kind haben. Ab 25 ist in der Regel Schluss damit. Das können ebenso Enkel oder Pflegekinder sein. Es ist auch nicht ausschlaggebend, dass das Kind minderjährig ist. Selbst wenn das Kindergeld nicht gezahlt wurde, weil Sie beispielweise vergessen haben, den Antrag zu stellen – sobald Kindergeldanspruch besteht, haben Sie ein Kind.

Ein Kind gehört zu Ihrem Haushalt, wenn es bei Ihnen wohnt und in der Regel mit Haupt- oder Nebenwohnsitz bei Ihnen gemeldet ist. Allerdings folgt das Steuerrecht **nicht** zwingend dem Melderecht. Mitunter wechseln Kinder die Wohnsitze zwischen getrennten Eltern und vergessen sich umzumelden. Für das Finanzamt gelten die tatsächlichen Verhältnisse – die Sie allerdings glaubhaft machen müssen. Die Eintragungen hierzu machen Sie auf der Anlage Kind, Seite 3, **Zeilen 44 bis 50**.

Zweitens darf keine weitere erwachsene Person bei Ihnen leben. Mit einem Erwachsenen ist steuerlich jeder gemeint, für den eben **kein** Kindergeldanspruch besteht. Das können Lebenspartner oder andere Familienangehörige sein. Auch weitere erwachsene Kinder, für die eben kein Kindergeldanspruch mehr besteht, weil sie zum Beispiel zwischenzeitlich berufstätig sind, zählen leider dazu.

Der Alleinerziehungsfreibetrag beträgt ab 2023 4.260 € jährlich (bisher 4.008 €); das entspricht monatlich 355 € für das erste Kind. Lebt ein zweites oder mehrere Kinder mit im Haushalt, erhöht sich der jährliche Freibetrag um jeweils 240 € (240 : 12 = 20 € monatlich).

Bei zwei Kindern läge der jährliche Freibetrag also bei 4.500 €.

Bei drei Kindern sind es monatlich 395 € (355 + 20 + 20 = 395 €).

Ermitteln Sie anhand des Beispiels auf Seite 109 Ihren persönlichen Alleinerziehungsfreibetrag und tragen Sie diesen in Ihrer persönlichen Berechnungstabelle ZVE ein (→ Seite 22/23).

→ TIPP Zweitwohnsitz bei den Eltern

Einige Städte – meist größere Universitätsstädte oder beliebte Urlaubsdomizile – erheben eine „Zweitwohnungssteuer“. Um die Zahlung dieser zu vermeiden, melden sich studierende Kinder mit ihrem ersten Wohnsitz am Studienort an. Sie sollten dann aber bei den Eltern den Zweitwohnsitz beibehalten – vorausgesetzt, dort wird nicht auch Zweitwohnungssteuer erhoben.

→ TIPP Eigener Haushalt

Das Steuerrecht versteht unter „in einem Haushalt leben“, dass Sie gemeinsam wirtschaften. Sollte also Ihr erwachsener Sohn – ohne Kindergeldanspruch – in einem separaten Appartement in Ihrem Haus wohnen und für sich selbst sorgen, besteht keine steuerschädliche Haushaltsgemeinschaft. Es besteht auch **keine** Haushaltsgemeinschaft im Sinne des Steuerrechts, wenn es sich um einen Pflegebedürftigen handelt (Pflegegrad 1 bis 5), der nur ein geringes Einkommen und Vermögen hat.

BEISPIEL*)

Eugenia Sorge ist geschieden. Sie wohnt jetzt allein mit ihrer pubertären 15-jährigen Tochter Melissa zusammen in Heidelberg. Ihr bisheriger Lebenspartner Hans Dampf hatte die Beziehung beendet und ist Ende Februar bei ihr ausgezogen. Ihr Sohn Felix, inzwischen 19 Jahre alt, wohnte bislang bei seinem alleinstehenden Vater Max in Kamen. Die beiden hatten so eine richtig coole Männerwirtschaft. Nach seinem tollen Abitur hat Felix für das Wintersemester tatsächlich einen Studienplatz für Astronomie in Heidelberg bekommen. Im August zieht Felix mit Sack und Pack zu seiner Mutter Eugenia nach Heidelberg. In den Umzugswirren vergisst er die polizeiliche Ummeldung zunächst völlig.
Der Alleinerziehungsfreibetrag für dieses Jahr berechnet sich wie folgt:

Vater Max:
1.1.–31.7., also 7 Monate x 355 € = 2.485 € Alleinerziehungsfreibetrag anzusetzen in seiner Einkommensteuererklärung.

Mutter Eugenia:
Januar/Februar: 0 Euro (aufgrund der eheähnlichen Gemeinschaft mit Hans Dampf)
1.3.–31.7.: 5 Monate x 355 € (für Melissa) = 1.775 €

1.8.–31.12.: 5 Monate x 375 € (also 355 € + 20 € für Melissa und Felix) = 1.875 €

Insgesamt 3.650 € (1.775 € + 1.875 €) Alleinerziehungsfreibetrag anzusetzen in Eugenias Steuererklärung.

Die vergessene Ummeldung von Felix ist steuerlich unerheblich. Die Studienbescheinigung und eine Erklärung der Mutter reichen aus, das Finanzamt zu überzeugen. Mit den Meldebehörden muss sich Felix allerdings sehr wohl auseinandersetzen. Mutter Eugenia Sorge füllt die Anlage Kind entsprechend aus: Versicherungen Zeile 26–37, Angaben zum Entlastungsbetrag für Alleinerziehende Zeile 44–49.

§ 3 EStG – Ihr neuer Lieblingsparagraph?

Dieses Kapitel handelt von den legalen Möglichkeiten, Ihre steuerfreien Einnahmen zu optimieren, und es erläutert das große „Aber" der Lohnersatzleistungen.

Es ist kaum zu glauben, aber tatsächlich bleiben sogar nach deutschem Steuerrecht einige Einnahmen steuerfrei. In § 3 des Einkommensteuergesetzes werden über 70 Einnahmen aufgelistet, die ganz oder teilweise von der Besteuerung ausgenommen sind. Zugegebenermaßen handelt es sich dabei zum Teil um recht exotische Ausnahmefälle wie zum Beispiel „Ehrensold für bedürftige Künstler" oder aber Selbstverständlichkeiten wie „Trinkgelder" oder die „Erstattung von Reisekosten". Gleichwohl gibt es einige – gerade für Rentner – interessante Regelungen. Hier einige Beispiele:

Unfallrenten

Komplett steuerfrei bleiben Unfallrenten aus der **gesetzlichen** Unfallversicherung – kurz BG-Rente genannt. Diese in- und auch ausländischen Renten brauchen Sie in Ihrer Steuererklärung gar nicht zu erwähnen.

Übungsleiter- versus Ehrenamtspauschale

Vollständig steuer- und sozialversicherungsfrei bleibt nach § 3 Nr. 26 EStG auch die sogenannte **Übungsleiterpauschale** mit 3.000 € jährlich (seit 2021), ab 2026 3.300 €. Ihre Einnahmen müssen Sie zwar in der Steuererklärung angeben, gleichwohl bleibt aber der Jahreshöchstbetrag immer steuerfrei, und zwar pro Person. Das gilt auch dann, wenn Sie beispielsweise in nur zwei Monaten die 3.000 € bzw. 3.300 € in 2026 verdient haben. Lediglich darüber hinausgehenden Einnahmen werden versteuert. Sie können innerhalb eines Jahres durchaus auch von mehreren verschiedenen Institutionen so-

gar zeitgleich diese steuerfreien Einnahmen bekommen. **Es zählt allein die Gesamtsumme.** Es ist absolut unerheblich, ob Sie Rentner, Hausfrau, Hausmann, Selbstständiger oder Arbeitnehmer sind, solange Sie „nebenberuflich" tätig werden. Eine weitere Voraussetzung ist, dass Sie bei einer öffentlich-rechtlichen Institution, zum Beispiel Städte und Gemeinden, (Hoch-)Schulen, Kammern, Volkshochschulen, bei einem gemeinnützigen Verein, der Kirche o. Ä. tätig sind. Außerdem muss es sich um eine Tätigkeit als Übungsleiter, Ausbilder, Erzieher, Betreuer oder die Pflege alter, kranker oder behinderter Menschen oder eine künstlerische Tätigkeit handeln.

Die **Ehrenamtspauschale** gemäß § 3 Nr. 26a EStG ist ähnlich angesiedelt. Das ehrenamtliche Engagement soll gefördert werden. Wenn Sie sich zum Beispiel ehrenamtlich bei einem gemeinnützigen Verein engagieren, kann Ihnen der Verein steuer- und sozialversicherungsfrei bis zu 840 € jährlich (ab 2026 960 €) als pauschalierte Aufwandsentschädigung auszahlen. Das kann beispielsweise für die Tätigkeit als Vereinsvorsitzender, als Platzwart, als Fahrdienst o. Ä. sein. Es muss sich um eine nebenberufliche Tätigkeit im gemeinnützigen, kirchlichen oder mildtätigen Bereich handeln – gleichgültig welcher Art.

Die **Betreuungspauschale** gem. § 3 Nr. 26b EStG beträgt ebenfalls maximal 3.000 € bzw. 3.300 € ab 2026 und betrifft ausschließlich die ehrenamtliche Betreuung; ausdrücklich also keine Berufsbetreuer. Allerdings bleiben für jeden Steuerpflichtigen nur insgesamt 3.000 € jährlich, ab 2026 3.300 €, für Übungsleiter- und Betreuungspauschale **zusammen** steuerfrei.

Sie können sowohl die Übungsleiterpauschale als auch die Ehrenamtspauschale bekommen; sofern es sich nicht um ein und dieselbe Tätigkeit handelt.

BEISPIEL: Albrecht und Berta Rührig genießen seit einiger Zeit ihr Rentnerdasein. Sie sind fit und verdienen sich gern ein „Zubrot" für ihre ausgiebigen Reisepläne.

Albrecht trainiert die Jugendmannschaft des örtlichen Fußballvereins. Dafür erhält er vom Verein 1.800 € im Jahr als Übungsleiter steuerfrei.

Außerdem ist er als Platzwart beim Sportverein des Nachbarortes tätig. Der zahlt ihm dafür jährlich eine Ehrenamtspauschale von 840 € steuerfrei.

Albrecht ist vom Gericht als ehrenamtlicher Betreuer für seine 98-jährige Tante Trude bestellt. Als Aufwandsentschädigung werden ihm steuerfrei 600 € im Jahr ausgezahlt.

Berta hingegen gibt als ehemalige Lehrerin bei der VHS Sportkurse. Es fanden dieses Jahr alle geplanten acht Kurse tatsächlich statt und sie erhält ein Honorar von 3.400 €.

Albrecht und Berta rechnen zusammen:

ALBRECHT	
Übungsleiterjob Trainer	1.800 €
Betreuungspauschale Tante Trude	600 €
Steuerfreie Summe	2.400 €
Plus Ehrenamtspauschale Platzwart	840 € steuerfrei
BERTA	
Übungsleiterjob VHS	3.400 € (3.000 € steuerfrei, 400 € steuerpflichtig)

Immerhin hat Ehepaar Rührig es auf beachtliche steuerfreie Einnahmen von 6.240 € gebracht. Nun überlegt Berta, ob sie im nächsten Jahr nicht besser einen VHS-Kurs weniger macht. Dann hätte sie zwar nur 3.000 € VHS-Honorare, die wären dann allerdings komplett steuerfrei. Sie könnte stattdessen lieber das Angebot des Fußballvereins annehmen. Der Verein wollte sie schon länger als ehrenamtliche „Wäsche-Omi" gewinnen. Sie soll die Wäsche und Pflege der Trikots der „Pampersliga" übernehmen. 840 € Ehrenamtspauschale will der Verein jährlich springen lassen. Die beiden Rührigs würden es dann auf 7.080 € legales Zubrot bringen – absolut steuer- und sozialversicherungsfrei. Die beiden fragen sich nur, wie sie dann ihre geliebten Reisen zeitlich einplanen können. Weil all diese Pauschalen „Aufwandsentschädigungen" darstellen, dürfen sie nicht noch zusätzlich ihre Ausgaben (zum Beispiel Fahrkosten, Strom, Telefon, Waschpulver, Wasser) davon abziehen. Allerdings könnte der Verein beispielsweise anstelle der Pauschale höhere **nachgewiesene** Kosten steuerfrei erstatten.

→ **TIPP Minijob**

Wollen die Rührigs noch mehr verdienen, um sich damit vielleicht noch schönere Fernreisen zu finanzieren, könnte jeder einen vom Arbeitgeber pauschal versteuerten Minijob annehmen. Das würde ihnen steuerfrei jährlich zwei Mal 6.672 € (12 x 556 €) – also 13.344 € bringen (ab 2026 sogar 603 € x 12 = 7.236 €).

Sie können nun Ihre steuerfreien Einnahmen eintragen. Die Eintragungen erfolgen für jeden Ehegatten getrennt in **Anlage S** – selbstständige Tätigkeit. Abgabe nur elektronisch möglich! Die nicht steuerfreien Beträge aus **Zeile 38/39** in **Zeile 12** übertragen.

Zur Berechnung Ihres ZVE tragen Sie in das Formblatt nur die steuerpflichtigen Beträge ein (→ Seite 22/23).

Steuerfreie Lohnersatzleistungen mit einem großen ABER

Ebenfalls in § 3 EStG geregelt ist die grundsätzliche Steuerfreiheit der Lohnersatzleistungen wie zum Beispiel: Arbeitslosengeld, Krankengeld, Verletztengeld, Übergangsgeld, Mutterschaftsgeld, Kurzarbeitergeld, Insolvenzgeld und Elterngeld. **Aber** all diese Lohnersatzleistungen unterliegen dem „Progressionsvorbehalt" (mehr dazu → Seite 157). Da hat so mancher Steuerpflichtige schon böse Überraschungen erlebt. Die Lohnersatzleistungen müssen allesamt in der Steuererklärung angegeben werden. Die Eintragungen erfolgen im Hauptvordruck **Zeile 35** beziehungsweise **Zeile 36** für vergleichbare ausländische Leistungen (EU/EWR-Staaten oder Schweiz) getrennt für beide Ehegatten.

Lohnersatzleistungen werden den Finanzbehörden von der auszahlenden Stelle automatisch gemeldet; „vergessen" hilft also nicht, der Steuer zu entkommen. Wenn Sie unsicher sind, können Sie auch den obligatorischen 1 € eintragen.

Es bleiben nur ganz wenige Leistungen von der Steuer vollständig unberührt wie etwa die Sozialhilfe, Arbeitslosengeld II, Betreuungsgeld.

→ TIPP Steuerbescheid

Auf Ihrem Steuerbescheid finden Sie die Werte meist recht unauffällig mitten im Text auf einer der letzten Seiten, unter der Rubrik Erläuterungen – für beide Ehegatten getrennt – aufgeführt. Mehrere verschiedene Leistungen werden addiert, zum Beispiel (→ Seite 102):

Insolvenzgeld:
1.4.–30.6. = 6.594,15 €
Krankengeld:
1.7.–9.10. und
8.11.–31.12. = 10.022,88 €
Übergangsgeld:
10.10.–7.11. = 1.538,60 €

Total: 18.155 € (abgerundet)

Leistungen nach § 32b Abs. 1 Nr. 1 EStG (z.B. Lohnersatzleistungen) in Höhe von 18.155 € wurden mit 18.155 € in die Berechnung des Steuersatzes einbezogen (Progressionsvorbehalt, § 32b EStG).

Abb. 11: Steuerbescheid Erläuterungen (Steuerauswirkung im Beispielfall rund 880 €).

ACHTUNG

Grundrente rückwirkend steuerfrei

Die Einführung der Grundrente erfolgte bereits im Jahr 2021. Die Rentenbezugsmitteilungen wurden den Zahlungen/Nachzahlungen entsprechend an das Finanzamt übermittelt. Zu dem Zeitpunkt stand noch nicht fest, dass diese Grundrentenzuschläge nach §3 Nr. 14a EStG steuerfrei bleiben. Diese Ziffer 14a wurde erst mit dem Jahressteuergesetz 2022 eingefügt.

Somit sind etliche Steuerbescheide 2021/2022 falsch. Aber kein Grund zur Beunruhigung. Die Rententräger sind verpflichtet, korrigierte Meldungen an das Finanzamt zu übermitteln. Die Korrektur soll automatisch erfolgen. Das gilt auch dann, wenn die Bescheide bereits bestandskräftig sein sollten.

→ **TIPP Steuerbescheid**

Übrigens: Es lohnt sich durchaus stets alle steuermindernden Tatsachen in der Steuererklärung anzugeben, auch wenn die bereits berechnete Einkommenssteuer NULL ist. Je niedriger das zu versteuernde Einkommen (ZvE), desto größer ist die Chance auf einen Grundrentenzuschlag.

Ab 2026 wird die Aktivrente eingeführt (Zustimmung des Bundesrates am 19.12.25). Monatlich können Rentner:innen nach Erreichen der Regelaltersgrenze 2.000 € steuerfrei hinzuverdienen. Die Rente wird nicht gekürzt, der Hinzuverdienst bleibt steuerfrei. Allerdings muss der Arbeitgeber weiterhin Sozialversicherungsbeiträge abführen.

Werbungskosten und Sonderausgaben

Über Werbungskosten und Sonderausgaben informieren wir Sie in diesem Kapitel. Und Sie erfahren, wie Sie Ihren Expartner oder Ihre Expartnerin „absetzen“ können.

Wie werden aus Einnahmen Einkünfte?

Diese Frage lässt sich in einem simplen Satz beantworten. Ziehen Sie von Ihren Einnahmen die Werbungskosten ab und schon kennen Sie Ihre Einkünfte der jeweiligen Einkunftsart.

Einnahmen

Der steuerliche Begriff der „Einnahmen“ ist in § 8 (1) des EStG klar definiert:

> *„...alle Güter, die in Geld oder Geldeswert bestehen und dem Steuerpflichtigen im Rahmen einer der Einkunftsarten [...] zufließen.“*

Zu jeder der Einkunftsarten wurde hierzu in den vorangegangenen Kapiteln bereits ausführlich geschrieben.

Werbungskosten

Helmut Schmidt, ehemaliger deutscher Kanzler, hatte es treffend in Worte gefasst:

> **„Wer die Pflicht hat, Steuern zu zahlen, hat auch das Recht, Steuern zu sparen.“**

Der steuerliche Begriff der **Werbungskosten** ist in § 9 (1) des EStG ebenfalls definiert:

> *„[...] Aufwendungen zur Erwerbung, Sicherung und Erhaltung der Einnahmen [...].“*

Auch dieser Begriff wurde in den vergangenen Kapiteln schon häufiger erwähnt. Die Werbungskosten werden von der jeweiligen Einkunftsart abgezogen und können daher sehr unterschiedlich sein. Im Gesetz sind bei-

spielhaft einige häufig vorkommende Werbungskosten aufgeführt. Allerdings handelt es sich dabei lediglich um eine unvollständige Aufzählung. Abhängig vom Einzelfall, stellen viele Ausgaben denkbare Werbungskosten dar. Denken Sie allein an die verschiedenen Berufe bei den Einkünften aus „Nichtselbstständiger Tätigkeit". Auf Ihre Argumentation kommt es an: Die Ausgaben müssen verwendet werden, um eine Einkunft entweder zu bekommen, zum Beispiel Bewerbungskosten, Anzeigen für Mietersuche, **oder** zu sichern und zu erhalten, zum Beispiel Fortbildungen, Renovierung des Mietobjektes. Werbungskosten können auch entstehen, **bevor** Einnahmen erzielt werden. Es handelt sich um „vorweggenommene" Werbungskosten wie beispielsweise Reisekosten für die Suche nach einem zum Kauf geeigneten Vermietungsobjekt.

ACHTUNG

Gilt nicht für Übungsleiter

Fortbildungen mit dem Ziel, die steuerfreien Übungsleiterpauschalen zu erhalten (→ Seite 111) oder einen pauschal versteuerten Minijob, stellen keine Werbungskosten dar. Streben Sie hingegen eine steuerpflichtige Teilzeitbeschäftigung an, haben Sie sehr wohl Werbungskosten!

Nicht abzugsfähige Ausgaben sind hingegen die Kosten der privaten Lebensführung. Das Finanzamt argumentiert bei der Ablehnung von Werbungskosten recht häufig mit diesem § 12 EStG. Die Abgrenzung zwischen privater und beruflicher Veranlassung ist tatsächlich nicht immer einfach. Ihr Besuch beim Friseur oder Nagelstudio sowie der Kauf erotischer Unterwäsche sind in der Regel gewiss privat veranlasst; allerdings bei einem Model oder einer Go-go-Tänzerin sind diese Ausgaben denkbare Werbungskosten beziehungsweise Betriebsausgaben.

Eine Erleichterung für die Steuerpflichtigen sind die Pauschbeträge des § 9a EStG. Ohne Nachweise, ohne Prüfung stehen diese Pauschbeträge den Steuerpflichtigen zu. Nur wer höhere Werbungskosten geltend machen möchte, muss Belege sammeln und auswerten.

Der Arbeitnehmerpauschbetrag beträgt seit 2023 1.230 € (zuvor 1.200 €) pro Person. Der Pauschbetrag für Versorgungsbezüge (etwa bei Pensionen) liegt bei 102 €. Für sonstige Einkünfte (zum Beispiel Renten) können Sie ebenfalls pauschal 102 € als Werbungskosten abziehen. Alle Pauschbeträge gelten pro Steuerpflichtigem je Einkunftsart – allerdings nur einmal. Werbungskostenpauschalen für die anderen Einkunftsarten (beispielsweise aus Vermietung und Verpachtung) gibt es nicht.

Wenn Sie also zwei gesetzliche Renten beziehen, beispielsweise eine eigene Rente und eine Witwenrente, dürfen Sie nur **einmal** die 102 € Werbungskostenpauschale abziehen.

Haben Sie mehrere Versorgungsbezüge, beispielsweise zwei Betriebsrenten, dürfen Sie ebenfalls die Werbungskostenpauschale in Höhe von 102 € nur **einmal** abziehen.

Beziehen Sie eine oder mehrere gesetzliche Rente/n **und** einen oder mehrere Versorgungsbezüge, erhalten Sie für beide Pauschbeträge von je 102 €. Diese 204 € mindern wieder Ihr ZVE (→ Seite 19).

Typische Werbungskosten für Rentner und Pensionäre sind beispielsweise kostenpflichtige Rentenberatungen, Anwaltskosten bei Streitigkeiten in Rentensachen, Beiträge zur Gewerkschaft und Pensionsvereinen, Beschaffung und Beglaubigung/Übersetzung von Dokumenten, Reisekosten sowie anteilige Steuerberatungskosten. Kleinere Ausgaben wie Kontoführungsgebühren, Porto, Telefon, Kopien usw. sind in der Regel mit den Pauschalen mehr als gut abgedeckt. Nur im Einzelfall lohnt es sich also für Rentner und Pensionäre, Werbungskosten-Belege zu sammeln und in der Steuererklärung aufzulisten. Das wird für Sie meist nur in einzelnen Jahren mit hohen Ausgaben notwendig sein. Bedenken Sie auch, dass Sie für Kosten, die mehrere Einkunftsarten betreffen, eine sachgerechte Aufteilung vornehmen müssen. Wenn der Rentenberater also beide Ehepartner beraten hat und es sowohl um sonstige Einkünfte (Renten) als auch Pensionen ging, wäre das gezahlte Honorar von zum Beispiel 300 € aufzuteilen. Die Eintragungen erfolgen dann für beide Ehegatten getrennt auf der jeweiligen **Anlage R**, **Zeilen 25 bis 26** separat für jede Rentenart. Falls Sie mithilfe eines Steuerprogramms Ihre Steuererklärung erstellen, bietet es sich an, die Aufteilung nach Höhe der Einkünfte vom Programm vornehmen zu lassen. Steuerberater teilen oft ihre Rechnung bereits bei der Erstellung auf.

Besondere Ausgaben – Sonderausgaben?

Nicht all Ihre besonderen Ausgaben stellen „Sonderausgaben" im Sinne des Steuerrechts dar. Auch bei den **Sonderausgaben** handelt es sich um einen steuerlichen Fachbegriff. § 10 EStG beschreibt die Sonderausgaben als grundsätzlich private Ausgaben, die jedoch ganz oder zumindest teilweise Ihr ZVE (→ Seite 19) beachtlich mindern können. Die Sonderausgaben werden im Gesetz aufgelistet. Man kann sie in zwei Gruppen einteilen: „Vorsorgeaufwendungen" und „sonstige Sonderausgaben".

Vorsorgeaufwendungen: Versicherungen

Mit diesen Aufwendungen sorgen Sie für sich und Ihre Familie vor (Alter, Krankheit, Pflege, Unfall usw.). Zu den Vorsorgenaufwendungen gehören die „Basis-Altersvorsorge" mit Beiträgen zur gesetzlichen Rentenversicherung und vergleichbaren Versicherungen wie Rürup-Renten (→ Seite 81); aber auch die „Zusatz-Altersversorgung" Riester-Rente. Sie merken, der Kreis schließt sich. Auf der einen Seite dürfen Sie mit Ihren Aufwendungen Ihre Steuerlast mindern. Die absetzbaren Höchstbeträge sind beachtlich und steigen stetig. Auf der anderen Seite wird dann bei Auszahlung der Renten die „Steuerhand" wieder aufgehalten.

Die Vorsorgeaufwendungen unterscheiden sich nochmals in **Basis**vorsorgeaufwendungen, die unbeschränkt in voller Höhe als Sonderausgaben abzugsfähig sind, und „**sonstige** Vorsorgeaufwendungen", mit einer „Deckelung" von 1.900 € pro Person jährlich. Zu unbeschränkt abzugsfähigen Basisvorsorgeaufwendungen gehören die Beiträge zur Kranken- und Pflegeversicherung; jedoch nur der Anteil, der auf den Basisschutz auf sozialhilfegleichem Niveau entfällt. Das entspricht in der Regel bei einer gesetzlichen Krankenversicherung auch den tatsächlich gezahlten Beiträgen.

Dieses **Schreiben** enthält **Hinweise** zum Ausfüllen der **Einkommensteuererklärung**.

Information über die Meldung an die zentrale Stelle (Deutsche Rentenversicherung Bund) nach § 10 Abs. 2b Einkommensteuergesetz (EStG)

Sehr geehrter [redacted]

für Sie und die ggf. bei Ihnen mitversicherten Personen haben wir nach dem amtlich vorgeschriebenen Datensatz folgende Beiträge an die Deutsche Rentenversicherung Bund (die hier als Dienstleister der Finanzbehörden tätig ist) gemeldet. Der gezahlte und erstattete Beitrag für die Basisabsicherung deckt den unbeschränkt abzugsfähigen Anteil des Beitrags im Sinne des § 10 Abs. 1 Nr. 3 EStG ab. Er wurde nach der "Krankenversicherungsbeitragsanteil-Ermittlungsverordnung" ermittelt.

Für das Jahr [redacted]

Da wir die Beiträge bereits elektronisch an die Finanzverwaltung übermittelt haben, müssen Sie sie nicht (nochmals) in Ihre Einkommensteuererklärung aufnehmen. Falls Sie das dennoch tun möchten, verweisen die Zeilenangaben in den Klammern auf die Positionen in den Formularen (Anlage Vorsorgeaufwand [redacted] bzw. Anlage Kind [redacted]). Beachten Sie bitte hierzu auch die Hinweise in den Steuerformularen und auf dem Infoblatt "eDaten" der Finanzverwaltung.

Versicherungsnehmer: [redacted]	Steuer-Identifikationsnummer: [redacted]

Versicherte Person: [redacted]	Steuer-Identifikationsnummer: [redacted]

	Zeitraum, für den die Zahlung oder Erstattung erfolgte (MM.JJJJ)	Gezahlter Gesamtbeitrag A	Erstatteter Gesamtbeitrag B	Gezahlter Beitrag für die Basisabsicherung C	Erstatteter Beitrag für die Basisabsicherung D
Krankenversicherung	[redacted] - [redacted] [redacted] - [redacted]	2.284,08 EUR	512,88 EUR	(Zeile 23 bzw. 31) 1.813,60 EUR	(Zeile 25 bzw. 33) 412,58 EUR
Pflegeversicherung	[redacted] - [redacted]	241,92 EUR		(Zeile 24 bzw. 32) 241,92 EUR	(Zeile 25 bzw. 33)

Über die Basisabsicherung hinausgehende Beiträge zur Krankenversicherung und ggf. zur zusätzlichen Pflegeversicherung (Differenz zwischen den Beträgen in Spalte A und C, ggf. abzüglich der Differenz zwischen den Beträgen in Spalte B und D): (Zeile 27 bzw. 34)* 370,18 EUR

*Ggf. zuzüglich des Beitrags für eine Auslandsreise-Krankenversicherung nach Tarif AR. Dieser Betrag wurde nicht gemeldet.

Abb. 12: Bescheinigung über gezahlte Krankenkassenbeiträge.

Die privaten Krankenversicherungen bescheinigen alljährlich ihren Mitgliedern den Anteil Basis-Versorgung und Zusatzversorgung (→ Abbildung Seite 121). Von den Kranken- und Pflegekassen zurückerstattete Beiträge müssen anteilig für die Basisversorgung wieder abgezogen werden.

Weitere sonstige Vorsorgeaufwendungen sind gezahlte Beiträge zur Arbeitslosenversicherung, Erwerbs- und Berufsunfähigkeitsversicherung, Unfallversicherung, Haftpflichtversicherungen, Risikolebensversicherungen (**nicht** jedoch Hausrat- und Kaskoversicherungen). Seit 2010 haben diese Versicherungen allerdings an Bedeutung bei der Steuerentlastung eingebüßt.

Aufgrund der neuen Sonderausgaben-Höchstbetrag-Berechnungen haben sich die Gewichtungen verschoben. All die Mühe, die Sie sich mit dem Heraussuchen, Auflisten und Eintragen der einzelnen Versicherungsbeiträge geben, bleibt nun meist ohne steuerliche Auswirkungen. Das Finanzamt teilt Ihnen das auch in Ihrem Steuerbescheid regelmäßig mit (→ Abbildung Seite 123); allerdings derartig verklausuliert, dass es kaum auffällt. Auf einer der letzten Seiten unter Erläuterungen finden Sie dann den Textbaustein-Passus: „[…] Der Höchstbetrag für sonstige Vorsorgeaufwendungen wurde bereits durch die Berücksichtigung Ihrer Beiträge zur Krankenversicherung (Basisversorgung) und zur gesetzlichen Pflegeversicherung ausgeschöpft; ein darüber hinausgehender Abzug von sonstigen Vorsorgeaufwendungen ist daher nicht möglich […].“ In schlichte Worte übersetzt heißt das: Sparen Sie sich die Arbeit, denn es bringt Ihnen nichts. Konzentrieren Sie sich auf das Wesentliche.

Für Sie wesentlich ist die Berechnung Ihrer Höchstbeträge, die als Sonderausgaben Ihr ZVE mindern und somit letztlich auch Ihre Steuerlast.

BEISPIEL: Frau Luise Clever ist gut verdienende Angestellte und ihr Ehemann Heinz ist Rentner. Luise hat in jungen Jahren einige Jahre den Haushalt geführt und die Kinder versorgt. Dank einer kleinen Erbschaft

Erläuterungen
Die Zinsen werden gem. § 233 a Abgabenordnung festgesetzt. Der zu verzinsende Betrag wurde auf den nächsten durch 50,- € teilbaren Betrag abgerundet (§ 238 Abgabenordnung).

Bitte bewahren Sie diesen Bescheid auf. Er dient auch als Einkommensnachweis zur Vorlage bei anderen Behörden (z.B. für Erziehungsgeld/Elterngeld, Leistungen nach dem BAföG).

Der Höchstbetrag für sonstige Vorsorgeaufwendungen wurde bereits durch die Berücksichtigung Ihrer Beiträge zur Krankenversicherung (Basisabsicherung) und zur gesetzlichen Pflegeversicherung ausgeschöpft; ein darüber hinausgehender Abzug von sonstigen Vorsorgeaufwendungen ist daher nicht möglich.

Falls Sie beabsichtigen, gegen diesen Einkommensteuerbescheid Einspruch einzulegen oder einen Antrag auf schlichte Änderung zu stellen, sollten Sie die Belege zu Ihrer Steuererklärung, die zu

Abb. 12a: Erläuterungen im Steuerbescheid: Vorsorgeaufwendungen.

kann sie zusätzlich zu ihrer gesetzlichen Rente Beiträge in eine Rürup-Rente einzahlen. Heinz hat als Rentner keine Altersvorsorgebeiträge eingezahlt. Die beiden wissen, der steuerliche Höchstbetrag für Altersvorsorgebeiträge beträgt für 2024 pro Person 27.566 €, also für beide gemeinsam maximal 53.132 €. Für 2025 ist von 29.344 € bzw. 58.688 € auszugehen. Bereits seit 2023 werden die gezahlten Beiträge voll anerkannt. Diese Gesetzesänderung erfolgte rückwirkend, denn ursprünglich war eine stufenweise Erhöhung bis 2025 im Gesetz geregelt. (→ Kasten Beispielrechnung, Seite 125).

Die Clevers haben noch eine Vielzahl weiterer Versicherungen, die grundsätzlich als Sonderausgaben abgezogen werden könnten. Luise überschlägt nur ganz grob rund 6.000 €: Kürzung der Krankenkassenbeiträge wegen Lohnfortzahlung gemäß ihrer Aufstellung 146 €; Arbeitslosenversicherung lt. eTIN Zeile 27 rund 800 €, Hundehalterhaftpflicht 200 €;Privathaftpflicht 100 €; Unfallversicherungen 600 €; Krankenzusatzversicherungen 2.000 €; Kfz-Versicherungen (Haftpflichtanteil) 400 € ; Risikolebensversicherungen 300 €; Berufsunfähigkeitsversicherung 1.200 €; Auslandskrankenversicherung und Schutzbrief 250 €. Luise Clever erinnert sich an ihren letzten Steuerbescheid mit dem Hinweis des Finanzamtes zu den Vorsorgeaufwendungen und Höchstbeträgen. Luise Clever rechnet im Kopf: Höchstbetrag für übrige Vorsorgeaufwendungen 1.900 € für mich und noch einmal 1.900 € für Heinz, pro Jahr also zusammen nur 3.800 €.

Weil allein die unbeschränkt abzugsfähigen Vorsorgeaufwendungen laut ihrer Rechnung 6.813 € betragen, verschwendet sie keine weitere Energie darauf. Es bleibt bei dem Abzug als Sonderausgaben/Vorsorgeaufwendungen. Alle anderen Versicherungen – gleichgültig wie hoch – wirken sich nicht mehr aus.

Ziehen Sie getrost das Fazit: Durch den Ansatz Ihrer gezahlten Beiträge zur Kranken-

und Pflegekasse wird der Höchstbetrag von jährlich 1.900 € pro Person in den meisten Fällen bereits überschritten. Nur in seltenen Ausnahmefällen leisten Sie monatlich weniger als 160 € (1.900 : 12) Beitrag zur Kranken- sowie Pflegeversicherung. Alle Eintragungen hierzu machen Sie und gegebenenfalls Ihr Ehepartner in einer **Anlage Vorsorgeaufwand** gemeinsam: Altersvorsorgeaufwendungen Seite 1, **Zeilen 4 bis 10**; Basisvorsorgeaufwendungen Kranken- und Pflegeversicherungen **Zeile 11 bis 27** und gegebenenfalls **Zeile 31 bis 36,** für ausländische Versicherungen auf der zweiten Seite.

In den **Zeilen 37 bis 40** werden gegebenfalls die steuerfreien Arbeitgeberzuschüsse zur Kranken- und Pflegevericherungen (lt. eTIN, Seite 38) eingetragen. Die Arbeitslosenversicherung (eTIN: Zeile 27) wird im Formular in **Zeile 44** übernommen.

Zahlen Sie als privat Krankenversicherter auch Beiträge für Kinder **mit** Kindergeldanspruch, tragen Sie diese Beiträge in die **Zeilen 37 bis 43** ein.

Die weiteren Vorsorgeaufwendungen werden in den **Zeilen 44 bis 48** eingetragen.

Letztlich sind in den **Zeilen 49 bis 55** Kennziffern unter anderem zur Rentenversicherungspflicht einzutragen.

Falls Sie ein Steuerprogramm zur Erstellung Ihrer Einkommensteuererklärung nutzen, erfolgt der Eintrag durch das Programm. Sie brauchen nur noch die Angaben zu überprüfen, denn ein falsches „Häkchen" ist ganz schnell mal gesetzt.

HINTERGRUND

Grüne Formularpassagen

Alle dunkelgrün hinterlegten Formularfelder werden elektronisch an das Finanzamt übermittelt (mehr dazu → Seite 198).

Beispielrechnung

Frau Clever nimmt ihren „eTIN-Zettel“ (→ Seite 38) zur Hand und rechnet:

Arbeitnehmeranteil zur gesetzlichen Rentenversicherung (eTin, Zeile 23)	**3.791,16 €**
Arbeitgeberanteil zur gesetzlichen Rentenversicherung (eTin, Zeile 22)	**3.791,16 €**
Einzahlungen in die Rürup-Rente (lt. Versicherungsbescheinigung)	**52.800,00 €**
Summe	**60.382,32 €**
jedoch maximal anzuerkennen 2025	**58.688 €**

Anmerkung: Luise Clever hatte zu Jahresbeginn ihren Rürup-Beitrag genau berechnet, aber in ihre Berechnungen konnten die Sonderzahlungen ihres Arbeitgebers zuvor nicht einfließen. Davon hat sie erst im November erfahren und die genauen Beträge dann auf der Lohnabrechnung gesehen. So hat sie jetzt mehr eingezahlt als steuermindernd maximal möglich wären.

Höchstbetrag 2025	**58.688 €**
abzüglich Arbeitgeberleistungen (denn die hat Luise ja nicht selbst gezahlt)	**3.791,16 €**
ergibt als Sonderausgabe abzugsfähigen Altersvorsorgebetrag	**54.896,84 €***
als übrige Vorsorgeaufwendungen stellt Luise zusammen	
eigene Beiträge zu gesetzlichen Krankenkasse (eTIN, Zeile 25)	**3.342,60 €**
diesen Betrag muss sie um 4 % kürzen, da sie Krankengeldanspruch hat	**-133,70 €**
zuzüglich Krankenkassenbeiträge Heinz lt. Rentenbescheinigung	**2.200 €**
eigene Beiträge zur gesetzlichen Pflegekasse (eTIN, Zeile 27)	**611,52 €**
zuzüglich Beiträge Pflegeversicherung Heinz lt. Rentenbescheinigung	**440 €**
als unbeschränkt abzugsfähige Sonderausgaben ergeben sich	**6.460,42 €***

Zusammen mit den Altersvorsorgeaufwendungen sind das immerhin 61.357,26 €*, die sie vom ZVE abziehen kann.

Es schreibt Ihnen [redacted]

Herrn
[redacted]

Ihre Beitragsbescheinigung für das Beitragsjahr [redacted] zur BasisRentenversicherung L 12032840

Sehr geehrter [redacted]

für Ihren zertifizierten BasisRentenvertrag (Rürup-Rente) sind die Beiträge nach § 10 Absatz 1 Nr. 2 Buchstabe b EStG als Sonderausgaben abzugsfähig. Daher haben wir der ZfA (Zentrale Zulagenstelle für Altersvermögen) die zu Ihrem BasisRentenvertrag geleisteten Beiträge elektronisch übermittelt.

Folgende Daten haben wir der ZfA gemeldet:

Name, Vorname: [redacted] — geboren am: [redacted]

Anschrift: [redacted]

Steuerliche Identifikationsnummer: [redacted]

[redacted]

Folgende Basisrentenbeiträge wurden geleistet für das Kalenderjahr (Beitragsjahr) [redacted]

Zertifizierungsnummer				Euro Cent
005730		0	3	49.800,00

Abb. 13: Muster Rürup-Bescheinigung.

[redacted]

Datum der Absendung
29.01.[redacted]

[redacted]

Diese Bescheinigung ist für Ihre Unterlagen bestimmt.

Bescheinigung nach § 92 EStG für das Jahr [redacted]

für

Name, Vorname	Geburtsdatum
[redacted]	[redacted]
Straße, Hausnummer	
[redacted]	
Postleitzahl, Wohnort	
[redacted]	
Anbieternummer	Zertifizierungsnummer
[redacted]	003680
Vertragsnummer	Sozialversicherungsnummer/Zulagenummer (soweit bekannt)
[redacted]	[redacted]

73913

Im abgelaufenen Beitragsjahr geleistete Altersvorsorgebeiträge

	Beitragsjahr	Euro	Cent
Beiträge ohne Zulage	[redacted]	60,00	
Tilgungsleistungen ohne Zulage			

		Euro	Cent
für das Beitragsjahr [redacted]			
erhaltene Zulage	Grundzulage (gegebenenfalls einschließlich Erhöhungsbetrag)	175,00	
	Kinderzulage für		

		Euro	Cent
Summe der insgesamt gutgeschriebenen Zulagen bis zum	3 1 1 2 [redacted]	5.056,95	
Summe der insgesamt geleisteten Altersvorsorgebeiträge bis zum	3 1 1 2 [redacted]	2.823,00	
Stand des Altersvorsorgevermögens am	3 1 1 2 [redacted]	8.599,68	

Die Übermittlung der Altersvorsorgebeiträge an die ZfA erfolgte für das Beitragsjahr [redacted]

5342870201

Abb. 14: Muster Riester-Bescheinigung.

Andere Sonderausgaben

Für „andere Sonderausgaben" gewährt Ihnen das Finanzamt automatisch mindestens eine Pauschale von 36 € pro Person; sogar wenn Sie in Ihrer Steuererklärung keine weiteren Angaben dazu machen.

Andere Sonderausgaben sind:

- Unterhaltszahlungen an Ex-Ehegatten (Realsplitting);
- die gezahlte Kirchensteuer; Spenden und Mitgliedsbeiträge;
- Ausbildungskosten für die **eigene erste** Ausbildung (höchstens 6.000 € für Ledige (12.000 € für Eheleute);
- Schulgeld für Kinder (30 %, höchstens jedoch 5.000 €).

Die Eintragungen erfolgen im neuen Formular **Anlage Sonderausgaben:** Kirchensteuer in **Zeile 4**; Spenden/Mitgliedsbeiträge in den **Zeilen 5 bis 12**; Berufsausbildungskosten in **Zeile 13 und 14**; Unterhaltsleistungen ab **Zeile 29**.

Unterhaltszahlungen für Ex-Ehegatten (Realsplitting)

Wenn Sie an Ihren dauernd getrennt lebenden Ehegatten Trennungsunterhalt oder Unterhaltsleistungen für Ihren geschiedenen Ehegatten zahlen, sind die tatsächlich gezahlten Leistungen bei Ihnen als Sonderausgaben absetzbar. Voraussetzung hierfür ist die unterschriebene Anlage U. Sie als Unterhaltsleistender verpflichten sich, dem Unterhaltsempfänger den „Nachteil" auszugleichen. Der Empfänger der Unterhaltsleistungen ist verpflichtet, die erhaltenen Unterhaltsleistungen zu versteuern; allerdings nur dann (und in der Höhe), wenn Sie als Zahlender die Beträge in Ihrer Steuererklärung als Sonderausgaben einsetzen.

Sie als Zahlungsleistender haben ganz allein das Wahlrecht, ob und in welcher Höhe Sie Ihre geleisteten Unterhaltszahlungen als steuermindernde Sonderausgaben einsetzen wollen. Durch Eintragungen in Ihrer Steuererklärung üben Sie automatisch Ihr Wahlrecht gegenüber dem Finanzamt aus. Wer die Wahl hat, hat auch die Qual. Denn Sie sind – wie bereits erwähnt – dem Unterhaltsempfänger gegenüber verpflichtet, den Nachteil, der beim Empfänger anfällt, zu erstatten. Der Nachteil beim Ex-Ehegatten entsteht meist in Form von Steuernachzahlungen; jedoch nicht zwingend und auch nicht ausschließlich. Eigentlich können Sie eine richtige Entscheidung erst treffen, wenn Sie über die steuerlichen Verhältnisse des Expartners genau informiert sind. Sollten Sie noch mit dem Expartner im Gespräch sein, bitten Sie ihn, eine „Was-wäre-wenn"-Steuerberechnung zu erstellen (oder auch fachkundig erstellen zu lassen). Erst wenn Sie wissen, wie sich die

zu zahlende Steuer Ihres Expartners **mit** und **ohne** Ihre Unterhaltsleistungen verändert, kennen Sie den durch Sie zu bezahlenden Nachteils-Ausgleich. Eine weitere „Was-wäre-wenn"-Steuerberechnung für Sie selbst zeigt Ihnen dann Ihren eigenen Steuervorteil. Erst wenn dieser wirklich höher ist als die an den Unterhaltsempfänger zu erstattende Steuer, macht das sogenannte „Realsplitting" Sinn für Sie. Wenn Sie Ihre Entscheidung getroffen haben, sollten Sie diese dem Unterhaltsempfänger schriftlich mitteilen. Dann kann auch der Ex-Ehepartner seiner Steuerpflicht korrekt nachkommen.

Unterhaltsleistungen können in Form von Geld, übernommenen Zahlungen (zum Beispiel für Versicherungen oder Kredite) und Sachleistungen (wie mietfreie Überlassung der Wohnung) gezahlt werden. Auch die im Wege des „Nachteils-Ausgleich" an den Empfänger überwiesenen Beträge sind im Folgejahr steuermindernd ansetzbar. Der Höchstbetrag beträgt pro Jahr 13.805 €; allerdings je Zahlungsempfänger. Hinzu kommen eventuell noch die von Ihnen für den Expartner bezahlten Kranken- und Pflegeversicherungsbeiträge (Basisabsicherung). Der Ansatz dieser Beträge ist dann beim Unterhaltsempfänger jedoch ausgeschlossen. Sollten Sie also an mehrere Ex-Ehepartner Unterhalt zahlen, dürfen Sie diesen Höchstbetrag mehrfach ausschöpfen .

BEISPIEL: Herbert Unruh zahlt Trennungsunterhalt an seine dauernd getrennt lebende Ehefrau Rosemarie in Höhe von monatlich 1.200 €. Rosemarie lebt bescheiden und mietfrei bei ihrer Tante. Sie lebt von Herberts Unterhalt und ihren Einnahmen aus einem pauschalversteuerten Minijob. Außerdem zahlt er an seine erste Ehefrau Constanze nachehelichen Unterhalt in Höhe von 3.600 € jährlich. Sowohl Constanze als auch Rosemarie haben die Anlage U unterschrieben und nicht widerrufen.

Herbert rechnet in seinem neuen Steuerprogramm: 12 x 1.200 € = 14.400 € für Rosemarie. Bei Ansatz als Sonderausgaben mit dem Höchstbetrag von 13.805 € hat er einen Steuervorteil von fast 4.300 €. Er freut sich. Das sind 4.300 € für ihn! Bei Rosemarie ergibt sich voraussichtlich gar keine zu zahlende Einkommensteuer, da sie keine weiteren steuerpflichtigen Einkünfte hat. Falls Rosemarie zur Abgabe einer Steuererklärung aufgefordert wird, will er ihr gern die Steuerberatungskosten oder den Beitrag eines Lohnsteuerhilfevereins bezahlen.

Mit Constanze hat Herbert weniger guten Kontakt. Im Vorjahr musste er nach langem Hin und Her an Constanze rund 200 € Nachteils-Ausgleich für Steuern bezahlen. Wenn er die Unterhaltsleistungen von 3.600 € plus die gezahlten Steuern des Vorjahres 200 €, also insgesamt 3.800 € als Sonderausgaben in sein eigenes Steuerprogramm eingibt, errechnet sich eine weitere Erstattung von gut 1.000 € für ihn. Leider will Constanze ihm ihre eigenen Steuerzahlen nicht offenlegen. Aber Herbert ahnt nichts Gutes. Er weiß, dass Constanze im November des Vorjahres einen neuen Job angetreten hatte. Allein deshalb war es zu den 200 € Steuernachzahlung für ihn gekommen. Im Vorjahr hatte er dann zwar den Ärger und die Schreiberei mit Constanze, aber immerhin blieb ihm noch ein Steuervorteil von rund 700 € nach Abzug aller Kosten. Er vermutet, dass dieses Jahr die Zahlung an Constanze für den „Nachteil“ deutlich höher sein würde als der für ihn errechnete Steuervorteil. Immerhin hat Constanze nun ganzjährig gearbeitet und sie ist wohl auch befördert worden – wie ihm Bekannte berichtet haben. Es ist ihm zu mühselig und heikel. Dieses Jahr verzichtet er deshalb auf den Ansatz dieser Unterhaltszahlungen an Constanze als Sonderausgaben. Für nächstes Jahr will er neu überlegen, denn **er** hat ja die Wahl; nur was soll er wählen? Eigentlich schade, denkt er sich – denn im Zweifel „gewinnt“ nur das Finanzamt. Vielleicht kann er Constanze doch noch gnädig stimmen. Er könnte sie am eventuellen Steuervorteil beteiligen, wenn sie ihm ihre steuerlichen Verhältnisse offenlegt, philosophiert er.

Kirchenaustritt und Steuerersparnis

Die von Ihnen gezahlte Kirchensteuer stellt steuerlich betrachtet eine „Sonderausgabe" dar. Die Auswirkung ist einer Spende ähnlich. Zur Berechnung Ihrer gezahlten Kirchensteuer addieren Sie die Beträge (bei Zusammenveranlagung: die beider Ehegatten) laut eTIN Zeilen 6/7 und 12/13 (→ Seite 38) und die gezahlten Kirchensteuern gemäß Vorauszahlungsbescheid sowie eventuelle Nachzahlungen aus dem Vorjahr. Erstattungen aus Vorjahren müssen Sie allerdings abziehen. Seit 2012 werden Erstattungen für Vorjahre im Jahr der Erstattung berücksichtigt. Kirchensteuererstattungen aus Vorjahren wirken oft wie eine „Negativ-Spende". Sind die Rückerstattungen höher als Ihre gezahlten Kirchensteuern, entsteht ein Kirchensteuerüberhang und Ihr ZVE erhöht sich. Wenn Sie Ihre Steuererklärung mithilfe eines Steuerprogramms ausfüllen, erledigt das Steuerprogramm diese Aufgabe für Sie automatisch, vorausgesetzt Sie tätigen die Eingaben richtig und vor allem vollständig.

Die Höhe der Kirchensteuer richtet sich nach Ihrer Einkommensteuer. Sie beträgt in den meisten Bundesländern 9 % der Einkommensteuer; lediglich Bayern und Baden-Württemberg bilden mit 8 % eine Ausnahme.

Ein Kirchenaustritt erspart Ihnen zwar die Zahlung der Kirchensteuern, mindert aber auch Ihre Sonderausgaben. Abhängig von der Höhe Ihres persönlichen Steuersatzes beträgt die tatsächliche Steuerersparnis nur 70 bis 80 % der nicht mehr zu zahlenden Kirchensteuer.

BEISPIEL: Der Witwer Gustav Liebling ist zum 1.2.2022 aus der Kirche ausgetreten. Von seiner Pension wurden für den Januar laut eTIN noch 14 € Kirchensteuer einbehalten. In den Vorjahren betrugen seine Abzüge für Kirchensteuer immer 150 € bis 170 €. Anfang des Jahres 2023 erstellt Gustav seine Einkommensteuererklärung für 2022 und rechnet. Er gibt in sein Steuerprogramm seine fiktive Kirchensteuerzahlung von 168 € (12 Monate x 14 €) ein. Enttäuscht stellt Gustav fest, bei einer Kirchensteuerzahlung für das ganze Jahr hätte er fast 50 € Steuern weniger bezahlt. Seine wirkliche Einsparung beträgt also nur gut 100 € (168 € minus 14 € minus 50 €). Einige Wochen später bekommt Gustav Liebling vom Finanzamt seinen Steuerbescheid. Leider weicht das Ergebnis von seinen Berechnungen ab. Er soll an das Finanzamt sogar Geld bezahlen. Sein Steuerprogramm hatte eine Erstattung von gut 50 € errechnet. Schon auf den ersten Blick erkennt er – es muss an den Kirchensteuern liegen. Im Bescheid auf der zweiten Seite stehen unter „unbeschränkt abziehbare Sonderausgaben" ganz andere Werte und „Kirchensteuerüberhang". Zunächst glaubt Gustav an einen Fehler des

Finanzamtes. Doch dann entdeckt er auf der vorletzten Seite seines Steuerbescheids: „Erläuterungen". Recht unauffällig mitten in dem Kleingedruckten hat das Finanzamt eine Berechnung zur Kirchensteuer abgedruckt: gezahlte Kirchensteuer 14 €; erstattete Kirchensteuern 177,40 € (aus 2019: 63,20 €; aus 2018: 59,40 € und aus 2017: 54,80 €). Das sind genau die Zahlen, die auch vorne im Bescheid stehen. Kirchensteuer: ./. 163,40 € (14 € abzüglich 177,40 €). Plötzlich fällt es Gustav ein: Ja, er hatte tatsächlich in 2022 mehrere korrigierte Steuerbescheide mit Erstattungen für die Vorjahre bekommen. Ihm war rückwirkend ab 2019 eine Schwerbehinderung bescheinigt worden. Das Finanzamt hatte aufgrund seines Antrags jeweils die Schwerbehindertenpauschale angesetzt. Das führte zur Neuberechnung der zurückliegenden Jahre mit entsprechend erfreulichen Erstattungen. Gustav merkt – es liegt doch kein Fehler des Finanzamtes vor. Er wird wohl oder übel zahlen müssen.

Spenden und Mitgliedsbeiträge

Spenden an gemeinnützige Organisationen, politische Parteien, aber auch bestimmte Mitgliedsbeiträge mindern als Sonderausgaben Ihr ZVE (→ Seite 22/23). Sie wirken ähnlich wie die gezahlten Kirchensteuern. Grundsätzlich benötigen Sie einen Nachweis für Ihre Spende. Bei kleineren Beträgen reicht auch ein Konto-Auszug aus. Ab 300 € sollten Sie grundsätzlich eine vorschriftsmäßige Spendenbescheinigung haben. In Katastrophenfällen (zum Beispiel Überschwemmungen oder Ukrainekrieg) gibt es Sonderregelungen für vereinfachte Nachweise.

→ TIPP Überweisung anstatt Kleingeld
Wer kein Kleingeld in den Klingelbeutel wirft, sondern stattdessen monatlich oder halbjährlich eine Überweisung als Spende tätigt, hat einen Nachweis für die Steuer.

Zuwendungen zur Förderung mildtätiger, kirchlicher oder gemeinnütziger Zwecke sind alljährlich bis zum Höchstbetrag als Sonderausgaben abzugsfähig. Der Höchstbetrag ist gedeckelt auf 20 % Ihres Gesamtbetrags der Einkünfte (GdE). Übersteigen Ihre Spenden in einem Jahr diesen Höchstbetrag, geht aber trotzdem nichts verloren. Das Finanzamt stellt den übersteigenden Betrag mit Ihrem Einkommensteuerbescheid automatisch fest. Diese Spenden werden dann auf Folgejahre unbefristet vorgetragen. Wenn Sie einer als Kirche anerkannten Religionsgemeinschaft angehören, die keine Kirchensteuer einzieht (etwa Neuapostolische Kirche, Zeugen Jehovas, Heilsarmee), gelten Ihre Zuwendungen

an diese Kirche bis zur Höhe der vergleichbaren gesetzlichen Kirchensteuer als „Kirchensteuer". Nur die übersteigenden Beträge stellen Spenden dar, die in die erwähnte Höchstbetrag-Berechnung einfließen.

Auch Mitgliedsbeiträge zu gemeinnützigen Vereinen sind wie Spenden steuermindernd absetzbar. Denken Sie dabei an die Fördervereine von Schulen und Kindergärten, Tierschutzvereine, Malteser, Johanniter, Naturschutzverein – um nur einige zu nennen. Ausgenommen sind Vereine, die der sportlichen Ertüchtigung, Freizeitgestaltung und Geselligkeit dienen.

> **GUT ZU WISSEN**
>
> **Kirchensteuer sparen**
>
> Bei hohen Einkommen sehen die meisten Landeskirchen eine Kappung der Kirchensteuer vor. Abhängig vom Wohnort jedoch nur auf Antrag. Auch bei Abfindungen lohnt es sich, eine Teil-Rückerstattung zu prüfen. Die Zuständigkeit ergibt sich aus dem Steuerbescheid.

Ihre Spenden an politische Parteien und unabhängige Wählervereinigungen stellen eine Besonderheit dar. Jeweils die Hälfte Ihrer Spende an eine politische Partei, höchstens jedoch 825 € (bei Ehepaaren 1.650 €) können Sie sofort von Ihrer zu zahlenden Steuer abziehen. Neben der Parteispende gilt nochmals der gleiche Höchstbetrag für Ihre Spende an unabhängige Wählervereinigungen. Nur für politische Parteien gibt es dann für die übersteigenden Spendenbeträge nochmals einen Abzug als Sonderausgaben; höchstens jedoch weitere 1.650 € (bei Ehepaaren 3.300 €).

BEISPIEL: Holde Fürsorge wohnt in Köln. Sie ist alleinstehend und hat ein gutes Auskommen mit ihrem Einkommen. Alljährlich spendet sie großzügig und alle Belege liegen vor. Schon seit vielen Jahren ist sie Mitglied einer als Kirche anerkannten Religionsgemeinschaft. Sie hat an diese Gemeinschaft 2.500 € überwiesen; sie spendete an Ärzte ohne Grenzen einmalig 5.000 €, an eine notleidende Familie in der Nachbarschaft 300 €, SOS-Kinderdörfer 1.500 € und den Sportverein 300 € für den neuen Kunstrasen. Außerdem an die ihr nahestehende politische Partei 4.000 € und zusätzlich für eine freie Wählergemeinschaft 2.000 €. Des Weiteren machte sie zusätzlich einige kleinere Spenden von insgesamt 5 x 30 €. Die Geburtstagsjubilare hatten anstelle von Geschenken um Spenden an gemeinnützige Institutionen gebeten. Holde zahlt jährlich Mitgliedsbeiträge: Johanniter-Unfall-Hilfe 60 €, beim Karnevalsverein 30 € und beim Sportverein 120 €. In Ihrer Steuererklärung darf sie nun eintragen:

Kirchensteuer:	
(Sie hat gerechnet: von ihr gezahlte Lohnsteuer rund 13.000 € x 9 % = 1.170 € fiktive Kirchensteuer) Religionsgemeinschaft 2.500 €, davon Ansatz als Kirchensteuer	1.170 €
Spenden für mildtätige Zwecke:	
Religionsgemeinschaft (2.500 € abzüglich 1.170 €) bereits als Kirchensteuer angesetzt	1.330 €
Ärzte ohne Grenzen	5.000 €
SOS-Kinderdörfer	1.500 €
Sportverein (Spende, nicht Mitgliedsbeitrag)	300 €
diverse Kleinspenden (5 x 30 €)	150 €
Beitrag Johanniter-Unfall-Hilfe	60 €
SUMME	8.340 €

Gesonderte Feststellung nach § 10b Abs. 1 EStG		
Der verbleibende Zuwendungsvortrag wird auf den 31.12.2019 festgestellt auf		3.424
Berechnung des verbleibenden Zuwendungsvortrags		
verbleibender Zuwendungsvortrag zum 31.12.2018	2.835	
hinzu im Kalenderjahr 2019 geleistete Zuwendungen nach § 10b EStG	589	
ab im Veranlagungszeitraum abgezogen	0	
verbleibender Zuwendungsvortrag		3.424

Abb. 15: Beispiel Steuerbescheid mit Spendenvortrag.

Aussteller (Bezeichnung und Anschrift der steuerbegünstigten Einrichtung)

[redacted]

Bestätigung über Geldzuwendungen/Mitgliedsbeitrag

im Sinne des § 10b des Einkommensteuergesetzes an eine der in § 5 Abs. 1 Nr. 9 des Körperschaftsteuergesetzes bezeichneten Körperschaften, Personenvereinigungen oder Vermögensmassen

Name und Anschrift des Zuwendenden

[redacted]

Betrag der Zuwendung - in Ziffern -	- in Buchstaben -	Tag der Zuwendung:
1000,00	eintausend	04.09.[redacted]

Es handelt sich um den Verzicht auf Erstattung von Aufwendungen Ja ☐ Nein ☒

☒ Wir sind wegen Förderung (Angabe des begünstigten Zwecks / der begünstigten Zwecke)
des Sports

nach dem Freistellungsbescheid bzw. nach der Anlage zum Körperschaftsteuerbescheid des Finanzamtes
Soest [redacted] vom 27.09.[redacted] für den letzten
Veranlagungszeitraum [redacted] nach § 5 Abs. 1 Nr. 9 des Körperschaftsteuergesetzes von der Körperschaftsteuer und nach § 3 Nr. 6 des Gewerbesteuergesetzes von der Gewerbesteuer befreit.

☐ Die Einhaltung der satzungsmäßigen Voraussetzungen nach den §§ 51, 59, 60 und 61 AO wurde vom Finanzamt StNr. mit Bescheid vom nach § 60a AO gesondert festgestellt. Wir fördern nach unserer Satzung (Angabe des begünstigten Zwecks / der begünstigten Zwecke)

Es wird bestätigt, dass die Zuwendung nur zur Förderung (Angabe des begünstigten Zwecks / der begünstigten Zwecke)
des Sports

verwendet wird.

Nur für steuerbegünstigte Einrichtungen, bei denen die Mitgliedsbeiträge steuerlich nicht abziehbar sind

☐ Es wird bestätigt, dass es sich nicht um einen Mitgliedsbeitrag handelt, dessen Abzug nach § 10b Abs. 1 des Einkommensteuergesetzes ausgeschlossen ist.

Spielverein 1919 Lüttringen e.V.

Ense - Lüttringen, den 21. 09.[redacted]

(Ort, Datum und Unterschrift des Zuwendungsempfängers)

Hinweis:
Wer vorsätzlich oder grob fahrlässig eine unrichtige Zuwendungsbestätigung erstellt oder veranlasst, dass Zuwendungen nicht zu den in der Zuwendungsbestätigung angegebenen steuerbegünstigten Zwecken verwendet werden, haftet für die entgangene Steuer (§ 10b Abs. 4 EStG, § 9 Abs. 3 KStG, § 9 Nr. 5 GewStG).

Diese Bestätigung wird nicht als Nachweis für die steuerliche Berücksichtigung der Zuwendung anerkannt, wenn das Datum des Freistellungsbescheides länger als 5 Jahre bzw. das Datum der Feststellung der Einhaltung der satzungsmäßigen Voraussetzungen nach § 60a Abs. 1 AO länger als 3 Jahre seit Ausstellung des Bescheides zurückliegt (§ 63 Abs. 5 AO).

034122 Bestätigung über Geldzuwendung / steuerbegünstigte Einrichtung / Verein **(2013)**

Abb. 16: Spendenbescheinigung

Bei der Berechnung des Höchstbetrages wird Holde von ihrem Steuerprogramm unterstützt. Ihr Gesamtbetrag der Einkünfte (GdE) beträgt rund 35.000 €; davon 20 % = 7.000 €. Sie merkt, ihre Spenden waren recht hoch dieses Jahr. Nun, nächstes Jahr fällt die Einmalspende ohnehin weg. Das Finanzamt wird ihr den übersteigenden Betrag von 1.340 € als Spendenvortrag „gutschreiben".

(Holde weiß, die Privatspende an die Familie in der Nachbarschaft ist steuerlich nicht absetzbar; dennoch hat sie gern geholfen. Die Mitgliedsbeiträge für den Sport- sowie den Karnevalsverein werden ebenfalls nicht als Sonderausgaben akzeptiert.)

Für die Parteispende von 4.000 € erhält Holde vom Finanzamt eine direkten Steuerabzug von 825 €. Das Programm hat für sie berechnet: 50 % von 4.000 € = 2.000 €, maximal jedoch anwendbar auf 1.650 € mit Steuerabzugsbetrag: 825 €. Übersteigender Betrag: 4.000 € abzüglich bereits angesetzten 1.650 €, bleiben 2.350 €. Als Sonderausgaben steuermindernd allerdings nur 1.650 € anzusetzen. (Die verbleibende Differenz von 700 € bleibt leider ohne Steuerauswirkung.) Für die Zuwendung an die Wählervereinigung gibt es leider gar keinen Sonderausgabenabzug, weiß Holde. 50 % von 2.000 € = 1.000 €; höchstens jedoch 825 € werden jedoch nochmals direkt von Holdes Steuer abgezogen. Insgesamt wirken sich bei Holde Fürsorge die Spenden mit 8.650 € Sonderausgabenabzug (7.000 € + 1.650 €) als Abzug von ihrem ZVE steuermindernd aus. Zusätzlich 1.650 € (2 x 825 €) als direkter Abzug von der zu zahlenden Einkommensteuer.

MUSTERFALL: Der Bescheid vom 12. April **2019** ändert den Einkommensteuerbescheid 2015 (seinerzeit ergangen am 7.7.2016) von Amts wegen. Mit der neuen stufenweisen Berechnung hatte sich die zumutbare Eigenbelastung des Ehepaares von bislang 1.730 € auf 1.219 € gesenkt. Somit konnten vom ZVE nunmehr 1.177 € anstatt bislang 666 € als außergewöhnliche Belastung abgezogen werden – wie auf Seite 2 des Bescheides zu lesen ist (→ Ausschnitt 1 und 2).

Die Steuerauswirkung beträgt in dem Fall, allein durch diese Korrektur, 168 € Einkommensteuer. Hinzu kommen noch der Solidaritätszuschlag mit 8,89 € sowie die Kirchensteuer mit 14,22 € und sogar 6 % Zinsen – immerhin 18 €. TOTAL überweist das Finanzamt 208,19 € (→ Ausschnitt 3).

Auf Seite 3 des Bescheides wird u.a. erläutert, warum der alte Bescheid geändert wurde, wie die Zinsen zu berechnen waren und es wird bereits auf die Auswirkung im Folgejahr (also Steuer 2019) hingewiesen: Als Sonderausgaben (→ Ausschnitt 4) wird die Differenz zwischen der gezahlten und der erstatteten Kirchensteuer berücksichtigt. Die Steuerauswirkung ist wie eine „Negativ-Spende" im Folgejahr (→ Ausschnitt 5).

(Übrigens: Die Erstattungszinsen – in diesem Fall handelt es sich um 18 € – sind steuerpflichtige Kapitalerträge für den Veranlagungszeitraum (VZ) 2019! → Seite 49)

außergewöhnliche Belastungen			
zumutbare Belastung			
(2 v.H. von . . . . . 86.532)	1.730		
Aufwendungen nach § 33 EStG		2.396	
zumutbare Belastung		-1.730	
abziehbar nach § 33 EStG .		666	666

Ausschnitt 1: Ursprungsbescheid vom 7.7.2016 für 2015.

außergewöhnliche Belastungen		
ab		
Aufwendungen nach § 33 EStG	2.396	
zumutbare Belastung	-1.219	
abziehbar nach § 33 EStG	1.177	-1.177
Behinderten-Pauschbetrag/-beträge		-430
Grad der Behinderung des Ehemanns 40		

Ausschnitt 2: Korrekturbescheid vom 12.4.2019 für 2015.

Festsetzung

Art der Festsetzung
Der Bescheid ist nach § 165 Abs. 2 AO geändert und nach § 165 Abs. 1 Satz 2 AO teilweise vorläufig.

Festsetzung

	Einkommensteuer €	Zinsen zur Einkommensteuer €	röm.-kath. Kirchensteuer €	Solidaritätszuschlag €	Insgesamt €
Festgesetzt werden	15.730,00	-18,00	907,20	554,40	
Abzug vom Lohn des Ehemanns	-17.501,00		-968,01	-591,57	
Abzug vom Lohn der Ehefrau	-491,00		-44,16		
verbleibende Beträge	-2.262,00	-18,00	-104,97	-37,17	-2.422,14
Abrechnung in €					
nach dem Stand vom 05.04.19					
abzurechnen sind	-2.262,00	-18,00	-104,97	-37,17	-2.422,14
bereits erstattet	2.094,00	0,00	90,75	28,48	2.213,23
demnach zuviel gezahlt	168,00	18,00	14,22	8,69	208,91

Ausschnitt 3: Erste Seite des Korrekturbescheides für 2015.

Erläuterungen
Der Steuerbescheid wurde von Amts wegen geändert, weil die zumutbare Belastung nach dem BFH-Urteil vom 19. Januar 2017 (BStBl II 2017 S. 684) nun stufenweise zu berechnen ist und sich dadurch die abzugsfähigen außergewöhnlichen Belastungen zu Ihren Gunsten erhöhen. Ein gesonderter Antrag war hierfür nicht erforderlich.

Dieser Bescheid ändert den Bescheid vom 07.07.2016.

Als Sonderausgaben wurde die Differenz zwischen der im Kalenderjahr gezahlten und der erstatteten Kirchensteuer berücksichtigt.
Die Zinsen werden gem. § 233 a Abgabenordnung festgesetzt. Der zu verzinsende Betrag wurde auf den nächsten durch 50,- € teilbaren Betrag abgerundet (§ 238 Abgabenordnung).

Ausschnitt 4: Dritte Seite des Korrekturbescheides vom 12.4.2019.

ab unbeschränkt abziehbare Sonderausgaben				
im Kalenderjahr 2015 geleistete				
Zuwendungen nach § 10b Abs. 1 EStG		50		
im Veranlagungszeitraum abziehbar		50	50	
gezahlte Kirchensteuer	1.348			
ab erstattete Kirchensteuer	-585			
Kirchensteuer			763	
Kinderbetreuungskosten			1.139	
Summe der unbeschränkt abziehbaren Sonderausgaben				-1.952

Ausschnitt 5: Zweite Seite des Korrekturbescheides vom 12.4.2019.

Außergewöhnliche Belastungen – auch Kinder

In diesem Kapitel erfahren Sie, wie aus Ihren Kindern steuerlich außergewöhnliche Belastungen werden, die der Fiskus anerkennt. Und es gibt noch viele andere Belastungen, die die Steuerschuld senken können.

Bei „außergewöhnlichen Belastungen" handelt es sich um einen weiteren genau definierten Steuerfachbegriff. In § 33 EStG heißt es:

> *„Erwachsen einem Steuerpflichtigen zwangsläufig größere Aufwendungen als der überwiegenden Mehrzahl der Steuerpflichtigen [...]."*

Für den steuermindernden Ansatz dieser **privaten** Aufwendungen müssen Ihnen diese **zwangsläufig** entstehen. In diesem Zusammenhang ist „zwangsläufig" das Gegenteil von „freiwillig". Beispielsweise spenden Sie freiwillig, während Sie zum Unterhalt an Familienangehörige in gerader Linie sogar gesetzlich verpflichtet sind. Außerdem müssen die Aufwendungen „außergewöhnlich" sein – außergewöhnlich im Verhältnis zu anderen, vergleichbaren Steuerpflichtigen. Zu guter Letzt müssen die Aufwendungen Sie auch „belasten". Deshalb wird Ihnen bislang eine gewisse Eigenbelastung zugemutet, abhängig von der Höhe Ihres Einkommens und Ihrem Familienstand. Diese „zumutbare Eigenbelastung" war zwar lange strittig. Doch sind derzeitig keine Verfahren beim Verfassungsgericht mehr offen.

Solange die zumutbare Eigenbelastung nicht durch höchstrichterliche Urteile gekippt wird, können Sie anhand der Tabelle → Seite 140 Ihren persönlichen Betrag ermitteln.

Beachten Sie: Die Berechnungsmethode hat sich zu Ihren Gunsten geändert. Seit Mai 2017 findet die stufenweise Berechnung Anwendung. Inzwischen haben die Finanzämter von Amts wegen bereits viele Steuerbescheide zu Gunsten der Steuerpflichtigen-

Zumutbare Belastung

FAMILIENSTAND	GESAMTBETRAG DER EINKÜNFTE IN EURO		
	bis 15.340	bis 51.130	über 51.130
Ledige ohne Kind	5 %	6 %	7 %
Verheiratete ohne Kind	4 %	5 %	6 %
mit 1 oder 2 Kindern	2 %	3 %	4 %
mit mehr als 2 Kindern	1 %	1 %	2 %

€ FINANZEN

Beispielrechnung

Martin und Martina Trick-Reich sind verheiratet und haben keine kindergeldberechtigten Kinder. Ihr Gesamtbetrag der Einkünfte (GdE) beträgt in 2020 (ähnlich wie in den Vorjahren) 64.000 €. Sie berechnen ihre zumutbare Belastung:

15.340 € x 4 % = **613,60 €**
51.130 € – 15.340 € = 35.790 € x 5 %
= 1.789,50 €
64.000 € – 51.130 € = 12.870 € x 6 %
= 722,20 €

Das ergibt die zumutbare Eigenbelastung in Höhe von: **3.125,30 €**
(Die alte Berechnung wäre gewesen: 64.000 € x 6 % = 3.840 **€.)**

korrigiert und entsprechende Beträge – zum Teil einschließlich Zinsen – erstattet. Das war natürlich nur möglich, wenn die Eintragungen von Ihnen auch in den zurückliegenden Jahren (meist ab 2013) erfolgten. Wer nichts eingetragen hatte, weil er oder sie glaubte, die „Hürde" der zumutbaren Eigenbelastung nicht zu überschreiten, muss wissen: Noch ist es nicht zu spät, vorausgesetzt der Bescheid enthält den Vorläufigkeitsvermerk. Falls Sie mit der neuen stufenweisen Berechnung nun doch die „magische Hürde" nehmen, reichen Sie Ihre Aufstellungen nebst Belegen bei Ihrem Finanzamt ein und bitten Sie um entsprechende Berücksichtigung.

Bei der „Anzahl der Kinder" sind Kinder im Haushalt gemeint, für die Sie Kindergeldanspruch haben.

> **! GUT ZU WISSEN**
>
> **Im Todesfall**
>
> Korrekturbescheide vom Finanzamt ergehen auch an bereits Verstorbene. In diesem Fall werden die Erstattungen den Erben ausgezahlt.

Nach bisheriger Rechtsprechung müssen die Trick-Reichs also außergewöhnliche Belastungen bis zum Betrag von 3.125 € selbst tragen. Somit ergibt sich eine steuerliche Auswirkung für die beiden erst dann, wenn sie entsprechend höhere Aufwendungen innerhalb eines Kalenderjahres nachweisen können.

Und genau hier liegt, durch geschickte Steuerung der Aufwendungen, erhebliches Steuersparpotenzial. Wenn Sie die Ausgaben zum Beispiel für eine neue Gleitsichtbrille, die Anschaffung des Hörgerätes und auch die hohen Zahnarztzuzahlungen in einem Kalenderjahr „bündeln", wird zumindest in diesem einen Jahr die zumutbare Eigenbelastung steuermindernd überschritten.

Martin benötigt ein neues Hörgerät. Eigentlich wollte er sich erst Anfang 2024 darum kümmern; der Kostenvoranschlag hatte eine Eigenleistung von rund 2.000 € ausgewiesen. Er hatte bereits Zuzahlungen für seine Gleitsichtbrille im Sommer 2023 von fast 1.000 € bezahlt. Martina ließ im Frühjahr Zahnimplantate machen und hatte dafür etwa 1.250 € Versichertenanteil bezahlt. Auch die neue Brille für Martina – vermutlich weitere 1.000 € Zuzahlung – wollten die beiden auf nächstes Jahr verschieben. Obwohl – das Geld hätten sie ja schon gespart.

Noch im Herbst 2023 rechnen die beiden: Brille Martin: 1.000 € plus Zähne Martina 1.250 € sowie ein paar kleinere Apothekenzuzahlungen, bisher 125 €, ergibt bisherige Ausgaben in 2023: 2.375 €. Martin hat ab März 2023 eine Schwerbehinderung GdB 70 mit Buchstabe „G" (Gehbehinderung). Er kann noch private Fahrtkosten von 3.000 km x 0,30 € ansetzen; allerdings zeitanteilig für 10 Monate (3.000 km / 12 Monate x 10 Monate x 0,30 €) weitere 750 €. Bei einer zumutbaren Eigenbelastung von 3.125 € keine Steuerauswirkung in 2023 (2.375 € + 750 € = 3.125 €) und voraussichtlich auch nicht für 2024. Da hatten die beiden ja geplant: Brille Martina 1.000 € und Hörgerät Martin 2.000 €, zusammen bisher rund 3.000 €, zuzüglich 900 € für Privatfahrten aufgrund der Behinderung. Kurzfristig entscheiden sich die Trick-Reichs, noch in 2023 sowohl Brille als auch Hörgerät anzuschaffen. Somit entstehen in 2023 insgesamt 6.125 € als außergewöhnliche Belastungen, die sich nach Abzug der zumutbaren Eigenbelastung mit immerhin 3.000 € auswirken werden. Dabei haben

die beiden die Fahrten zu den Ärzten, zum Hörgeräteakustiker und Optiker noch gar nicht berücksichtigt.

Ob es sich bei ihren Aufwendungen um außergewöhnliche Belastungen handelt, ist sicherlich im Zweifel im Einzelfall anhand der zuvor zitierten Definition zu prüfen.

Unbestritten sind krankheitsbedingte Kosten außergewöhnlichen Belastungen. Allerdings müssen Sie die „Zwangsläufigkeit" dem Finanzamt nachweisen. So sind beispielsweise die Kosten einer Schönheits-OP nur in ganz seltenen Ausnahmefällen absetzbar. Das Finanzamt geht regelmäßig von einer Zwangsläufigkeit aus, wenn sich Ihre Krankenkasse an den Kosten beteiligt hat oder eine Verordnung vorliegt. Verordnen können zum Beispiel Optiker, Ärzte, Heilpraktiker, Zahnärzte. Auf jeden Fall sollten Sie Ihre Zuzahlungsbelege, Rezeptgebühren, aber auch Privatrezepte sammeln. Auch die mit der Krankheit verbundenen Fahrten zum Arzt, Zahnarzt oder Krankenhaus stellen außergewöhnliche Belastungen dar. Es lohnt sich durchaus, bereits ab Beginn des Jahres alle diesbezüglichen Fahrten in einer Liste oder einem Kalender einzutragen (→ Seite 149).

Am Jahresende errechnen Sie dann Ihre insgesamt gefahrenen Kilometer (hin und zurück). Pro Kilometer dürfen Sie 0,30 € als Kosten ansetzen. Wenn Sie eine Schwerbehinderung von mindestens 70 % mit Buchstabe G oder 80 % ohne Buchstabe haben, können Sie zusätzlich zum Behindertenpauschbetrag **ohne Einzelnachweis** 3.000 km x 0,30 € = 900 € jährlich für private Fahrten geltend machen. Tritt die Behinderung erst im Laufe des Jahres ein, werden die Kilometer-Kosten nur zeitanteilig berücksichtigt. Liegen die Merkzeichen aG, H, Bl oder Tbl (taubblind) oder Pflegegrad 4 oder 5 vor, können sogar bis zu 15.000 Kilometer Privatfahrten angesetzt werden; ab dem Veranlagungszeitraum (VZ) 2021 pauschal ohne Nachweis.

Pflege und Pflegepauschbeträge: Pflegen Sie einen Angehörigen, gewährt Ihnen das Finanzamt jährliche Pauschbeträge, abhängig vom Pflegegrad der pflegebedürftigen Person. Der Betrag wird je pflegebedürftiger Person auch dann in voller Höhe angesetzt, wenn nur für einen Teil des Jahres die Voraussetzungen vorgelegen haben (ein Tag reicht aus). Teilen Sie sich die Pflege mit einem oder mehreren anderen Angehörigen, kann der Pauschbetrag aufgeteilt werden. Die Voraussetzung für die Pflegebedürftigkeit müssen Sie nachweisen ab Pflegegrad 2. Wenn Sie also sowohl Ihre erblindete Mutter als auch Ihnen pflegebedürftigen Vater versorgen, dürfen Sie zweimal den entsprechenden Pauschbetrag vom GdE (Gesamtbetrag der Einkünfte) abziehen. Es wird keine zumutbare Eigenbelastung abgezogen. Die Eintragungen erfolgen auf Anlage „Außergewöhnliche Belastungen" in den **Zeilen 11 bis 18**.

Außergewöhnliche Belastungen sind auch Ihre Kosten bei einer dauerhaften Heimunterbringung. Erstattungen der Kranken- beziehungsweise Pflegekasse werden gegengerechnet. Allerdings wird von den Aufwendungen die sogenannte „Haushaltsersparnis" in Abzug gebracht, wenn der eigene Haushalt aufgelöst wurde. Denn Kosten für Miete, Strom, Heizung usw. wären ja ohnehin angefallen. Bei einer nur vorübergehenden Unterbringung im Pflegeheim gilt dieses natürlich nicht, denn Ihre Kosten laufen ja weiter. Auch der Grund der Heimunterbringung ist von großer Bedeutung. Wenn Sie altersbedingt in ein Pflegeheim ziehen, handelt es sich nicht um außergewöhnliche Belastungen, weil das Altern eben **nicht** außergewöhnlich im Sinne des Steuergesetzes ist. Sie müssen den Nachweis der Pflegebedürftigkeit (Pflegegrad) oder der Hilflosigkeit (Kennbuchstabe H oder Bl im Behindertenausweis) erbringen.

Pflegepauschbeträge ab 2021
(§33b, Abs. 6 EStG)

Pflegegrad 2	**600 €**
Pflegegrad 3	**1.100 €**
Pflegegrad 4 und 5, oder Kennzeichen H im Schwerbehindertenausweis	**1.800 €**

Beerdigungskosten eines nahen Angehörigen sind ebenso unstrittig dem Grunde nach außergewöhnliche Belastungen. Trauerkleidung, Reisekosten und der Leichenschmaus gehören nicht zu den absetzbaren Aufwendungen. Allerdings müssen Sie ausgezahlte Sterbegeldversicherungen oder ein eventuelles Erbe gegenrechnen, denn grundsätzlich sind Beerdigungskosten zunächst aus dem Nachlass zu bestreiten.

Wenn Sie bei einer privaten Krankenkasse versichert sind, haben Sie vielleicht einen kostengünstigeren Tarif mit Eigenbeteiligung gewählt. Diese Eigenbeteiligung – also von Ihnen selbst bezahlte Rechnungen – ist ebenfalls eine außergewöhnliche Belastung; genau wie bei Beamten die einbehaltene Kostendämpfungspauschale. Auch Ihre Aufwendungen für die Zuzahlungsbefreiung bei der Krankenkasse und Krankenhauszuzahlungen stellen außergewöhnliche Belastungen dar.

Alle außergewöhnlichen Belastungen werden in dem neuen Formblatt „Anlage Außergewöhnliche Belastungen" eingetragen.

HINTERGRUND

Heirat und Scheidung nicht absetzbar

Die Aufwendungen für eine Hochzeit galten noch nie als „außergewöhnliche Belastungen". Scheidungskosten und Zivilprozesskosten sind, bis auf ganz wenige Ausnahmen, seit 2013 auch keine außergewöhnlichen Belastungen mehr. Immerhin werden hierzulande fast 40 % aller Ehen geschieden, somit kann von „außergewöhnlich" keine Rede mehr sein.

Neben den außergewöhnlichen Belastungen allgemeiner Art gibt es noch die „außergewöhnlichen Belastungen in besonderen Fällen"; und in diesen Fällen gibt es keine zumutbare Eigenbelastung (→ Seite 140).

Steuerrechtlich ist Ihnen ein Kind immer dann zuzurechnen, wenn Sie für dieses Kind Anspruch auf Kindergeld haben. Alle entsprechenden Angaben hierzu machen Sie auf der **Anlage Kind**. Grundsätzlich sind mit den gewährten Kinderfreibeträgen alle Aufwendungen für Ihr Kind abgegolten. Eine Ausnahme gibt es, wenn Ihr Kind **zu Ausbildungszwecken** auswärts untergebracht ist. Eintragungen auf **Anlage Kind**, Seite 3, **Zeilen 51 bis 54**. Es wird Ihnen ab 2023 je Kind eine Pauschale in Höhe von (bisher 924 €) 1.200 € (= 100 € monatlich/anteilig) als außergewöhnliche Belastung (ohne zumutbare Eigenbelastung) gewährt.

Beginnt oder beendet Ihr Kind innerhalb des Jahres die auswärtige Unterbringung, so wird der Pauschbetrag nur anteilig für die betreffenden Monate gewährt. Getrennt lebende Elternteile können sich diesen Betrag teilen. Dieser Betrag ist eine Pauschale ohne Nachweis einzelner Kosten. Auch wenn Sie tatsächlich weitaus höhere Aufwendungen hatten – mehr als die Pauschale wird nicht anerkannt.

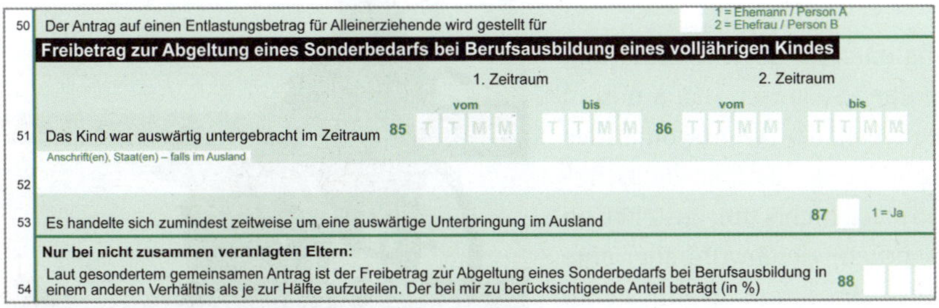

50 Der Antrag auf einen Entlastungsbetrag für Alleinerziehende wird gestellt für — 1 = Ehemann / Person A, 2 = Ehefrau / Person B

Freibetrag zur Abgeltung eines Sonderbedarfs bei Berufsausbildung eines volljährigen Kindes

	1. Zeitraum		2. Zeitraum	
	vom	bis	vom	bis
51 Das Kind war auswärtig untergebracht im Zeitraum	85 T T M M	T T M M	86 T T M M	T T M M

Anschrift(en), Staat(en) – falls im Ausland

52

53 Es handelte sich zumindest zeitweise um eine auswärtige Unterbringung im Ausland — 87 — 1 = Ja

Nur bei nicht zusammen veranlagten Eltern:

54 Laut gesondertem gemeinsamen Antrag ist der Freibetrag zur Abgeltung eines Sonderbedarfs bei Berufsausbildung in einem anderen Verhältnis als je zur Hälfte aufzuteilen. Der bei mir zu berücksichtigende Anteil beträgt (in %) — 88

Anlage Kind, Seite 3, Zeilen 50 bis 54.

Die zweite „besondere“ außergewöhnliche Belastung ohne Anrechnung einer zumutbaren Eigenbelastung sind Ihre **Unterstützungsleistungen an unterhaltsberechtigte Personen**; jedoch **keine** Personen, für die ein Anspruch auf Kindergeld besteht. Nur wenn Sie für Ihre Kinder keinen Kindergeldanspruch mehr haben, sollten Sie prüfen, ob Sie „außergewöhnliche Belastungen“ geltend machen können. Verwandte in gerader Linie (Großeltern, Eltern, Kinder) sind gesetzlich unterhaltsverpflichtet. Auch wer in „wilder Ehe“ lebt, ist dem Partner gegenüber zum Unterhalt verpflichtet.

Eine Bedürftigkeit liegt vor, wenn die unterstützte Person kein eigenes Einkommen und auch kein nennenswertes Vermögen hat. Sie können die Unterstützungen in Form von Naturalien oder Geld leisten. Der als außergewöhnliche Belastung anerkannte Jahres-Höchstbetrag beträgt 12.096 €, 2026 dann voraussichtlich 12.348 €. Aufgrund des Inflationsausgleichgesetzes wurde rückwirkend ab VZ 2022 der Höchstbetrag nun gekoppelt an den jeweiligen Grundfreibetrag. (→ S. 19). Hinzu kommen noch eventuell übernommene Kranken- und Pflegeversicherungsbeiträge (Basisversorgung). Auf diese Beträge angerechnet wird jedoch immer das gesamte eigene Einkommen der Person.

Als Einkommen zählen sowohl eine Ausbildungsvergütung als auch BAföG (nicht das Darlehen; nur der Zuschuss), Rente, Wohngeld, Arbeitslosengeld, Mutterschaftsgeld, Elterngeld usw. Tragen mehrere Personen zum Unterhalt bei, werden als außergewöhnliche Belastungen Ihre Unterhaltsleistungen nur anteilig angesetzt.

Lebt die unterstützte Person im Ausland, beispielsweise Ihre betagten Eltern mit einer ganz geringen Rente, gelten je nach Land andere Höchstbeträge und sehr strenge Anforderungen an die Nachweise. Sie müssen grundsätzlich Ihre Aufwendungen immer genau nachweisen und auch die Steuer-ID-Nummer angeben. Lebt die unterstützte Person bei Ihnen im Haushalt, setzen Sie für die Naturalleistungen den Höchstbetrag an. Be-

sonders häufig entsteht so eine Situation, wenn Kinder über 25 Jahren das Studium noch nicht beendet haben. Wenn volljährige Kinder aufgrund einer „aktiven Selbstfindungsphase" einfach nichts tun, besteht kein Kindergeldanspruch, gleichwohl aber eine Unterhaltspflicht der Eltern. Wenn Sie an einen Ex-Ehepartner Unterhaltszahlungen leisten und **nicht** das bereits erläuterte Realsplitting/Sonderausgabenabzug (→ Seite 128) wählen, können Sie die Zahlungen als außergewöhnliche Belastungen geltend machen. Sie benötigen dann keine Unterschrift des Expartners, sondern nur die Steuer-ID-Nummer und Sie müssen keinen Nachteil ausgleichen. Allerdings gelten auch in diesem Fall sowohl der Höchstbetrag als auch die Anrechnung des eigenen Einkommens. Die entsprechenden Eintragungen machen Sie in der **Anlage Unterhalt**. Bitte verwechseln Sie diese neue Anlage nicht mit der Anlage U – Letztere ist ausschließlich für Ehepartner beziehungsweise Ex-Ehepartner (→ Seite 128, Realsplitting/Sonderausgaben).

Wenn Sie eine nachgewiesene Schwerbehinderung haben, können Sie die damit in Zusammenhang stehenden Kosten als außergewöhnliche Belastungen von der Steuer absetzen. Sie haben grundsätzlich ein Wahlrecht, ob Sie Ihre entsprechenden Ausgaben im Einzelnachweis mühselig auflisten oder einen Pauschbetrag ohne Einzelnachweise absetzen möchten. Wählen Sie die Einzelnachweise, gilt die bereits erläuterte „zumutbare Eigenbelastung". Wählen Sie die Pauschale, so ist diese stets zusätzlich zu eventuellen anderen außergewöhnlichen Belastungen und es wird keine zumutbare Eigenbelastung abgezogen. Je nach Grad der Behinderung beträgt der jährliche Pauschbetrag:

Ein erhöhter Pauschbetrag von 7.400 € steht Blinden, Taubblinden oder hilflosen Menschen zu. Im Behindertenausweis wird das Merkzeichen H für „hilflos", „Bl" für blind oder „Tbl" für taubblind ausgewiesen. Sie können aber diesen Nachweis auch über den Pflegegrad (seit 2017; vorher Pflegestufe) oder die Zahlungen von Blindengeld führen; mitunter wird gerade bei Schwersterkrankten versäumt, einen Antrag auf Feststellung einer Behinderung zu stellen.

10	**Angaben zur Inanspruchnahme von Nachteilsausgleichen und zur Ausstellung eines Ausweises**
10.1	Ich beantrage die Feststellung der gesundheitlichen Voraussetzungen für folgende Merkzeichen: (Bitte beachten Sie die Erläuterungen unter 10.1 auf Seite 7 und kreuzen Sie gegebenenfalls an.) ☐ **G** ☐ **aG** ☐ **B** ☐ **RF** ☐ **TBl** ☐ **H** ☐ **1.Kl** ☐ **Bl** ☐ **Gl**
10.2	Ich benötige einen Schwerbehinderten-Ausweis. ☐ Ja ☐ Nein
10.3	Rückwirkende Feststellung
	HINWEIS Das Finanzamt gewährt den Pauschbetrag nach dem Einkommensteuergesetz (EStG) bereits für das Jahr der Antragstellung, wenn die Voraussetzungen an mindestens einem Tag im Kalenderjahr vorgelegen haben. Die Feststellung ist ab dem Tag des Antragseingangs gültig. Wenn Sie ein **besonderes Interesse** (z.B. Steuer/ Rente) glaubhaft machen, kann auch ein früherer Gültigkeits-Zeitpunkt bescheinigt werden.
	☐ Ich beantrage eine rückwirkende Feststellung ab dem — Datum
	wegen ☐ Steuer ☐ Rente ☐ ____________

Auszug aus dem Formular Antrag auf Schwerbehinderung (Seite 5).

→ TIPP Post mortem Gutachten

Oft versagt das Finanzamt den Pauschbetrag, weil eben eine Behinderung nicht nachgewiesen ist, sondern lediglich die Pflegebedürftigkeit. Ist der Betreffende zwischenzeitlich verstorben, ist ein Antrag auf Schwerstbehinderung nicht mehr möglich. **Aber** gemäß §65 (4) EStDV **muss** dann gegebenenfalls das Finanzamt eine gutachterliche Stellungnahme einholen.

Ein Behindertenpauschbetrag wird immer jährlich gewährt. Dies gilt auch dann, wenn die Behinderung nur an einem einzigen Tag im Kalenderjahr vorgelegen hat. Auf dem Behindertenausweis oder dem Schwerbehindertenbescheid ist immer eine Gültigkeit/Befristung angegeben. Meist ist der Gültigkeitsbeginn der Tag der Antragstellung. Die Eintragungen erfolgen seit 2019 in der Anlage „Außergewöhnliche Belastungen", **Zeile 4 bis 9**.

Mit dem Pauschbetrag werden lediglich die typischen außergewöhnlichen Belastungen, die durch die Behinderung entstehen und ohnehin schwierig nachzuweisen sind, abgegolten. Das sind zum Beispiel Kosten für die Hilfe bei den gewöhnlichen und regelmäßig wiederkehrenden Verrichtungen des täglichen Lebens, erhöhter Wäschebedarf, Pflegeaufwendungen usw. Diese dürfen nicht nochmals geltend gemacht werden. Untypische außergewöhnliche Belastungen können trotzdem noch zusätzlich berücksichtigt

Schwerbehinderten-Pauschbeträge

PAUSCHBETRÄGE BIS VZ 2020		PAUSCHBETRÄGE AB VZ 2021	
Grad der Behinderung von	Pauschbetrag in EUR	Grad der Behinderung von	Pauschbetrag in EUR
		20	384
25 und 30	310	30	620
35 und 40	430	40	860
45 und 50	570	50	1.140
55 und 60	720	60	1.440
65 und 70	890	70	1.780
75 und 80	1.060	80	2.120
85 und 90	1.230	90	2.460
95 und 100	1.420	100	2.840
Kennzeichen H/Tbl, Bl	3.700	Kennzeichen H/Tbl, Bl	7.400

werden. Beispielsweise zählen dazu Kurkosten, Operationskosten, Eigenleistungen für Körperersatzteile, Orthesen, Kfz-Kosten. Auch allgemeine, selbst getragene Krankheitskosten sind keineswegs mit dem Ansatz des Behindertenpauschbetrags erledigt. Bei einem Steuerpflichtigen, der seine Schwerbehinderung aufgrund einer Armamputation hat, mögen beispielsweise die Spezial-Reinigungstücher zur Pflege der Armprothese oder Salbe zur Stumpfpflege mit dem Pauschbetrag abgegolten sein; nicht jedoch seine Zahnarztkosten. Auch die Zuzahlungen zur Brille, die Fahrten zum Arzt wegen einer Grippe sind wie bei jedem nicht behinderten Steuerpflichtigen entsprechend als außergewöhnliche Belastungen ansetzbar. Alle Eintragungen erfolgen in der Anlage „Außergewöhnliche Belastungen".

→ **TIPP Rückwirkung nutzen**
Häufig bestand jedoch eine gesundheitliche Beeinträchtigung bereits mehr oder weniger lange vor der Antragstellung. Es ist auf jeden Fall ratsam, im Zweifel bei der Antragstellung (→ Seite 147) eine „Rückwirkung wegen Steuer" zu begehren. Der Pauschbetrag kann vom Behinderten oder von dessen Eltern (evtl. Großeltern) in Anspruch genommen werden. Wenn behinderte Kinder (zum Beispiel in Berufsausbildung) eine eigene Steuererklärung abgeben, ist es mitunter steuerlich vorteilhaft, wenn der Behindertenpauschbetrag trotzdem auf die Eltern übertragen wird beziehungsweise bleibt. In diesem Fall erfolgt die Beantragung über Eintragung auf Anlage Kind, **Zeilen 58 bis 65.**

KALENDER 2025
JANUAR
01 Do KW 01
02 Fr
03 Sa
04 So
05 Mo KW 02
06 Di
07 Mi OPTIKER
08 Do
09 Fr Hausarzt
10 Sa
11 So
12 Mo KW 03
13 Di
14 Mi
15 Do Gyn
16 Fr
17 Sa
18 So
19 Mo KW 04
20 Di Apotheke
21 Mi
22 Do Optiker
23 Fr
24 Sa
25 So
26 Mo HNO KW 05
27 Di Hausarzt
28 Mi
29 Do
30 Fr
31 Sa
FEBRUAR
01 So
02 Mo KW 06
03 Di
04 Mi
05 Do Physio
06 Fr
07 Sa
08 So
09 Mo KW 07
10 Di
11 Mi
12 Do
13 Fr
14 Sa
15 So
16 Mo KW 08
17 Di
18 Mi KLINIK
19 Do
20 Fr
21 Sa
22 So
23 Mo KW 09
24 Di APOTHEKE
25 Mi
26 Do Physio
27 Fr
28 Sa
MÄRZ
01 So
02 Mo KW 10
03 Di
04 Mi
05 Do Zahnarzt
06 Fr
07 Sa
08 So
09 Mo KW 11
10 Di Hausarzt
11 Mi
12 Do
13 Fr
14 Sa
15 So
16 Mo
17 Di
18 Mi Hausarzt
19 Do
20 Fr
21 Sa
22 So
23 Mo
24 Di
25 Mi
26 Do
27 Fr
28 Sa
29 So
30 Mo
31 Di
Martina / MARTIN
Entfernung in km
Optiker 8
HNO 11
Gyn 4
Physio 3
Zahnarzt 17
Apotheke 2
Hausarzt 5
Klinik 48
1. Quartal 2025
Entfernungen (km)
Klinik 48
Hausarzt (4 x 5) 20
Optiker (2 x 8) 16
Gyn 4
HNO 11
Physio (2x 3) 6
Apotheke 2
Zahnarzt 17
124 x 2 (hin und zurück) =
248 x 0,30 = 74,40 €

Was Sie auch noch kennen sollten

In diesem Kapitel stellen wir dar, warum Sie Zu- und Abflussdaten genau dokumentieren sollten. Zudem erhalten Sie Tipps bei der Qual der Veranlagungswahl.

Zu- und Abflüsse entscheiden

Vielleicht haben Sie sich schon einmal gefragt, in welches Jahr gehört dieser Beleg. Berechnet werden Ihnen Kosten für das zurückliegende Jahr 2023, aber die Rechnung kam erst Anfang 2024 und wurde dann auch erst bezahlt. Im Einkommensteuerrecht gilt prinzipiell das strenge Zu- und Abflussprinzip. Erst wenn Sie eine Zahlung tatsächlich erhalten haben, müssen Sie diese auch der Besteuerung unterwerfen. Aufwendungen dürfen Sie erst absetzen, wenn Sie diese auch bezahlt haben.

Bei Barzahlungen oder Überweisungen ist das Zu- beziehungsweise das Abflussdatum recht einfach zu erkennen. Schwieriger wird es, wenn Sie beispielsweise eine höhere Zahnarztrechnung in mehreren Raten bezahlen. Oder: Als Vermieter stunden Sie – mehr oder weniger freiwillig – Ihrem Mieter die Kaltmiete, jeweils 500 € für die Monate Oktober bis Dezember 2023. Im März 2024 zahlt Ihr Mieter dann außer der regulären Miete auch noch die 1.500 € für die letzten drei Monate des Vorjahres. Diese Mietzahlungen sind Ihnen somit erst in 2024 „zugeflossen" und auch erst in 2024 zu versteuern. In 2023 setzen Sie nur ein, was Sie auch tatsächlich bekommen haben.

Insbesondere bei den „außergewöhnlichen Belastungen" (→ Seite 139) ergeben sich ja ganz erhebliche Unterschiede in der Besteuerung. Für Sie wäre es auf jeden Fall vorteilhaft, die gesamte Rechnung in **einem** Kalenderjahr ansetzen zu können. Gewährt Ihnen der Zahnarzt selbst Teilzahlungsraten, so können Sie leider kalendarisch nur ansetzen, was Sie tatsächlich auch bereits bezahlt haben. Allerdings tritt Ihr Zahnarzt meistens seine Forderung Ihnen gegenüber an ein Kreditinstitut ab. Sie zahlen dann die Raten gar nicht mehr an den Zahnarzt, sondern haben, ohne sich dessen bewusst zu sein, an ein Kreditinstitut gezahlt. In diesem Fall können Sie sehr wohl die gesamte Zahnarztrechnung auf einmal von der Steuer absetzen. Natürlich dürfen Sie dann die Ratenzahlungen nicht nochmals als außergewöhnliche Belastungen eintragen. Bei den haushaltsnahen Dienstleistungen kann es für Sie vorteilhaft sein, Zahlungen auf zwei Kalenderjahre zu verteilen (→ Seite 163).

BEISPIEL

Ihre Krankenkasse teilt Ihnen im März 2026 mit, dass Sie für die ausgezahlte Direktversicherung ab Oktober 2025 monatlich 40 € Beiträge zu entrichten haben. Sie zahlen im April 2026 in einer Summe 280 € an die Krankenkasse für die sieben Monate von Oktober 2025 bis April 2026 und richten dann einen Dauerauftrag ein. Auch die in 2026 für 2025 gezahlten 120 € (3 x 40 €) fließen auf Ihrem Konto erst in 2026 ab und können daher erst in 2026 als Sonderausgaben berücksichtigt werden.

GUT ZU WISSEN

Ausnahme beim Zu- und Abflussprinzip, wenn es um außergewöhnliche Belastungen geht

Wenn Sie Erstattungen von dritter Seite erwarten – also zum Bespiel ein „Festzuschuss“ des Arbeitgebers zur Brille und Ihnen diese erst im folgenden Jahr „zufließt“ muss dieser Zuschuss gleichwohl bereits im Jahr des Brillenkaufs in Abzug gebracht werden.

Gleiches gilt, wenn Sie eine Erstattung der Beihilfe erst im Folgejahr Ihrem Konto gutgeschrieben wird.

Ist eine Erstattung ungewiss – das ist beispielsweise der Fall, wenn die Krankenkasse Zuschüsse zur Zahnspange nur gewährt, wenn Sie Behandlung bis zum Ende durchgehalten, sind Sie in der Pflicht, die Erstattungszahlung dem Finanzamt mitzuteilen. „Vergessen“ kann Ihnen als Steuerstrafbestand ausgelegt werden.

Von dieser Regel gibt es nur ganz wenige Ausnahmen. Bei regelmäßigen Einnahmen und Ausgaben (zum Beispiel Miete) ist eine Abweichung von kurzer Zeit (maximal zehn Tage) statthaft. Laufender Arbeitslohn gilt immer als im Lohnzahlungszeitraum bezogen, auch wenn er erst verspätet ausgezahlt wird. Die Lohnabrechnung Dezember wird erst am 15. Januar bezahlt; gleichwohl gilt der Dezemberlohn als auch im Dezember zugeflossen.

Die Qual der (Veranlagungs-)Wahl

Grundsätzlich wird jeder Steuerpflichtige für sich einzeln zur Steuer veranlagt (Einzelveranlagung). Verheiratete, nicht dauernd getrennt lebende, Ehepaare können die gemeinsame Veranlagung beantragen (Zusammenveranlagung). Gleichgeschlechtliche Paare wurden zwischenzeitlich bezüglich der Besteuerung gleichgestellt. Zur Gewährung der gemeinsamen Veranlagung reicht es aus, wenn mindestens an einem Tag im Kalenderjahr die Voraussetzungen erfüllt waren. Die sogenannte „besondere Veranlagung" gibt es seit 2013 nicht mehr.

Bei der Zusammenveranlagung wird für beide Ehepartner zusammen nur ein gemeinsamer Steuerbescheid erlassen. Zunächst werden für beide Partner getrennt die Einkünfte ermittelt und danach zusammengerechnet (GdE). Die Ermittlung des zu versteuernden Einkommens (ZVE) erfolgt dann für beide gemeinsam. Auf das zu versteuernde Einkommen wird dann der Splittingtarif angewandt.

GUT ZU WISSEN

Umwandlung in Ehe

Die Umwandlung einer eingetragenen Lebenspartnerschaft (möglich seit Sommer 2001) in eine Ehe gilt als „rückwirkendes Ereignis". Somit wäre eine gemeinsame steuerliche Veranlagung von Ehegatten für die Jahre 2001 bis 2012 möglich – sogar dann, wenn die Steuerbescheide bereits bestandskräftig sind. Denn der Splittingtarif gilt für die eingetragenen Lebenspartnerschaften erst ab Veranlagungszeitraum 2013.

Insgesamt ergibt sich bei einer Zusammenveranlagung ein steuerlicher Vorteil für die Ehepartner, wenn die Einkünfte unterschiedlich hoch sind. Dies ergibt sich insbesondere aufgrund des progressiven Steuersatzes (→ Steuerprogression, Seite 19).

→ **TIPP Wann Einzelveranlagung lohnt**

Bei der Zusammenstellung von Sonderausgaben (→ Seite 128 Versicherungen, Spenden) aber auch den außergewöhnlichen Belastungen (→ Seite 139) ist es sinnvoll, die Aufwendungen der Ehepartner jeweils getrennt zu erfassen. In einigen Konstellationen kann es vorteilhaft sein, die „Einzelveranlagung von Ehegatten" zu beantragen. Dann haben Sie die Wahl, ob die Ausgaben je zur Hälfte den beiden Ehegatten angerechnet werden oder aber genau zugeordnet. Dazu ist es notwendig, dass sie eben zuvor auch getrennt erfasst werden. Elektronische Steuerprogramme rechnen meist automatisch die für Sie beste Variante und geben einen entsprechenden Hinweis wenn alle Eingaben beendet sind.

Beantragt einer der Ehepartner eine „Einzelveranlagung von Ehegatten" (früher „getrennte Veranlagung"), muss das Finanzamt diese durchführen. Hiergegen kann der andere Ehepartner nur vorgehen, wenn die Einzelveranlagung für Ehegatten willkürlich beantragt wurde. Willkür kann gegeben sein, falls der beantragende Partner über keine oder nur geringe Einkünfte beziehungsweise über keine oder nur geringe Verluste verfügt.

Nur in einigen Fällen ist die Einzelveranlagung von Ehegatten günstiger. Zusätzlich kann noch über die Aufteilung von Sonderausgaben, außergewöhnlichen Belastungen und haushaltsnahen Aufwendungen entschieden werden. Ein entsprechender Antrag muss in der neuen Anlage „Sonstiges", **Zeile 21,** gestellt werden.

Soll auch der Pauschbetrag für auswärtige Unterbringung von Kindern zur Berufsausbildung oder Behindertenpauschbeträge von Kindern abweichend – also **nicht** hälftig aufgeteilt werden, müssen Sie diese Angaben auf der entsprechenden **Anlage Kind** eintragen. Wenn Sie ein PC-Steuerprogramm (→ Seite 183) nutzen, werden Sie in der Regel bereits vom Programm auf die für Sie günstigste Veranlagung hingewiesen.

Verstirbt ein Ehegatte, erfolgt im Jahr des Todes die Veranlagung ohne weitere Einschränkungen wie bei einer Zusammenveranlagung. Im Folgejahr ist keine Zusammenveranlagung mehr möglich. Es besteht jedoch Anspruch auf Anwendung des Splittingtarifes (sogenanntes Witwen- oder Witwersplitting). Darüber hinaus gibt es, soweit beide Ehegatten Arbeitnehmer sind/waren, nochmals eine Verdoppelung der Vorsorgepauschale (Sonderausgaben). Nicht zu verwechseln ist dieses Splitting mit dem sogenannten „Gnadensplitting" – ein besonderer Steuertarif für Ausnahmefälle. Erfolgt innerhalb eines Jahres die Trennung, Scheidung und Neuverheiratung, findet dieses Gnadensplitting Anwendung.

Mit der Steuerklasse wählen Sie als Steuerpflichtiger eigentlich nur die Höhe Ihrer „Vorweg-Steuerabzüge". Sie sind ohnehin nur dann betroffen, wenn Sie Einkünfte aus Nichtselbstständiger Tätigkeit (→ Seite 33) haben. So große Auswahl haben Sie dabei auch nicht, denn die Steuerklassen sind je nach Ihrer persönlichen Lebenssituation bereits vorgegeben. So ist die Steuerklasse I für Alleinstehende. Bei der Steuerklasse II wurde bereits der Alleinerziehungsfreibetrag für ein Kind (→ Seite 106) für Alleinstehende, die alleinerziehend sind, in die Steuertabelle eingearbeitet. Das gilt jedoch nicht für den „Corona-Aufschlag" 2020/2021. Betroffene sollten auf jeden Fall eine Steuererklärung einreichen. Der höhere Freibetrag für weitere Kinder ist auf jeden Fall gesondert zu beantragen. Der Steuerabzug ist entsprechend geringer. Steuerklasse IV ist für Verheiratete und entspricht weitestgehend der Steuerklasse I.

Kleine Eselsbrücke: Die möglichen Steuerklassenkombinationen für Verheiratete ergeben immer eine „8": IV plus IV; III plus V. Wenn Sie nach der Eheschließung dem Finanzamt gegenüber keine Erklärung abgeben, bekommen beide Ehegatten automatisch die Steuerklasse IV. Ehegatten können die Steuerklassenkombination III/V wählen. Die Steuerabzüge bei Steuerklasse III sind deutlich geringer als bei den anderen Steuerklassen. Diese „günstige" Steuerklasse gibt es aber nur **einmal** je Ehepaar. Haben beide Ehepartner Einkünfte aus nichtselbstständiger Tätigkeit, wird einer der beiden dann automatisch mit Steuerklasse V abgerechnet. Zu guter Letzt gibt es auch noch die Steuerklasse VI. Sie wird im Volksmund auch „zweite Steuerkarte" genannt. Arbeitnehmer mit mehreren Arbeitsstellen oder Rentner mit zwei Betriebsrenten müssen bei einem der beiden Arbeitgeber die Abzüge der Steuerklasse VI hinnehmen.

Ihr Arbeitgeber beziehungsweise Dienstherr führt von Ihrem Lohn oder der Pension Lohnsteuer, Solidaritätszuschlag und gegebenenfalls Kirchensteuer an das Finanzamt ab. Die Höhe der abzuführenden Steuern ermittelt die entsprechende Abrechnungsstelle anhand einer Steuer-Abzugstabelle unter Berücksichtigung Ihrer Steuerklasse. Diese Abzugstabelle wird regelmäßig vom Gesetzgeber angepasst. Diese so ermittelten Steuerabzüge sind aber nur bedingt korrekt. Ihr Arbeitgeber weiß ja zum Beispiel gar nichts über die Einkünfte Ihres Ehegatten oder Ihre anderen Einkünfte zum Beispiel aus Vermietung und Verpachtung. Eben deshalb geben Sie ja Ihre Steuererklärung ab, errechnen Ihr ZVE und ermitteln die tatsächlich zu zahlende Steuer. Die vom Arbeitgeber bereits für Sie gezahlten Steuern und Ihre eigenen Vorauszahlungen ziehen Sie ab. Erst dann ergibt sich Ihre Erstattung oder Nachzahlung. Sie können also mit der Wahl Ihrer Steuerklasse keine Steuern sparen, aber Ihren Nettolohn beeinflussen.

→ TIPP Lohnersatzleistungen

Der Nettolohn ist auch die Berechnungsgrundlage für all Ihre Lohnersatzleistungen wie Arbeitslosengeld, Krankengeld, Insolvenzgeld, Mutterschaftsgeld, Elterngeld, Verletztengeld, Übergangsgeld, Kurzarbeitergeld usw. Eine geschickte Steuerklassenwahl kann die Höhe der Lohnersatzleistungen deutlich verändern. Allerdings sollten Sie sich sehr zeitig Gedanken dazu machen. Für die Berechnung werden stets zurückliegende Monate zugrunde gelegt.

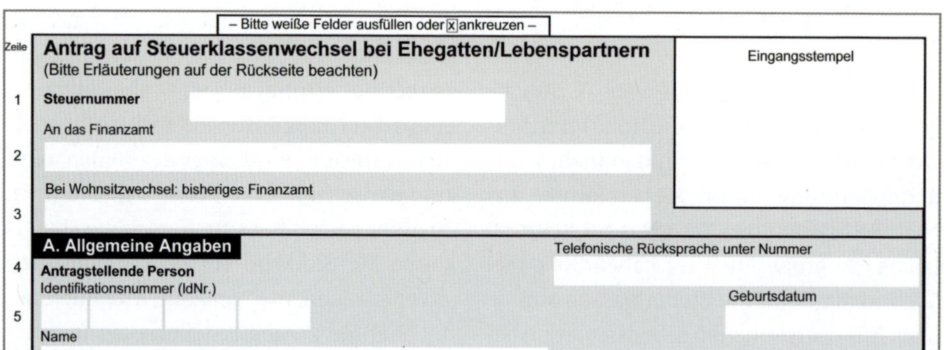
– Bitte weiße Felder ausfüllen oder [x] ankreuzen –

Zeile

Antrag auf Steuerklassenwechsel bei Ehegatten/Lebenspartnern
(Bitte Erläuterungen auf der Rückseite beachten)

Eingangsstempel

1 **Steuernummer**

An das Finanzamt

2

Bei Wohnsitzwechsel: bisheriges Finanzamt

3

A. Allgemeine Angaben

Telefonische Rücksprache unter Nummer

4 **Antragstellende Person**
Identifikationsnummer (IdNr.)

Geburtsdatum

5

Name

6

Antrag auf Steuerklassenwechsel.

Die aktuell viel diskutierte Abschaffung der Steuerklassen 3/5 soll laut Steuerentwicklungsgesetz erst ab 2030 in Kraft treten. Ob das jedoch tatsächlich eintritt, steht noch in den Sternen.

Ihr Nettolohn hat mitunter Auswirkungen bei der Berechnung von Unterhaltszahlungen und Lohnersatzleistungen.

Wenn bislang die Steuerklasse nur innerhalb eines Jahres – und nur in Ausnahmefällen mehrmals – gewechselt werden konnte, so ist seit dem 1.1.2020 der beliebig häufige Wechsel möglich - allerdings stets nur bis zum 30. November des Jahres.

Aktuell wirbt das Finanzamt als Erläuterungstext in Steuerbescheiden mit dem sogenannten Faktorverfahren (→ Abbildung unten). Beim Faktorverfahren haben beide Ehegatten die Steuerklasse IV. Sie können beim Finanzamt den Antrag stellen, die Steuerabzüge zu „egalisieren“. Sie geben das voraussichtliche Einkommen beider Ehepartner an und das Finanzamt berechnet die einzubehaltende Steuer anhand des „Faktors“. So soll die möglichst faire Verteilung der Steuerabzüge auf die beiden Ehegatten erreicht werden. Je genauer Ihre Angaben mit den (sich ja erst später ergebenden) tatsächlichen Verhältnissen übereinstimmen, desto geringer werden Nachzahlungen beziehungsweise Steuererstattungen ausfallen.

Progressionsvorbehalt

Gewiss haben Sie auf Bescheinigungen des Arbeitsamts oder Ihrer Krankenkasse schon einmal einen Hinweis gelesen: „Diese Leistung ist steuerfrei, muss aber in der Steuererklärung angegeben werden und unterliegt dem Progressionsvorbehalt.“ Tatsächlich wird für Lohnersatzleistungen keine Steuer einbehalten. Sie bleiben auch steuerfrei, allerdings wird Ihr persönlicher Steuersatz angepasst.

> Sie haben im Veranlagungszeitraum die Steuerklassenkombination III/V gewählt. Bei der Person mit Steuerklasse V ergibt sich oftmals eine überproportionale Belastung mit Lohnsteuer. Außerdem kann es zu Nachzahlungen bei der Einkommensteuerveranlagung kommen. Alternativ haben Sie die Möglichkeit, die Steuerklassenkombination IV/IV mit Faktor zu wählen. Damit wird der Lohnsteuerabzug der voraussichtlichen gemeinsamen Jahressteuerschuld weitgehend angenähert. Das Faktorverfahren kann bei Ihrem Wohnsitzfinanzamt mit dem Vordruck "Antrag auf Steuerklassenwechsel bei Ehegatten / Lebenspartnern" beantragt werden und ist zwei Kalenderjahre gültig. Soll das Faktorverfahren darüber hinaus Anwendung finden, ist eine erneute Antragstellung erforderlich. Bei der Steuerklassenkombination IV/IV mit Faktor besteht ebenfalls die Verpflichtung zur Abgabe einer Einkommensteuererklärung.

Beispiel für Erläuterungstext zum Faktorverfahren im Steuerbescheid.

Unter Progressionsvorbehalt stehen neben diversen Lohnersatzleistungen auch ausländische Einkünfte, die nach Doppelbesteuerungsabkommen in Deutschland steuerfrei bleiben. Der Gesetzgeber will so verhindern, dass Steuerpflichtige, die zum Teil steuerfreie Einkünfte haben, die restlichen steuerpflichtigen Einkünfte nur mit einem geringen Steuersatz versteuern.

Sie berechnen Ihr ZVE. Dann addieren Sie die unter Progressionsvorbehalt stehenden Leistungen hinzu. Mit diesem erhöhten „fiktiven“ steuerpflichtigen Betrag ermitteln Sie Ihren persönlichen Steuersatz. Diesen nunmehr höheren Steuersatz wenden Sie dann auf Ihr ZVE (ohne die Progressionsleistungen) an (→ Seite 19).

Es gibt auch negative Progressionsleistungen. Diese wirken sich dann entsprechend steuermindernd aus. Sie haben beispielsweise negative Progressionsleistungen, wenn Sie Krankengeld oder Arbeitslosengeld zurückzahlen mussten oder ausländische Verluste einbezogen werden können.

Mäßige Ermäßigung: „Fünftel-Regelung“

Hartnäckig hält sich das Gerücht, Abfindungen seien steuerfrei oder würden nur zu einem Fünftel besteuert. Tatsächlich waren noch bis 2003 Abfindungen steuerbefreit. Heute sind Abfindungszahlungen grundsätzlich in voller Höhe zu versteuern; allerdings sind sie meistens sozialversicherungsfrei. Abfindungen und Vergütungen für mehrjährige Tätigkeit zählen steuerrechtlich zu den „außerordentlichen Einkünften“. Wenn Sie eine Abfindung für den Jobverlust erhalten,

erhöhen sich in diesem einen Jahr Ihre Einkünfte außerordentlich. Aufgrund der Steuerprogression steigt dann auch Ihr persönlicher Steuersatz. Ohne die ermäßigte Besteuerung würden Sie unter Umständen auch außerordentlich stark mit Steuer belastet. Das Finanzamt prüft sehr genau, ob es sich überhaupt um eine Abfindung, Entlassungsentschädigung wegen Aufgabe des Arbeitsplatzes handelt. Nicht ausgezahlte Überstunden, Urlaubsansprüche, Bonuszahlungen gehören nicht zu den begünstigten Einkünften. Auch Abfindungszahlungen in Raten führen meist zu einem Verlust der Steuerbegünstigung. In Einzelfällen kann sich sogar eine höhere Steuerbelastung ergeben.

Die begünstigte Versteuerung kann ab 2025 nur noch über eine Steuererklärung beantragt werden – nicht mehr automatisch vom Arbeitgeber.

BEISPIEL

Selma Wühlmaus hat ein „normales" Einkommen abzüglich Werbungskosten von 50.000€ jährlich. In diesem Jahr erhält sie zusätzlich eine Abfindung für die Aufgabe ihres Arbeitsplatzes in Höhe von immerhin 20.000 € – mehr als sechs Jahre war sie dort beschäftigt. Die Fünftel-Regelung findet Anwendung.
Zunächst wird die Steuer laut Steuertabelle auf das „normale" Einkommen (50.000 €) mit 12.636 € ermittelt.
Im nächsten Schritt wird 1/5 der Abfindung (20.000 € x 20 % = 4.000 €) zu dem „normalen" Einkommen hinzugerechnet – also 50.000 € + 4.000 € ergibt Total 54.000 € und die hierauf entfallende Steuer in der Tabelle abgelesen. Das sind bei Selma Wühlmaus 14.285 € fiktive Steuer.
Im dritten Rechenschritt wird die Differenz zwischen der „normalen" und der fiktiven Steuer ermittelt (14.285 € – 12.636 € = 1.649 €. Da ja nur ein Fünftel der Abfindung zugrunde gelegt wurde, muss dieses Ergebnis nun noch hochgerechnet werden. Also 1.649 € x 5 = 8.245 €. Diese Steuer muss Selma wohl oder übel auf Ihre Abfindung zahlen.
Würde die Fünftel-Regelung keine Anwendung finden, müsste allein die Abfindung (50.000 € + 20.000 € = 70.000 €) mit 8.369 € besteuert werden. Die Steuerermäßigung ist im Beispielfall mit 124 € mäßig, sehr mäßig (8.369 € – 8.245 €).
Je höher die Differenz zwischen dem normalen Lohn und der Abfindung ist, desto höher ist jedoch der Steuerspareffekt.
Hinzu kommen dann auch noch die Ermäßigung beim Solidaritätszuschlag und gegebenenfalls der Kirchensteuer.

FORTFÜHRUNG BEISPIEL

Das bedeutet für Selma Wühlmaus: Aufgabe des Arbeitsplatzes in 2020 mit mehr als sechsjähriger Betriebszugehörigkeit: 3.312 € x 6 Jahre = 19.872 € könnte sie also steuerfrei in eine betriebliche Altersvorsorge einzahlen. Von den zugesagten 20.000 € Abfindung würden dann nur die verbleibenden 128 € direkt versteuert; der Rest dann eben bei Auszahlung – nachgelagert.
Selma überlegt noch, ob sie nur die Hälfte, also 10.000 € einzahlen soll und für den Rest die Fünftel-Regelung in Anspruch nimmt – obwohl, dann rechnet sich der Vorteil ja noch weniger, denkt sie ...

→ **TIPP Kirchensteuer**
Prüfen Sie, ob Sie sich eventuell einen Teil der gezahlten Kirchensteuer erstatten lassen können. Hinweise dazu im Steuerbescheid.

Seit 2018 gibt es eine neue Möglichkeit, steuerbegünstigt für das Alter vorzusorgen. Der Gesetzgeber fördert großzügig, wenn Sie Beträge aus einer Abfindung wegen Beendigung des Arbeitsverhältnisses in eine betriebliche Altersvorsorge einzahlen. Möglich sind Einzahlungen in eine Direktversicherung, eine Pensionskasse oder einen Pensionsfond.

Mit dieser Sonderregelung können Beträge bis zu 33.120 € (Ausscheiden in 2020) steuerfrei in eine bAV (= betriebliche Altersvorsorge) eingezahlt werden. Aber denken Sie daran - diese Beträge werden „nachgelagert" besteuert, das heißt bei der späteren Auszahlung so wie im Kapitel über Altersvorsorgeverträge Seite 85 ff. beschrieben.

Der geförderte Höchstbetrag errechnet sich aus der im Jahr des Ausscheidens geltenden Beitragsbemessungsgrenze in der allgemeinen Rentenversicherung/West x 4 % und der Anzahl der Kalenderjahre, in denen das Arbeitsverhältnis bestanden hat; maximal werden jedoch 10 Jahre berücksichtigt. Der Fachmensch spricht daher von „Vervielfältigungsregelung".

Beitragsmessungsgrenzen (BMG) der allgemeinen Rentenversicherung (West) der letzten Jahre (alle Angaben in Euro)

BMG	MONATLICH	JÄHRLICH	4%	MAX. 10 JAHRE
2018	6.500 €	78.000 €	3.120 €	31.200 €
2019	6.700 €	80.400 €	3.216 €	32.160 €
2020	6.900 €	82.800 €	3.312 €	33.120 €
2021	7.100 €	85.200 €	3.408 €	34.080 €
2022	7.050 €	84.600 €	3.384 €	33.840 €
2023	7.300 €	87.600 €	3.504 €	35.040 €
2024	7.550 €	90.600 €	3.624 €	36.240 €
2025	8.050 €	96.600 €	3.864 €	38.640 €
2026	8.450 €	101.400 €	4.056 €	40.560 €

Hundedame Holleena, Bürohund unserer Autorin – steuererprobt.

Haushaltsnahe Aufwendungen und Energieersparnis

Hier geht es um haushaltsnahe Dienstleistungen und Handwerkerrechnungen.Wir zeigen Ihnen außerdem, wie Sie mit energetischen Maßnahmen nicht nur Energie, sondern auch Steuern sparen können.

Diese relativ neue Regelung im Steuerrecht § 35a EStG (erste Anwendung 1.1.2009) birgt ein interessantes Sparpotenzial. Regelmäßig gibt es gerade zu diesem Thema neue Urteile bezüglich Anwendung und Auslegung. Bevor Sie in den „Spargenuss" kommen, müssen Sie unbedingt einige Regeln beachten. Dafür ist dann aber die Steuerersparnis beachtlich – denn die Ermäßigung nach § 35a EStG wird nicht wie die Werbungskosten, Sonderausgaben oder außergewöhnliche Belastungen vom ZVE abgezogen, sondern direkt von der geschuldeten Steuer. Das bedeutet im Umkehrschluss – wer gar keine Steuer bezahlen muss, bekommt auch keine Erstattung für „Handwerkerleistungen" wie oft rechtsirrtümlich versprochen wird.

Mit dieser Gesetzesregelung wurde der Schwarzarbeit der Kampf angesagt. Wenn Sie Ihre entsprechenden Ausgaben geltend machen wollen, ist eine **ordnungsgemäße Rechnung** und **unbare Zahlung** – also zum Beispiel Überweisung oder Lastschrift – zwingend notwendig. Eine Barquittung reicht leider nicht aus.

Auf der Rechnung müssen Material, Lohn, Maschinenstunden (zum Beispiel auch Baggereinsatz) und Anlieferung getrennt aufgeführt werden. Maschinenstunden und Lieferung gehören wie der Arbeitslohn zu den begünstigten Leistungen, und zwar zuzüglich gezahlter Umsatzsteuer. Denken Sie beispielsweise daran, wenn Sie ein neues Elektrogerät kaufen. Auch bei einer neuen Einbauküche sollten Lieferung und Montagekosten stets separat ausgewiesen werden. Materialkosten werden steuerlich grundsätzlich nicht berücksichtigt.

Eine weitere Voraussetzung ist, dass die Leistungen **in** Ihrem Haushalt erledigt wurden – nicht **für** Ihren Haushalt. Als Haushalt versteht der Gesetzgeber Ihre selbst bewohnte Wohnung oder Haus, aber auch eine eigengenutzte Zweit- oder Ferienwohnung in der EU oder EWR (also auch die Finca in Spanien). Insofern gehört die Grabpflege des Friedhofgärtners ebenso wenig dazu wie die Reinigung von Gardinen und Teppichen, wenn Sie diese außer Haus geben. Holt der Dekorateur jedoch die Gardinen ab und bringt sie gewaschen und gebügelt retour, ist dieser Anteil für Abholung/Lieferung und Aufhängen begünstigt.

Zum Haushalt gehört auch das Grundstück und sogar die öffentlichen Gehwege, die Sie ja vom Laub befreien und im Winter schnee- und eisfrei halten müssen. Auch Ihr Haustier lebt in Ihrem Haushalt. Bringen Sie während des Urlaubs Hund oder Katze in eine Pension, besteht kein Zusammenhang mit Ihrem Haushalt. Sie können diese Kosten nicht absetzen. Bestellen Sie jedoch einen „Haussitter", der die Blumen gießt, Post aus dem Kasten holt und Ihre Haustiere füttert, handelt es sich um eine begünstigte Dienstleistung.

Wer mit mehreren Personen in einem Haushalt lebt, zum Beispiel in Wohngemeinschaften oder „wilder Ehe", kann die Höchstbeträge nur einmal je Haushalt bekommen. Allerdings können Sie entsprechend der Zahlung eine genaue Zuordnung vornehmen.

Bei einem Umzug wird die neue Wohnung erst zu Ihrem Haushalt, wenn Sie auch darin wohnen. Steuerlich interessant ist es also, kleinere Renovierungen erst **nach** dem Einzug machen zu lassen.

Als Steuerabzug gibt es immer 20 % der begünstigten Leistungen. Die Höchstbeträge je Kalenderjahr und Haushalt sind insgesamt 5.710 €, aufgeteilt in:

LEISTUNG	STEUERERSPARNIS
Handwerkerleistungen: 6.000 €	**maximal 1.200 €**
Haushaltshilfe/ Minijob: 2.550 €	**maximal 510 €**
Haushaltsnahe Dienstleistung/Pflege: 20.000 €	**maximal 4.000 €**
Gesamtsumme	**maximal 5.710 €**

Die Grenzen sind häufig fließend. So gehört die Gartengestaltung beispielsweise zu den Handwerkerleistungen, während Rasenmähen und Heckeschneiden haushaltsnahe Dienstleistungen darstellen. Bei höheren Ausgaben innerhalb eines Jahres lohnt sich eine geschickte Aufteilung. Sollten Sie mit einem Steuerprogramm Ihre Erklärung erstellen, berechnet häufig das Programm selbstständig, welche Aufteilung zur größten Steuerersparnis führt. Wenn Sie Ihre Haushaltshilfe bei der Minijob-Zentrale/ Haushaltsscheckverfahren angemeldet haben, können Sie den Lohn **und** die Sozialabgaben bis zu 2.550€ im Jahr bei der Steuer angeben. Ihre Haushaltshilfe ist ordnungsgemäß beschäftigt, die Pauschalsteuer wird abgeführt und Sie sparen sogar:

BEISPIEL I

Die Haushaltshilfe Maria Sauber ist Hausfrau und über ihren berufstätigen Ehemann familienversichert. Für 3 bis 4 Stunden die Woche unterstützt sie die berufstätige Patricia Streber im Haushalt und erhält hierfür 120 € je Monat. Patricia hat Maria bei der Minijob-Zentrale angemeldet und zahlt monatlich Beiträge an die Minijob-Zentrale sowie 120 € an Maria. Im Kalenderjahr also 12 x 120 € = 1.440 € plus 215,14 €, gesamt also 1.655,14 €. Für Maria ist das Geld legal und sogar versteuert; Patricia hingegen kann sich 331,03 € (20 % von 1.655,14 €) vom Finanzamt als Steuererstattung zurückholen.

BEISPIEL 2

Hartmut Schlau will seine Haushaltshilfe „Perla Anonym“ nicht anmelden, weil er die Sozialversicherungsabgaben sparen möchte. Ganz wohl ist ihm nicht dabei – er hat Krach mit dem Nachbarn und befürchtet immer, dass er eine Anzeige bekommt. Auch er zahlt 120 € im Monat – kann aber nichts bei seiner Steuer angeben. Außerdem hat ihm sein Versicherungsberater eine private Unfallversicherung für die Haushaltshilfe empfohlen – weitere nicht absetzbare Kosten in Höhe von circa 60 € pro Jahr.
Von seiner Bekannten, Patricia Streber, erfährt er, dass die Minijob-Zentrale ja gar nicht so viel berechnet: knapp 18 €/ Monat = 215,14 € abzüglich private Unfallversicherung 60 €, denn die braucht er dann ja nicht mehr. Das macht für ihn Mehrkosten von 155,14 € im ganzen Jahr und gibt ihm ein gutes Gewissen. Die Steuererstattung – genau wie bei Patricia 331,03 € – ist ein zusätzliches „Bonbon“. Die Zahlungen an die Minijob-Zentrale sind ja sogar niedriger als die Steuerersparnis – und die Anmeldung ist wirklich kinderleicht!

[redacted]

die
minijobzentrale

Anlage

einfach. informieren. anmelden.

Minijob-Zentrale • 45115 Essen

Deutsche Rentenversicherung
Knappschaft-Bahn-See
Dezernat VII.3/HHS
45115 Essen
minijob-zentrale.de

Haushaltsscheck-Verfahren

Ihr/e Ansprechpartner/in
[redacted]

Servicezeit
Montag - Freitag 07.00 - 17.00 Uhr

Tel. 020 [redacted]
Fax 020
E-Mail minijob@minijob-zentrale.de

Online-Kontaktformular
minijob-zentrale.de/kontaktformular
(Gesicherte Datenübertragung)

[redacted]

Ihr Zeichen, Ihre Nachricht vom

Bitte bei allen Rückfragen angeben!
Betriebsnummer
[redacted]

Datum
05. Februar 2021

Haushaltsscheck-Verfahren, Betriebsnummer: [redacted]
Bescheinigung für das Finanzamt
Name, Vorname der/des Beschäftigten: [redacted]
Versicherungsnummer (gegebenenfalls nur Geburtsdatum): [redacted]

Abgabenberechnung/-übersicht
Beträge in Euro

Zeitraum	Arbeitsentgelt	KV	RV	UV	U1	U2	Einheitliche Pauschsteuer	Summe der Abgaben
01.01.20-30.06.20	720,00	36,00	36,00	11,52	6,48	1,37	14,40	105,77
01.07.20-30.09.20	360,00	18,00	18,00	5,76	3,24	0,68	7,20	52,88
01.10.20-31.12.20	360,00	18,00	18,00	5,76	3,60	1,40	7,20	53,96
Summe	1440,00	72,00	72,00	23,04	13,32	3,45	28,80	212,61
Aufwendungen für geringfügige Beschäftigungen im Privathaushalt								1652,61

Erläuterungen zur vorstehenden Tabelle finden Sie auf der Rückseite.

Mit freundlichen Grüßen
Ihre Minijob-Zentrale
Dieses Schreiben ist auch ohne Unterschrift gültig.

Bitte geben Sie bei jedem Schriftwechsel unbedingt die Betriebsnummer an.

Wir gehen sorgfältig mit Ihren Daten um. Hinweise zum Datenschutz finden Sie in der Fußleiste auf unserer Homepage.

Abb. 17: Muster für Bescheinigung der Minijobzentrale.

→ **TIPP Kurzfristige Beschäftigung**
Ist die Beschäftigung der Haushaltshilfe nur vorübergehend geplant, gibt es evtl. die Möglichkeit, sie als kurzfristig Beschäftigte bei der Minijobzentrale anzumelden. Dann fallen lediglich Umlagen von knapp 3 Prozent an.

Abgaben an die Minijobzentrale für private Arbeitgeber (Stand 2025)

für Mitarbeiter:innen im Privathaushalt (Prozentangaben jeweils vom Bruttolohn)

ABGABEARTEN	MINIJOB	KURZFRISTIGE BESCHÄFTIGUNG
Krankenversicherung	5 %	Keine Abgaben
Pflegeversicherung	Keine Abgabe	Keine Abgaben
Rentenversicherung Pauschalbeitrag Arbeitgeber	5 %	Keine Abgaben
Rentenversicherung Minijobber (Verzicht möglich, dann ArbG. 5 %)	13,6 %	Keine Abgaben
Umlage 1 (U1)	0,8 %	0,8 %
Umlage 2 (U2)	0,22 %	0,22 %
Gesetzliche Unfallversicherung	1,6 %	1,6 %
Arbeitslosenversicherung	Keine Abgabe	Keine Abgaben
Insolvenzgeldumlage	Keine Abgabe	Keine Abgaben
Steuer	2 % pauschal (inkl. KiSt, Soli.)	Individuelle Besteuerung durch die Haushaltshilfe (persönlicher Steuersatz)

Haushaltsnahe Dienstleistungen (HhnDL) **& Handwerkerleistungen** (HWL)

MASSNAHME	NICHT BEGÜNSTIGT	BEGÜNSTIGT ALS HHNDL	HWL
Abflussrohrreinigung			X
Ablesedienste und Abrechnung bei Verbrauchszählern (Strom, Gas, Wasser, Heizung usw.)	X		
Arbeiten an Dach, Bodenbelägen, Fassade, Garage, Innen-/Außenwänden, Zu-/Ableitungen			X
Architektenleistung	X		
Aufstellen eines Baugerüstes			X
Aufzugnotruf	X		
Austausch/Modernisierung Einbauküche, Bodenbeläge, Fenster, Treppen, Türen			X
Carport, Terrassenüberdachung			X
Dachgeschossausbau			X
Dachrinnenreinigung			X
Dichtheitsprüfung von Abwasseranlagen			X
Elektroanlagen, Wartung/Reparatur			X
Energiepass	X		
Erstellung oder Hilfe bei der Erstellung der Steuererklärung	X		
„Essen auf Rädern“	X		
Fäkalienabfuhr	X		
Fahrstuhl Wartung/Reparatur			X
Friseur-, Hand-/Fußpflege-, Kosmetikleistungen		X**)	
Gartenpflegearbeiten (z. B. Rasen mähen, Hecken schneiden, inkl. Grünschnittentsorgung als Nebenleistung) innerhalb des Haushalts		X	
Grabpflege	X		
Graffiti-Beseitigung			X
Hausarbeiten/-reinigung (Bügeln, Putzen usw.)		X	
Haushaltsauflösung	X		
Hauslehrer	X		
Hausmeister, Hauswart, Hausreinigung		X	
Hausnotrufsystem		X***)	
Hausverwalterkosten/-gebühren	X		
Heizung: Verbrauch/Zählermiete, Ablesedienst-/Abrechnungskosten	X		
Heizung: Garantiewartungsgebühren, Wartung, Reparatur, Austausch Zähler, Schornsteinfeger			X

Haushaltsnahe Dienstleistungen (HhnDL) & Handwerkerleistungen (HWL)

MASSNAHME	NICHT BEGÜNSTIGT	BEGÜNSTIGT ALS HHNDL	HWL
Kfz-Reparatur	X		
Klavierstimmer			X
Kleidungs-/Wäschepflege und -reinigung innerhalb des Haushalts		X	
TÜV-Kontrollmaßnahmen (z. B. Fahrstuhl, Treppenlift)			X
Legionellenprüfung			X
Makler	X		
Montageleistungen im Haushalt, z.B. beim Erwerb neuer Möbel			X
Pilzbekämpfung			X
Rechtsberatung	X		
Reparatur, Wartung, Pflege von Fenstern, Türen, Maschinen, Geräten (Herd, TV, PC usw.), Schränken			X
Schadensfeststellung, Ursachenfeststellung (z. B. bei Wasserschaden, Rohrbruch)			X
Schadstoffsanierung			X
Schädlings- und Ungezieferbekämpfung		X*)	X*)
Sperrmüllabfuhr	X		
Statiker	X		
Straßenreinigung bei Pflicht des Steuerpflichtigen		X	
Taubenabwehr		X*)	X*)
Tierbetreuung/-pflegekosten innerhalb des Haushalts		X	
Umzäunung, Stützmauer o. Ä. innerhalb des Haushalts			X
Umzugsdienstleistungen für Privatperson		X*)	X*)
Verwaltergebühr	X		
Wachdienst, innerhalb des Haushalts		X	
Wartung: Aufzug, Heizung/-Tankreinigung, Feuerlöscher, CO_2-Warngeräte, Pumpen, Abwasser-Rückstau-Sicherungen			X
Wasserschadensanierung (wenn nicht von Versicherung erstattet)			X
Zubereitung von Mahlzeiten im Haushalt des Steuerpflichtigen		X	

*) Abgrenzung im Einzelfall.

**) nur soweit sie zu den Pflege- und Betreuungsleistungen gehören, wenn sie im Leistungskatalog der Pflegeversicherung aufgeführt sind und der Behindertenpauschbetrag nicht geltend gemacht wird.

***) Kosten innerhalb des sogenannten „Betreuten Wohnens“ im Rahmen einer Seniorenwohneinrichtung.

Wenn Sie Rechnungen bereits bei den Werbungskosten (zum Beispiel Umzugskosten), Sonderausgaben oder außergewöhnlichen Belastungen eingetragen haben, können Sie diese nicht nochmals als haushaltsnahe Dienstleistung ansetzen. Mieter können die entsprechenden Beträge aus der jährlichen Nebenkostenabrechnung des Vermieters ablesen. Bei Wohnungseigentumsgemeinschaften stellt der Verwalter die Beträge für die selbst genutzte Wohnung zusammen. Es gilt das Zu- und Abflussprinzip (→ Seite 141). Da Sie die Abrechnungen erst im Folgejahr bekommen, können Sie in Ihrer Steuererklärung 2025 die Nebenkosten des Jahres 2024 angeben. Wenn sich Arbeiten über längere Zeit hinziehen, können Sie unter Umständen durch Abschlagszahlungen an den Handwerker Ihren Freibetrag von ZWEI Kalenderjahren nutzen. Auch in Seniorenheimen und Einrichtungen „Betreutes Wohnen" sind meist neben der Miete begünstigte Pflegeleistungen, haushaltsnahe Dienstleistungen und Handwerkerleistungen enthalten. Diese sollten Sie sich bescheinigen lassen.

Eine beispielhafte Aufzählung begünstigter und nicht begünstigter haushaltsnaher Dienstleistungen und Handwerkerleistungen finden Sie auf Seite 168/169.

Alle Eintragungen erfolgen in der Anlage **„Haushaltsnahe Aufwendungen“**.

→ **TIPP Schon gefördert?**
Wenn bereits andere Förderungen wie z. B. KfW-Kredite oder steuerfreie Zuschüsse in Anspruch genommen wurden, ist kein Ansatz möglich.

Mit der Tabelle auf Seite 168/169 können Sie sich vielleicht einen besseren Eindruck verschaffen, was alles zu den geförderten haushaltsnahen Dienst- und Handwerkerleistungen zählt. Sie zeigt aber nur einen Ausschnitt der Möglichkeiten. Die komplette Liste und weitere Informationen finden Sie zum Beispiel als PDF-Download beim Finanzministerium Mecklenburg-Vorpommern: www.steuerportal-mv.de/Steuerrecht/Rund-ums-Grundstück/Haushaltsnahe-Dienstleistungen/(§35a EStG, Anlage zum BMF-Schreiben vom 9. November 2016, aktualisiert 2021).

„Das Steuerrecht ist Erziehung zur Kleinlichkeit.“

Otto Galo

! GUT ZU WISSEN

Software berechnet Vorteile

PC-Steuerprogramme (→ Seite 183) prüfen, welcher Ansatz von haushaltsnahen Aufwendungen für Sie vorteilhafter ist: zum Beispiel Werbungskosten oder Dienstleistungen beim berufsbedingten Umzug; außergewöhnliche Belastungen oder haushaltsnahe Dienstleistungen beim behindertengerechten Umbau.

Energetische Maßnahmen

Seit 1.1.2020 gibt es eine weitere Steuerermäßigung – geregelt in § 35c EStG:

Steuerermäßigung für energetische Maßnahmen bei zu eigenen Wohnzwecken genutzten Gebäuden.

Diese großzügige Steuerersparnis gibt es nur für Steuerpflichtige, die ihr Eigenheim oder eine Eigentumswohnung ganzjährig selbst bewohnen. Sie gilt also NICHT für vermietete Häuser/Wohnungen und nicht für Mieter, sondern eben nur für die Eigentümer selbst. Gehört ein Haus/Eigentumswohnung mehreren Personen, zum Beispiel Ehegatten, gibt es das Steuerbonbon jedoch nur EINMAL je Objekt. Außerdem muss es bei Durchführung der begünstigten Maßnahmen älter als 10 Jahre sein. Die 10-Jahresfrist wird ab Bauantrag beziehungsweise ab Baubeginn berechnet (gilt auch im EU/EWR-Gebiet).

Wenn Sie diese Voraussetzungen erfüllen, hat es sich für Sie gelohnt, dass Sie beispielsweise mit der Anschaffung einer neuen Heizung gewartet haben. Denn so üppig gefördert werden nur „energetische Maßnahmen" wie die Überschrift des neuen Paragrafen bereits vermuten lässt:

„Energetische Maßnahmen im Sinne des Satzes 1 sind:

1. Wärmedämmung von Wänden,
2. Wärmedämmung von Dachflächen,
3. Wärmedämmung von Geschossdecken,
4. Erneuerung der Fenster oder Außentüren,
5. Erneuerung oder Einbau einer Lüftungsanlage,
6. Erneuerung der Heizungsanlage,
7. Einbau von digitalen Systemen zur energetischen Betriebs- und Verbrauchsoptimierung und
8. Optimierung bestehender Heizungsanlagen, sofern diese älter als zwei Jahre sind."

BEISPIEL

Paul Penibel hat ein Haus aus den 1950er-Jahren geerbt und wohnt seit Sommer letzten Jahres selbst darin. Er wollte schon länger eine neue Heizung einbauen lassen, hatte aber auf das Frühjahr gewartet. Das Fachunternehmen Heiß & Kalt bekam letztlich den Zuschlag und alles in allem kostete die neue Heizung rund 20.000 €. Der Heizungsfachmann hatte ihn schon auf die verschiedenen Förderungsmöglichkeiten aufmerksam gemacht und Paul Penibel hatte sich zunächst bei seiner steuerlichen Beraterin Lilli Fee informiert. Schnell war klar: Für Paul lohnt es sich auf jeden Fall das „Steuergeschenk"zu wählen. Er hat ein gutes Einkommen und als Junggeselle mit Steuerklasse 1 hat er auch erhebliche Steuerabzüge.

Lilli Fee hat für ihn berechnet:

7 % Förderung von 20.000 € Kosten	in 2020	=	1.400 €
7 % Förderung	in 2021	=	1.400 €
6 % Förderung	in 2022	=	1.200 €
Gesamt Steuerersparnis		=	4.000 €

Das gefällt Paul prima und er überlegt, weitere energetische Maßnahmen anzugehen. Vielleicht sollte er doch noch die Beratung durch einen Spezialisten in Anspruch nehmen, denn Lilli Fee hatte ihm erklärt, dass es hierfür besondere Förderungen gibt.

MERKBLATT | ENERGETISCHE SANIERUNG NACH § 35c ESTG

Steuerermäßigung für energetische Sanierung im Eigenheim

§ 35c ESTG:

Steuerermäßigung bei energetischer Sanierung des Eigenheims.
Die Förderung gilt für Baumaßnahmen, die nach dem 31.12.2019 begonnen haben und vor dem 01.01.2030 abgeschlossen sind.

Begünstigtes Objekt
Das begünstigte Objekt muss
- vom Steuerpflichtigen zu eigenen Wohnzwecken genutzt werden.
- ein Wohngebäude, eine Eigentumswohnung, ein Ferienhaus, eine Zweitwohnung oder ein selbständiger Gebäudeteil sein.
- bei Durchführung der Baumaßnahme älter als zehn Jahre sein (maßgeblich ist der Beginn der Herstellung).
- mind. 23 m² betragen und es muss eine selbständige Haushaltsführung möglich sein.

Begünstigte Maßnahmen (Material- und Lohn-/Personalkosten)
- Wärmedämmung von Wänden, Dachflächen oder Geschossdecken
- Erneuerung der Fenster, der Außentüren, der Heizungsanlage
- Erneuerung oder Einbau einer Lüftungsanlage
- Einbau von digitalen Systemen zur energetischen Betriebs- und Verbrauchsoptimierung
- Optimierung bestehender Heizungsanlagen (mind. 2 Jahre alt)
- Bescheinigung des Fachunternehmens und Kosten für den Energieberater
- Begünstigte Umfeldmaßnahmen, wie z. B. Baustelleneinrichtung

Voraussetzungen
- Anspruchsberechtigter ist bürgerlich-rechtlicher oder wirtschaftlicher Eigentümer
- Durchführung der Maßnahme durch Fachunternehmen, ggf. Begleitung und Beaufsichtigung durch Energieberater
- Bescheinigung des Fachunternehmens (nach amtlichem Muster)
- Rechnung in deutscher Sprache und unbare Bezahlung
- Nutzung des begünstigten Objekts in den Kalenderjahren der Steuerermäßigung ausschließlich zu eigenen Wohnzwecken
- Unentgeltliche Überlassung an einkommensteuerlich berücksichtigendes Kind oder teilweise Überlassung des Objekts nicht schädlich

Ausschluss der Förderung
Teil der Aufwendungen, der auf
- Betriebsausgaben/Werbungskosten
- Sonderausgaben/agB

entfällt.

Vollständiger Ausschluss, wenn für Aufwendungen
- § 10f EStG oder § 35a EStG
- zinsverbilligtes Darlehen (KfW) oder steuerfreie Zuschüsse

beansprucht werden.

Steuerliche Förderung

Abzug der Steuerermäßigung zu 100 % bei der tariflichen Einkommensteuer.

Höhe der Steuerermäßigung

Jahr des Abschlusses der Baumaßnahme	=	7 %	der Aufwendungen
zzgl. Energieberater	=	50 %	der Aufwendungen
Erstjahr (Aufwendungen 7 % + Energieberater 50 %)	=		max. 14.000 €
Erstes Folgejahr	=	7 %	max. 14.000 €
Zweites Folgejahr	=	6 %	max. 12.000 €
max . Fördersumme	=	20 %	max. 40.000 €

Wichtig

- Pro begünstigtem Objekt beträgt die Steuerermäßigung max. 40.000 €.
- Pro begünstigtem Objekt beträgt der Förderhöchstbetrag der Aufwendungen 200.000 €.
- Die Kosten des Energieberaters sind vom Höchstbetrag (40.000 €) umfasst.
- Die Inanspruchnahme der Förderung ist für mehrere (Einzel-)Maßnahmen möglich, aber pro Objekt greift der Höchstbetrag.
- Die Inanspruchnahme der Förderung für ein Objekt ist insgesamt nur einmal (z. B. Grundstücksgemeinschaften) möglich.
- Bei Verkauf/Übertragung kann der Erwerber erneut die Förderung für seine Aufwendungen in Anspruch nehmen.
- Es ist kein Verlustvortrag/-rücktrag (= Verlust des Überhangs) möglich.

V21-2

AKTUELL Lohnsteuerhilfeverein e.V. · www.aktuell-verein.de

Abb. 18: Energetische Maßnahmen, Auszug Merkblatt.
Abdruck mit freundlicher Genehmigung des AKTUELL Lohnsteuerhilfeverein e. V.

Die Steuermäßigung beträgt immerhin bis zu 40.000 € je Objekt verteilt auf 3 Jahre. Ähnlich wie bei den haushaltsnahen Aufwendungen ist die Grundvoraussetzung, dass Sie Rechnungen UNBAR begleichen. Sie dürfen für diese Maßnahme keine anderen Förderungen zum Beispiel von der KfW in Anspruch nehmen. Außerdem müssen Sie eine Bescheinigung eines Fachunternehmens über die Durchführung der energetischen Maßnahmen vorlegen. Wer als „Fachmann" im Sinne dieses Gesetzes gilt, ist in einer eigenen Verordnung geregelt.

Ganz neu ist, dass nicht nur der Lohn, sondern auch das Material – also die komplette energetische Maßnahme – gefördert wird. Die Steuerermäßigung gibt es für das Kalenderjahr, in dem die Maßnahme beendet ist und das darauf folgende Jahr – jeweils 7% der Kosten – höchstens jedoch 14.000 € pro Jahr. Weitere 6 % höchstens jedoch 12.000 € gibt es im dritten Jahr. Alles zusammen maximal 2 x 14.000 € + 12.000 € = 40.000 € als Abzug von der zu zahlenden Steuer. Mehrere Maßnahmen in/an einem Objekt sind möglich.

Besonders gefördert wird auch fachliche Beratung, Begleitung und Beaufsichtigung der Maßnahmen durch zugelassene Energieberater zum Beispiel. Für diese Aufwendungen werden nicht nur 20 % (7 + 7 + 6 %), sondern sogar 50 % in Abzug gebracht.

Um diese Förderung zu erhalten, ist kein gesonderter Antrag notwendig – Sie machen Ihre Eintragungen auf dem neuen Formular „Anlage energetische Maßnahmen".

Eine befristete Verbesserung der Förderung wurde zwar geplant, war ab zum Druckzeitpunkt noch nicht verabschiedet.

→ **TIPP Energieberatung der Verbraucherzentralen** Die Verbraucherzentralen bieten bundesweit eine Energieberatung an.
Schauen Sie einfach mal unter **https://verbraucherzentrale-energieberatung.de/**. Dort finden Sie auch entsprechende Kontaktdaten für eine Beratung bei Ihnen zu Hause.

Bescheinigung des ausführenden Fachunternehmens

☐ Diese Bescheinigung ergänzt oder berichtigt die Bescheinigung vom TT.MM.JJJJ.

I. Angaben zum ausführenden Fachunternehmen und zur Bezeichnung des Gebäudes

II. Bescheinigung für den Eigentümer, den Miteigentümer oder die Wohnungseigentümergemeinschaft (Auftraggeber)

III. Qualifikation des unter I. genannten ausführenden Fachunternehmens

☐ Das ausführende Fachunternehmen ist in einem oder mehreren der nachfolgenden Gewerke tätig (Mehrfachangaben möglich):

☐ Mauer- und Betonbauarbeiten
☐ Stukkateurarbeiten
☐ Maler- und Lackierungsarbeiten
☐ Zimmerer-, Tischler- und Schreinerarbeiten
☐ Wärme-, Kälte- und Schallisolierungsarbeiten
☐ Steinmetz- und Steinbildhauarbeiten
☐ Brunnenbauarbeiten
☐ Dachdeckerarbeiten
☐ Klempnerarbeiten
☐ Glasarbeiten
☐ Installateur- und Heizungsbauarbeiten
☐ Kälteanlagenbau
☐ Elektrotechnik und –installation
☐ Metallbau
☐ Ofen- und Luftheizungsbau
☐ Rollladen- und Sonnenschutztechnik
☐ Schornsteinfegerarbeiten
☐ Fliesen-, Platten- und Mosaiklegerarbeiten
☐ Betonstein- und Terrazzoherstellung

IV. Die Mindestanforderungen an folgende energetische Maßnahme(n) (Mehrfachangaben möglich) sind nach den Anlagen zu § 1 der Energetische Sanierungsmaßnahmen-Verordnung – ESanMV (bitte jeweils konkret benennen, soweit nicht vorgegeben) erfüllt:

Lfd. Nr.	Energetische Maßnahme	erfüllte Mindestanforderungen lt. Anlage(n) ________ zu § 1 ESanMV
________	________	

V. Kosten der energetischen Maßnahme(n):

Lfd. Nr. lt. IV.	Kosten der energetischen Maßnahme	Davon entfallen auf das Sondereigentum einzelner Wohnungen (falls zuordenbar):
________	________ Euro	________ Euro auf die Wohnung ____:

VI. Beginn und Ende der energetischen Maßnahme(n):

Beginn der energetischen Maßnahme ist

- bei genehmigungsbedürftigen Bauvorhaben: der Tag, an dem der erstmalige Bauantrag gestellt wird,
- bei nicht genehmigungsbedürftigen, aber anzeigepflichtigen Bauvorhaben: der Tag, an dem die Unterlagen bei der zuständigen Behörde eingegangen sind,
- bei genehmigungs- und anzeigefreien Vorhaben: der Beginn der Bauausführung.

Lfd. Nr. lt. IV.	Datum des Beginns der energetischen Maßnahme	Datum des Abschlusses der energetischen Maßnahme
________	________	________

VII. Energetische Baubegleitung und Fachplanung durch den Energieberater oder den Energeeffizienz-Experten

Abb. 19: Energetische Maßnahmen, Auszug Formular.

DAS A und O – die AO

Rund ums Steuerrecht gibt es einige „Spezialitäten“, die Ihnen dieses Kapitel näherbringen möchte. Oder um es mit Baron Amschel Meyer Rothschild zu sagen: „Die Unkenntnis der Steuergesetze befreit nicht von der Pflicht zum Steuerzahlen. Die Kenntnis aber häufig.“

In der **Abgabenordnung (AO)** sind grundsätzliche Bestimmungen geregelt, die nicht nur das Einkommensteuerrecht betreffen. So werden zum Beispiel Begriffe wie Steuerpflichtiger, Wohnsitz und Betriebsstätte definiert. Es gibt Erläuterungen zum Ermessen, Befangenheit, Zuständigkeiten, Fristen, Einsprüchen und vieles mehr.

Fristen

Gegen Ihren Steuerbescheid können Sie innerhalb eines Monats „Einspruch“ einlegen. Wie aber berechnet sich dieser Monat?

BEISPIEL: Ihr Steuerbescheid trägt das Datum 14.4.2025. Am Freitag, den 18.4.2025, war Karfreitag – ein bundeseinheitlicher Feiertag. Der Steuerbescheid war bereits am 16.4.2025 in Ihrem Briefkasten. Unabhängig davon berechnet sich die Frist:

Karfreitag, 14.4. plus 4 Werktage (Samstag, Sonntag und Ostermontag zählen nicht.), zugegangen somit am Dienstag, 22.4.25, plus 1 Monat, also Donnerstag, 22.5.25, Mitternacht ist Fristende. Wenn das Fristende auf einen Samstag, Sonn- oder Feiertag fällt, endet die Frist erst am nächsten Werktag (§ 193 BGB). Seit 2025 beträgt die Frist 4 Tage (zuvor nur 3 Tage).

GUT ZU WISSEN

Das Ende einer Frist ist stets 0 Uhr des jeweiligen Tages – nicht etwa der Dienstschluss des Finanzamtes. Zur Fristwahrung genügt es, die Post kurz vor Mitternacht in den Briefkasten des Finanzamtes einzuwerfen.

Ja, ich will: Antragsveranlagung

Grundsätzlich ist zunächst jeder zur Abgabe einer Steuererklärung verpflichtet. Wer jedoch ausschließlich Einnahmen aus Nichtselbstständiger Tätigkeit (→ Seite 33) hatte, ist von der Abgabe befreit, denn seine Steuern wurden ja bereits vom Arbeitgeber abgeführt. Trotzdem kann jeder einen Antrag auf Veranlagung stellen; derjenige macht dann eine Antragsveranlagung. Antragsveranlagungen können Sie für das letzte Jahr und drei weitere Jahre, insgesamt also höchstens für vier zurückliegende Veranlagungszeiträume einreichen. Eine Antragsveranlagung kann grundsätzlich nur eine Steuererstattung ergeben. Wenn Sie jedoch – wenn auch nur zeitweise – nach Steuerklasse V oder VI beziehungsweise Faktor IV abgerechnet wurden, die Vorsorgepauschale berücksichtigt wurde, mehr als 410 € Progressionsleistungen hatten oder Steuerfreibeträge haben eintragen lassen, wird aus dem Antrag eine Pflicht – die Pflichtveranlagung.

Aus Kür wird Pflicht

Im Umkehrschluss ist also jeder, der entsprechende Steuerklassen-Kombinationen gewählt hat, mehr als 410 € Progressionsleistungen bekam oder andere unversteuerte Einkünfte hatte, zur Abgabe einer Steuererklärung verpflichtet. Pflichtveranlagungen können für maximal sieben zurückliegende Veranlagungszeiträume abgegeben beziehungsweise vom Finanzamt verlangt werden. Tatsächlich wartet das Finanzamt häufig mehrere Jahre und fordert dann erst kurz vor Ablauf der Verfristung zur Abgabe der Steuererklärung auf.

Steuerverkürzungen und Steuerhinterziehung

Steuerverkürzungen stellen eine Ordnungswidrigkeit dar, während es sich bei Steuerhinterziehung um eine Straftat handelt. Bei leichtfertiger Steuerverkürzung beträgt die Verjährungsfrist fünf Jahre, bei Steuerhinterziehung zehn Jahre. Und das Fazit daraus ist ganz einfach, um es mit Ovid zu sagen:

„Dat census honores."

Frei übersetzt:
Es ist ehrenvoll,
Steuern zu zahlen.

„Eine Steuerhinterziehung begeht, wer dem Finanzamt über steuerlich erhebliche Tatsachen bewusst unrichtige oder unvollständige Angaben macht oder es über steuerlich erhebliche Tatsachen in Unkenntnis lässt."

Also wer falsche Angaben über zu hohe Werbungskosten macht, die erzielten Einnahmen aus der Vermietung der Ferienwohnung oder die belgische Rente bewusst verschweigt.

Zu einer Steuerverkürzung kann es auch „leichtfertig“ kommen. Leichtfertigkeit bedeutet einen besonderen, höheren Grad an Fahrlässigkeit. So entspricht die Leichtfertigkeit in etwa der groben Fahrlässigkeit. Grobe Fahrlässigkeit ist gegeben, wenn der Steuerpflichtige aus besonderem Leichtsinn oder besonderer Gleichgültigkeit fahrlässig gehandelt hat. Welches Maß an Sorgfalt von dem Steuerpflichtigen verlangt werden kann, ist nach seinen persönlichen Kenntnissen und Fähigkeiten zu beurteilen. Diese Anforderungen sind an einen Steuerberater gewiss höher zu stellen als beispielsweise an einen Künstler.

Ein Steuerpflichtiger muss sich über seine steuerlichen Pflichten informieren, die ihn im Rahmen seiner Lebenssituation betreffen. Jeder muss sich um seine steuerlichen Pflichten kümmern. Hegt der Steuerpflichtige erhebliche Zweifel an der Richtigkeit seiner steuerlichen Auffassung, so muss er sich erkundigen. Die Erkundigungspflicht entfällt nicht durch Alter, Behinderung, oder Krankheit. Auch eine etwaige Arbeitsüberlastung stellt keinen Rechtfertigungsgrund dar. Der Nachbar oder Kumpel in der Kneipe ist meistens nicht der richtige Ansprechpartner in Sachen Steuerhilfe (→ Seite 182).

Mitunter spricht auch die Höhe der Steuerverkürzung für das Vorliegen der Leichtfertigkeit. Je größer die Abweichung des erklärten von dem wirklich zu versteuernden Einkommen ist, desto eher kann vom Steuerpflichtigen erwartet werden, dass ihm der Fehler auch auffällt.

Wer als Ausländer in Deutschland wohnt und arbeitet, kann sich nicht darauf berufen, mit den deutschen Steuergesetzen nicht vertraut zu sein.

Wer zu spät kommt ...

Die Abgabe muss bis zum 31. Juli des Folgejahres erfolgen, d. h., die Steuer 2020 muss bis zum 31. Juli 2021 beim Finanzamt sein. Obwohl schon lange viel darüber berichtet wurde: Die neue, verlängerte Frist gilt erst ab 2018. Bisher war der 31. Mai die „Deadline". Auf Antrag kann Ihnen das Finanzamt bei wichtigen Gründen eine Fristverlängerung gewähren.

→ TIPP Frist verlängern
Lassen Sie sich bei Ihrer Steuererklärung von einem Lohnsteuerhilfeverein oder Steuerberater helfen, so gilt eine verlängerte Abgabefrist: ab Veranlagungszeitraum 2018, nämlich bis Ende Februar des übernächsten Jahres. (Bisher war es der 31.12.des Folgejahres.)

Allerdings kann das Finanzamt mit einer „Vorweganforderung" auch zur vorzeitigen Abgabe auffordern.

Wenn Sie sich nicht rechtzeitig um die Abgabe Ihrer Steuererklärung kümmern beziehungsweise Fristverlängerung beantragen, kann es für Sie teuer werden. Selbst bei einer Steuererstattung müssen Sie mit Verspätungszuschlägen in Höhe von bis zu 10 % der festgesetzten Steuer rechnen. Außerdem kann das Finanzamt zusätzlich Zwangsgelder festsetzen.

CORONA

Corona-Sonderfristen

Die Corona-Sonderfristen sind abgelaufen. Abgabefrist für Steuer 2025 = 31.7.2026, mit Berater 1.3.2027, weil der 28.2. ein Sonntag ist.

→ TIPP Beratung kann vorteilhaft sein
Eventuell lohnt es sich, einen Lohnsteuerhilfeverein oder eine/n Steuerberater/in zu kontaktieren. Denn möglicherweise sind die Beratungsgebühren niedriger als die Verspätungszuschläge.

Bei einer Pflichtveranlagung stellt allein die Tatsache der Nichtabgabe bereits eine Ordnungswidrigkeit oder Steuerstraftat dar. Sie müssen also, selbst wenn Sie einen Schätzungsbescheid vom Finanzamt bekommen und bezahlt haben, immer noch die Steuererklärung abgeben.

Das Finanzamt kann im Zweifel noch mehr als zehn Jahre später auf Sie oder Ihre Erben zukommen. Insofern ist es ratsam, wichtige Belege, Verträge und Kontoauszüge entsprechend lange aufzubewahren. Um eventuelle Baukosten und Investitionen im Zusammenhang mit Immobilien nachzuweisen, müssen Sie möglicherweise sogar 50 Jahre zurückgreifen. Gewiss lassen sich mitunter Belege auch nachträglich nochmals beschaffen. Das kostet in der Regel aber viel Mühe, Zeit und Geld. Fertigen Sie auch immer Kopien von Ihrer Steuererklärung, bevor Sie diese beim Finanzamt einreichen. Falls Sie elektronisch übermitteln, sichern Sie Ihre Daten sorgsam **und** drucken Sie eine Kopie für Ihre Akten.

Belege belegen und Hilfe hilft nicht immer

Seit einigen Jahren haben die Finanzämter nach und nach ihre Arbeitsweisen umgestellt. Die Elektronik gewinnt immer mehr Bedeutung. Insgesamt soll möglichst wenig Papier hin- und hergeschickt werden. So kann es durchaus sein, dass Sie vom Finanzamt aufgefordert werden, künftig keine Belege mehr einzusenden. Das bedeutet aber keineswegs, dass Sie keine Nachweise mehr benötigen. Es empfiehlt sich, die Belege zusammen mit der Kopie der Erklärung ordentlich aufzubewahren. Es kann durchaus sein, dass in ein paar Jahren die Belege nochmals benötigt werden. Die Finanzverwaltungen sprechen von „Belegvorhaltepflicht" im Gegensatz zur bisherigen „Belegvorlagepflicht". Welche Belege wer, wann und wo vorlegen muss, ist regional unterschiedlich und ändert sich auch regelmäßig (→ auch Seite 196).

Die Abgabe von Steuererklärungen wurde bereits in vielen Bereichen umgestellt, so ist zum Beispiel bei Feststellungserklärungen die Übermittlung nur noch elektronisch möglich. Zwar können Einkommensteuererklärungen noch nach wie vor „per Hand" mithilfe der Papiervordrucke erstellt werden, aber auch hier gewinnt die Elektronik immer mehr an Bedeutung. Bereits heute ist die Abgabe der Anlagen S, G und L nur noch elektronisch möglich. Es wird außer der kostenlosen Software ELSTER des Finanzamtes eine Vielzahl von Steuerprogrammen angeboten. Sogar im Discounter bekommen Sie zum Jahreswechsel recht gute Steuer-CDs für sehr kleines Geld. Die meisten Steuerprogramme sind leicht verständlich und bieten eine Menge an Zusatzinformationen und Erläuterungen. Mit etwas PC-Wissen, Geduld und Übung ist die Steuererklärung kein Hexenwerk. Wenn Sie sich noch nicht an die elektronische Übermittlung heranwagen, können Sie das Programm als Unterstützung und Berechnungshilfe nutzen. Mit Programmen aus dem Handel besteht die Möglichkeit, am Ende der Eingaben die gewohnten Papierformulare auszudrucken. Das Steuerprogramm führt Sie durch den Steuerdschungel.

In guten Händen

Ulrich Danner ist Diplomkaufmann und Vorstand des Aktuell Lohnsteuerhilfevereins e. V.: „Lohnsteuerhilfevereine bieten Arbeitnehmern, Beamten, Rentnern und Unterhaltsempfängern, die Vereinsmitglieder sind, ganzjährig Hilfe bei der Einkommensteuer, wenn nur Einkünfte aus nichtselbstständiger Arbeit, Renten oder Unterhaltsleistungen vorliegen und bei zusätzlichen Einkünften aus Vermietung oder Kapitalvermögen die Einnahmen einen Betrag in Höhe von 18.000 € bei Alleinstehenden oder 36.000 € bei Ehegatten nicht übersteigen.

Ab dem Steuerjahr 2022 dürfen auch Betreiber von begünstigten Photovoltaikanlagen beraten werden, wenn die Einkommensteuerbefreiung greift (→ Seite 29). Für Vereinsmitglieder mit solchen Einkünften werden die Einkommensteuererklärungen erstellt, die voraussichtliche Steuerbelastung berechnet, die Einkommensteuerbescheide geprüft und erforderlichenfalls Rechtsbehelfe eingelegt, ohne dass hierdurch weitere Kosten entstehen. Lohnsteuerhilfevereine üben ihre Beratungstätigkeit in Beratungsstellen aus, die bundesweit verteilt und tätig sein können, was besonders bei einem Umzug eines Vereinsmitglieds eine umfassende Beratung sicherstellt."

Hilfe in Steuersachen dürfen nur Steuerberater und Lohnsteuerhilfevereine geben. Bei Lohnsteuerhilfevereinen ist allerdings die Beratungsbefugnis nach § 4 Steuerberatungsgesetz begrenzt (→ Expertenstatements auf den Seiten 182/183).

Es ist erstaunlich, wie arglos Freunde, Nachbarn oder Verwandte Ihnen mitunter Hilfe bei der Steuererklärung anbieten. Sie machen sich damit sogar strafbar, selbst wenn sie die Hilfe unentgeltlich leisten. So wie man einen gültigen Führerschein haben muss, um sich im öffentlichen Straßenverkehr zu bewegen, braucht es auch eine entsprechende Zulassung, um in Steuersachen zu beraten. Es darf auch nicht jeder, der sich berufen fühlt, eine Arztpraxis eröffnen. Selbstverständlich kann jedermann seine eigenen Krankheiten auch selbst behandeln; eine „Arztpflicht" gibt es nicht. So darf auch jeder Steuerpflichtige seine eigene Steuererklärung selbst fertigen und beim Finanzamt einreichen. Bei schweren Erkrankungen ist es ratsam, einen Arzt zu konsultieren – und bei schwierigen Steuerangelegenheiten den Steuerberater/ Lohnsteuerhilfeverein.

Steuerberater rechnen – ähnlich wie Anwälte– ihre Kosten nach der Gebühren-

Ein breites Netz

Uwe Rauhöft ist Vorstandsvorsitzender des Bundesverbands Lohnsteuerhilfevereine e.V. (BVL): „Lohnsteuerhilfevereine sind seit mehr als 60 Jahren der Ansprechpartner für Steuerfragen der Arbeitnehmer und ihrer Familien, im Erwerbsleben und im Ruhestand. Kinder sind eingeschlossen. Die Mitglieder der Lohnsteuerhilfevereine werden in bundesweit ca. 12.000 Beratungsstellen steuerlich betreut. Rund zwei Drittel der Beratungsstellen gehören zu den mehr als 300 Lohnsteuerhilfevereinen, die Mitglied im Bundesverband Lohnsteuerhilfevereine e.V. (BVL) sind. Insgesamt werden von den BVL-Vereinen rund 4,5 Millionen Steuerpflichtige beraten. Der Verband setzt sich für deren steuerrechtliche Interessen ein, beispielsweise als Sachverständiger bei Anhörungen des Finanzausschusses des Deutschen Bundestages. So konnte der BVL erreichen, dass die Lohnsteuerhilfevereine auch Einkommensteuererklärungen für Arbeitnehmer mit PV-Anlagen bis 30 kW (peak) erstellen dürfen."

ordnung ab, und zwar separat jede einzelne Leistung. Bei Lohnsteuerhilfevereinen zahlen Sie einen Jahres-Mitgliedsbetrag, der nach Höhe Ihres Einkommens gestaffelt ist. Damit sind dann alle in diesem Jahr anfallenden Kosten für Erstellung der Steuer, Bescheid-Prüfung, Einspruch (falls nötig) und die ganzjährige Beratung abgegolten. Die entstandenen Kosten sind im Folgejahr teilweise als Werbungskosten steuerlich absetzbar. Das betrifft Steuerberaterrechnungen und Mitgliedsbeiträge zum Lohnsteuerhilfeverein. Bedenken Sie auch, dass bei Steuerberatern und Lohnsteuerhilfevereinen bei Beratungsfehlern deren Haftpflichtversicherung eintritt. Die hat Ihr Nachbar nicht.

CD bietet keine fachliche Beratung

Meist wird bei den Steuerprogrammen auf eine „Hilfehotline" hingewiesen. Diese kümmert sich nur um programmtechnische Probleme. Softwarehersteller dürfen keine Hilfe bei Steuerfragen leisten.

Hauptvordruck Seite 2, ganz unten.

38	
	Datum, Unterschrift(en) **Steuererklärungen sind eigenhändig – bei Ehegatten / Lebenspartnern von beiden – zu unterschreiben.**
39	Die Steuererklärung wurde unter Mitwirkung einer selbständig und eigenverantwortlich tätigen und zur Hilfeleistung in Steuersachen nach den §§ 3 und 4 des Steuerberatungsgesetzes befugten Person oder Vereinigung angefertigt. 1 = Ja
	Bei der Anfertigung dieser Steuererklärung hat mitgewirkt:
40	Kegelfreunde Haue 09

Bescheinigung, Bescheid und mehr

Es gibt so manchen Fachausdruck, der im alltäglichen Sprachgebrauch häufig benutzt wird, ohne auf die kleinen, feinen, aber sehr bedeutungsvollen Unterschiede zu achten.

So stellt Ihnen der Arbeitgeber, die Krankenkassen, der Rententräger oder das Amt eine **Bescheinigung** aus. Mithilfe dieser Bescheinigung **erklären** Sie dem Finanzamt in der jährlichen Steuer**erklärung** Ihre persönliche Steuersituation. Das Finanzamt **veranlagt** zur Steuer. Als Antwort vom Finanzamt bekommen Sie dann Bescheid – den Steuer**bescheid** und die Steuer wird **erhoben**.

Das Finanzamt kann einen Bescheid endgültig erlassen – das ist die Regel – oder auch nur **vorläufig** und **unter dem Vorbehalt der Nachprüfung**. Endgültig erlassene Steuerbescheide werden nach Ablauf der Rechtsbehelfsfrist (1 Monat) bestandskräftig, also grundsätzlich unabänderbar. Vorläufige Steuerbescheide werden erlassen, wenn beispielsweise ein bestimmter Sachverhalt überwacht werden soll, etwa die Vermietungsabsicht oder Unterlagen nachgereicht werden müssen, etwa eine Arbeitgeberbescheinigung. Auch diese Bescheide werden nach einem Monat bestandskräftig; allerdings sind sie punktuell änderbar.

Bescheide unter Vorbehalt der Nachprüfung (VdN) jedoch sind vollständig änderbar. Bescheide werden vom Finanzamt „erlassen", ganz genau gesagt, wird Ihnen ein Verwaltungsakt „bekanntgegeben". Hierbei können natürlich vielerlei Fehler vorkommen. Das betrifft nicht nur eine eventuell fehlerhafte Berechnung der Steuer, die sich meist noch relativ einfach prüfen lässt. Vielmehr kann bereits bei der „Bekanntgabe" ein Fehler entstehen. So ist ein Steuerbescheid erst mit der Bekanntgabe ein „richtiger" Steuerbescheid; er wird erst mit der korrekten Bekanntgabe „geboren". Die Rechtsfolgen sind außerordentlich bedeutungsvoll für Sie, denken Sie allein an die Einspruchsfristen. Letztlich geht es darum, dass der Bescheid beim richtigen Empfänger ankommen muss, denn erst danach beginnen die Fristen zu laufen. Beim Erlass eines Steuerbescheides unterscheidet der Finanzbeamte:

- an wen er sich richtet = **Inhaltsadressat** (das ist meistens der Steuerschuldner, zum Beispiel die Erbengemeinschaft)
- wem er bekannt gegeben wurde = **Bekanntgabeadressat** (das ist ein Vertretungsberechtigter, zum Beispiel derjenige, der für die Erbengemeinschaft alles regelt)
- welcher Person er zu übermitteln ist = **Empfänger** (das ist derjenige dem der Bescheid zugeschickt werden soll).

BEISPIEL: Mutter Helene Witzka ist im hohen Alter von 97 Jahren verstorben. Rechtsnachfolger sind die Kinder als Erbengemeinschaft. Die Tochter Heide Witzka hat als Vertreterin der „Erbengemeinschaft Witzka" in Absprache mit Ihren Geschwistern die Einkommensteuererklärung der verstorbenen Mutter Helene erstellt und noch schnell kurz vor Weihnachten beim Finanzamt abgegeben. Sie hatte in der Erklärung ihre Sandkastenfreundin Hulla Bulla als Empfangsbevollmächtige angegeben. Diese hatte zuverlässig versprochen, sich um die Steuersache zu kümmern – denn Heide Witzka hatte sich mit ihrem Erbe eine schöne Kreuzfahrt auf dem Traumschiff gegönnt. Drei Monate war sie über die Weltmeere gereist. Kurz vor Ostern kehrt sie braungebrannt zurück und findet außer ein paar Werbebriefen auch einige Schreiben des Finanzamtes vor. Sie ahnt nichts Gutes. Der Einkommensteuerbescheid für die verstorbene Mutter (Datum vom 15. Januar) war nicht – wie erwartet an Hulla Bulla geschickt worden, sondern an Heide selbst. Noch dazu liegt offenbar ein Fehler vor, denn anstelle der errechneten Erstattung, wurde vom Finanzamt eine Nachzahlung gefordert. Bis zum 22. Februar hätte die Erbengemeinschaft rund 2.000 €uro an das Finanzamt zahlen sollen. Im März war bereits eine Mahnung mit weiteren Kosten (Säumniszuschläge und Zinsen) in der Post und schließlich musste wohl vor einigen Tagen das Schreiben mit der Vollstreckungsankündigung gekommen sein. Für Heide Witzka ist die Erholung dahin – umgehend nimmt sie die Vollstreckungsankündigung zur Hand rund ruft unter der angegebenen Telefon-Durchwahl aufgeregt beim Finanzamt an. Nach gefühlten 100 Versuchen erreicht sie endlich jemanden. Die Finanzbeamtin, Frau Gründlich, ist sehr freundlich, erklärt ihr aber, dass sie gar nichts machen könne. Sie sei schließlich nur von der **Erhebungsstelle**; und bezahlt worden sei die Steuer ja offenbar nicht. Immerhin gibt Frau Gründlich der verzweifelten Heide Witzka die Durchwahl-Nummer der zuständigen **Veranlagungsstelle** im gleichen Finanzamt; allerdings ist der Sachbearbeiter, Herr Makel, erst nach Ostern wieder zu erreichen. Heide Witzka ist nun auch ärgerlich über Hulla Bulla. Die hätte ja merken müssen, dass kein Bescheid vom Finanzamt bei ihr angekommen war. Daraufhin ist nun auch Hulla Bulla verstimmt. Sie hatte ganz pflichtbewusst im Februar beim Finanzamt angerufen, um sich nach dem Stand der Dinge zu erkundigen. Eine Bandansage hatte Hulla Bulla informiert, dass aufgrund des hohen Erklärungsaufkommens mit mindestens 3-6 Monaten Bearbeitungszeit zu rechnen sei. Es wurde sogar ausdrücklich gebeten von Rückfragen Abstand zu nehmen. Genau daran hatte sie sich gehalten. Hulla Bulla versteht zwar den Ärger von Heide Witzka, fühlt sich aber unschuldig und ahnt: Irgendwas ist schiefgelaufen...

→ **TIPP Zeit sparen!**
Erfragen und unterscheiden Sie im Vorfeld die Zuständigkeiten beim Finanzamt. So können Sie unnötige Telefonate vermeiden. Übrigens werben die Finanzämter mit verlängerten Servicezeiten. Häufig erreichen Sie dann eine Hotline, die Ihr Anliegen weiterleitet.

Wenn Sie einen fehlerhaften Bescheid vorliegen haben, behalten Sie auf jeden Fall einen kühlen Kopf und vor allem setzen Sie Ihre Lesebrille auf. Zunächst gilt es zu prüfen, ob der Bescheid **bestandskräftig** geworden ist oder aber (noch) geändert werden kann. In der Regel haben Sie einen Monat Zeit, um einen Einspruch einzulegen. So steht es als Rechtsbehelfsbelehrung auf der letzten Seite des Bescheides. Ist diese Frist verstrichen, blättern Sie zurück auf die erste Seite des Bescheides. Dort steht unmittelbar oberhalb der Berechnungen: Art der Festsetzung ... Und nun kommt es darauf an, denn wenn der Bescheid nach § 164 unter Vorbehalt der Nachprüfung (die gängige Abkürzung lautet VdN) ergangen ist, bedeutet es, dieser Bescheid ist abänderbar. Das wird oft vom Finanzamt gemacht, wenn ein Fall nicht abschließend geprüft werden kann oder aber wenn wegen Nichtabgabe der Steuererklärung eine Schätzung seitens des Finanzamtes erfolgt. Es kann sogar passieren, dass eine Schätzung sachlich völlig unberechtigt erfolgt ist. Es liegt immer an Ihnen, sich dagegen zu wehren. Solange dieser „VdN" nicht aufgehoben wurde, können auch Sie als Steuerpflichtiger gegebenenfalls eine Korrektur beantragen.

Über die Aufhebung des VdN, Vorbehalts der Nachprüfung, werden Sie ebenfalls vom Finanzamt mit einem Bescheid informiert. Dieser Bescheid sieht ähnlich wie ein Steuerbescheid aus; allerdings beinhaltet er keine Zahlen und wird in der Hektik des Alltags schnell zur Seite gelegt. Doch es handelt sich dabei um einen äußerst wichtigen Bescheid. Auch auf diesem Aufhebungsbescheid gibt es eine Rechtsbehelfsbelehrung mit einer entsprechenden Einspruchsfrist von einem Monat. Sollten Sie also beispielsweise nach einer erfolgten Schätzung aufgrund akuter

Arbeitsüberlastung zunächst nur bezahlt, aber ansonsten nicht weiter reagiert haben – eben weil die Schätzung ja unter VdN stand – wird es nun allerhöchste Eisenbahn. Sie sollten umgehend Einspruch gegen die Aufhebung des VdN einlegen; **nicht** etwa gegen den Steuerbescheid! Da ein Einspruch stets begründet werden muss, fügen Sie Ihre fehlende Steuererklärung bei. Eine weitere Begründung erübrigt sich dann.

→ TIPP „Nicht bekannt gegeben"
Sollte der Bescheid über die Aufhebung des Vorbehalts der Nachprüfung – warum auch immer – nicht bei Ihnen angekommen sein, ist dieser Bescheid Ihnen nicht „bekannt gegeben". Sie werden dann so gestellt, als ob es dieses Schreiben nie gegeben hätte. Die Beweislast über die Bekanntgabe trägt das Finanzamt.

Die meisten Steuerbescheide werden teilweise vorläufig nach § 165 AO erlassen – wir sprechen von vorläufiger Steuerfestsetzung. Es kann ja durchaus vorkommen, dass einzelne Steuerfragen zurzeit unklar sind. Sie können das sogar bei Ihrem Finanzamt selbst beantragen, vorausgesetzt, es liegt eine entsprechende Unklarheit vor, etwa bei Erbangelegenheiten, damit Sie nicht monate- oder sogar jahrelang auf den Steuerbescheid warten müssen.

Das Finanzamt erlässt den Bescheid vorläufig – eben bis zur endgültigen Klärung –, wenn:

> *„1. ungewiss ist, ob und wann Verträge mit anderen Staaten über die Besteuerung, die sich zugunsten des Steuerpflichtigen auswirken, für die Steuerfestsetzung wirksam werden,*
> *2. das Bundesverfassungsgericht die Unvereinbarkeit eines Steuergesetzes mit dem Grundgesetz festgestellt hat und der Gesetzgeber zu einer Neuregelung verpflichtet ist,*
> *3. die Vereinbarkeit eines Steuergesetzes mit höherrangigem Recht Gegenstand eines Verfahrens bei dem Gerichtshof der Europäischen Gemeinschaften, dem Bundesverfassungsgericht oder einem obersten Bundesgericht ist oder*
> *4. die Auslegung eines Steuergesetzes Gegenstand eines Verfahrens bei dem Bundesfinanzhof ist."*

Im Bescheid muss der Grund der Vorläufigkeit vom Finanzamt angegeben werden. Weit hinten im Steuerbescheid steht im Kleingedruckten: Die Festsetzung ... erfolgt vorläufig hinsichtlich ... Anschließend werden dann die individuellen Gründe, aber auch die noch offenen Verfahren usw. aufgeführt. **Soweit** die Finanzbehörde eine Steuer vorläufig festgesetzt hat, kann sie die Festsetzung aufheben oder ändern. Das kleine Wörtchen „soweit" bedeutet, dass eine Korrektur eben nur bei diesen ganz genau aufgeführten Fällen beziehungsweise Unklarheiten erfolgen kann. Ihre Rechtsansprüche bleiben gewahrt, ohne dass Sie Einspruch einlegen müssen.

Entscheidet das Gericht in diesen sogenannten Massenverfahren positiv, zum Beispiel dass bestimmte Kosten anerkannt werden müssen, wird der Steuerbescheid automatisch vom Finanzamt zu Ihren Gunsten geändert. Vielleicht erinnern Sie sich an die Steuererstattungen aus der „Pendlerpauschale" vor einigen Jahren. Bis 2022 warteten alle auf die Entscheidung zur Verfassungsmäßigkeit der „zumutbaren Eigenbelastung" bei den außergewöhnlichen Belastungen. Inzwischen ist die Entscheidung des Gerichts für Sie negativ ausgefallen: Die Vorschrift wurde für verfassungsgemäß erklärt und so bleibt es beim ursprünglichen Steuerbescheid.

Gibt es eine individuelle Unklarheit, etwa wem Mieteinnahmen zuzurechnen sind, weil Erbstreitigkeiten bestehen, warten Sie einfach auf die Einigung beziehungsweise bis das Gericht Ihren Fall entschieden hat.

Mitunter wird die Vorläufigkeit auch mit einer Steuerfestsetzung unter Vorbehalt der Nachprüfung verbunden.

BEISPIEL (FORTSETZUNG): Hulla Bulla möchte sich nicht auf Dauer mit Ihrer Freundin streiten – nicht wegen der Steuer. Sie merkt, die Steuer-Kenntnisse der beiden Freundinnen nebst Frauen-Power reichen nicht aus, um sich gegen das Finanzamt zu wehren. Sie müssen wohl andere Geschütze auffahren. Gemeinsam recherchieren sie und finden ganz in der Nachbarschaft eine Beratungsstelle des Lohnsteuerhilfevereins. Die beiden haben Glück und erreichen sogar noch am selben Abend die Beratungsstellenleiterin Carla Clever. Sie vereinbaren einen kurzfristigen „Nottermin" für Ostersamstag. Heide Witzka zeigt Frau Clever all die Steuerunterlagen der verstorbenen Mutter. Frau Clever schaut kurz in die Unterlagen und beruhigt die beiden Freundinnen schnell. Das Finanzamt hat offenbar Einnahmen irrtümlich doppelt erfasst – ein Fehler der schnell zu korrigieren ist. Viel wichtiger ist, so erklärt Carla Clever, dass der Bescheid falsch zugestellt wurde; also eben nicht an Hulla Bulla, sondern an Heide Witzka. Sie spricht von einem „Bekanntgabefehler" der „geheilt" werden kann und Aussetzung des Vollzuges und Wiedereinsetzung in den bisherigen Stand. Den beiden brummt der Kopf. Aber Carla Clever schreibt umgehend an das Finanzamt – dann hat Herr Makel, der Sachbearbeiter, wenn er nach Ostern wieder ins Amt kommt, schon alles auf dem Schreibtisch. Eine Vereinsbeitrittserklärung für Einmalberatung sowie eine Vollmacht hat Heide Witzka bereits unterschrieben – die fügt Carla Clever bei. Die beiden Freundinnen sind beruhigt, erleichtert und freuen sich auf ein paar schöne Ostertage. Ein gutes Gefühl haben sie – das wird! Nachsatz: bereits gut 14 Tage später hält Heide Witzka den korrigierten Bescheid in den Händen und hat den Erstattungsbetrag auf dem Konto. – Geht doch!

Was hat Carla Clever gemacht? Zunächst hat sie sich als von Heide Witzka Bevollmächtigte mit der Vollmacht legitimiert. Dann hat sie **Einspruch** gegen den Steuerbescheid eingelegt und mit der offenbaren Doppelerfassung begründet. Weiterhin hat sie Aussetzung des Vollzuges bis zur Klärung beantragt und erläutert, dass sie eine Steuer-Erstattung errechnet hat. **Antrag auf Aussetzung des Vollzuges** bedeutet, dass der Steuerpflichtige die berechnete Steuer zunächst nicht an das Finanzamt zahlen will. Wird dem Antrag vom Finanzamt (zuständig ist hierfür die Veranlagungsstelle) zugestimmt, erhält der Steuerpflichtige hierüber einen Bescheid, über den Betrag und darüber, bis wann der Vollzug ausgesetzt wird. Die Erhebungsstelle wird die Eintreibung des Betrages solange nicht weiter verfolgen. Wird der Antrag als unbegründet abgelehnt, erhalten Sie ebenfalls einen Bescheid – den „Ablehnungsbescheid". Dann müssen Sie auf jeden Fall die Steuer zunächst bezahlen.

! GUT ZU WISSEN

Zinsen

Stellt sich später heraus, dass Sie die Steuern doch zahlen müssen, berechnet das Finanzamt Zinsen; im Zweifel dann auch entsprechend für Teilbeträge, wenn Sie nur einen Teil der Steuer bezahlen müssen. **Vor** einem Antrag auf Aussetzung des Vollzuges (kurz AdV) sollten Sie das genau abwägen. Alternativ können Sie auch die geforderte Steuer bezahlen. Dann werden Ihnen zu viel gezahlte Beträge erstattet. Der Einspruch allein ändert zunächst nichts an der Zahlungspflicht!

Aber eventuell kann auch eine sogenannte Verrechnungsstundung nach § 222 AO beantragt werden. Voraussetzung ist eine Gegenforderung des Steuerpflichtigen, die jedoch vom Finanzamt noch nicht aufgerechnet werden kann – etwa weil der Steuerbescheid nicht ergangen ist. Eine ungewisse Erstattung genügt nicht, in der Regel wird die Vorlage der Steuererklärung vorausgesetzt.

Carla Clever hat dann das Finanzamt auf den Bekanntgabefehler hingewiesen und **Wiedereinsetzung in den bisherigen Stand** beantragt. In der Steuererklärung hatte Heide Witzka sehr vorausschauend ausdrücklich

Hulla Bulla als Empfangsbevollmächtigte angegeben, weil sie ja wusste, dass sie selbst auf Weltreise sein würde, wenn der Bescheid eintrifft. Ganz sicher wollte sie gehen, dass die Post auch ankommt und sofort von Hulla Bulla kontrolliert wird. Diese Empfangsvollmacht hatte der Sachbearbeiter im Finanzamt schlicht und einfach übersehen und somit war der Bescheid während ihrer Abwesenheit doch bei Heide Witzka angekommen. Wo Menschen arbeiten, passieren Fehler – dieser Fehler ist ein sogenannter „heilbarer" Fehler bei der Bekanntgabe. Heilbar deshalb, weil letztlich der Bescheid ja doch bei dem richtigen Steuerpflichtigen angekommen ist – nur eben leider zu spät. Jetzt zählt der Tag, an dem Heide Witzka erstmalig den Bescheid in den Händen hatte und ab dann läuft die Einspruchsfrist von einem Monat. Wiedereinsetzung in den bisherigen Stand bedeutet also im Grunde genommen, dass der Steuerpflichtige so gestellt wird, als ob die Frist noch nicht abgelaufen sei. Das ist allerdings nur dann möglich, wenn den Steuerpflichtigen an dem verspäteten Zugang keine Schuld trifft. Das ist hier auf jeden Fall unstrittig.

Eigentlich ist der Bekanntgabefehler des Finanzamtes in diesem speziellen Fall sogar ein Glücksfall. Denn wenn der Bescheid tatsächlich bereits im Januar bei Hulla Bulla angekommen wäre, hätte diese sofort kontrollieren und reagieren müssen. Die Einspruchsfrist von einem Monat hätte ja sofort zu laufen begonnen. Vorausgesetzt, Hulla Bulla hätte den Fehler der doppelten Einnahmen sofort erkannt – die erteilte **Empfangsvollmacht** ist keine **Vertretungsvollmacht**. Ohne eine gültige Vertretungsvollmacht von Heide Witzka hätte die gute Hulla Bulla gar keinen Einspruch einlegen können. Die Empfangsvollmacht berechtigt zwar zum Entgegennehmen dieses einen Bescheides, ist aber keine „Handlungsvollmacht", also keine Erlaubnis beispielsweise in Vertretung einen Einspruch einzulegen. Carla Clever hat sich deshalb die Vertretungsvollmacht unterschreiben lassen und dem Finanzamt vorgelegt.

GUT ZU WISSEN

Empfangsbevollmächtigung

Sie können in der Erklärung als Empfangsbevollmächtigten angeben, wen immer Sie möchten: eine Person Ihres Vertrauens, also Ihr steuerlicher Berater, die Nachbarin, den Kegelbruder oder auch Ihre Haushaltshilfe. Das müssen Sie dem Finanzamt gegenüber nicht begründen – Ihr Wunsch reicht aus. Das macht durchaus Sinn, wenn Sie beispielsweise längere Zeit von Zuhause abwesend sind, sei es nun aus beruflichen Gründen, infolge Krankheit oder Urlaub oder gar weil Sie Bedenken haben, dass die Post bei Ihnen persönlich nicht ankommt. Beachten Sie aber bei Ihrer Wahl: Wenn Ihr Empfangsbevollmächtigter sich dann doch nicht kümmert, weil er beispielsweise selbst kurzfristig in Urlaub gefahren ist, laufen die Fristen unbarmherzig!

Waffen der AO

Wenn Sie einen fehlerhaften Bescheid korrigieren lassen wollen, brauchen Sie eine sogenannte Korrekturnorm, eine gesetzliche Grundlage. Diese stehen in der AO an verschiedenen Stellen. Relativ bekannt ist der **Einspruch** § 357 AO. Einen Einspruch müssen Sie schriftlich beim Finanzamt einlegen, natürlich innerhalb der Rechtsbehelfsfrist (1 Monat), und der Einspruch ist zu begründen. Das ist inzwischen auch per E-Mail möglich; allerdings können elektronisch keine Anhänge wie Belege beigefügt werden. Für die Gewährung von AdV (→ Seite 189) ist ein Einspruch zwingend notwendig. Der Einspruch birgt allerdings auch ein häufig verkanntes Risiko – die „Verböserung". Bei einem Einspruch wird der gesamte Steuerfall vollumfänglich erneut geprüft. Es kann also durchaus sein, dass nach erneuter Würdigung des Sachverhaltes, der zuständige Sachbearbeiter zu einer ganz anderen Erkenntnis gelangt und sich die Steuer sogar erhöht.

→ **TIPP Keine Verböserung**
Durch Rücknahme des Einspruchs kann die „Verböserung" abgewendet werden.

Auf der anderen Seite können auch Sie, wenn Ihr Steuerfall aufgrund eines Einspruchs „offen" ist, den Einspruch erweitern. Beispielsweise weil nachträglich noch weitere Ausgabenbelege aufgetaucht sind, die Sie als

Werbungskosten geltend machen könnten. Bei einem Einspruch ist es auch möglich, **Verfahrensruhe** zu beantragen. Beispielsweise wenn das Finanzamt von Ihnen beantragte pauschale haushaltsnahe Handwerkerleistungen, die in den Grundstückserschließungskosten enthalten sind, nicht gewährt. Sie können sich dann entsprechend auf das einschlägige Gerichtsverfahren (zum Beispiel eine vor dem BFH anhängige Revision) beziehen und beantragen, dass Ihr Einspruch ruht, bis das Gerichtsverfahren entschieden wurde; und das kann Jahre dauern. Das ist immer dann sinnvoll, wenn es sich um relativ neue, aktuelle Gerichtsverfahren handelt, die noch nicht unter den Vorläufigkeitsvermerken im Steuerbescheid aufgeführt sind.

Ähnlich und doch anders ist die **schlichte Änderung** nach § 172 AO.

Einen Antrag auf schlichte Änderung können Sie auch telefonisch beim Finanzamt stellen. Es wird nicht wie beim Einspruch der gesamte Bescheid erneut überprüft, sondern lediglich der von Ihnen bemängelte Fehler kontrolliert. Auch für die schlichte Änderung gilt die Rechtsbehelfsfrist von einem Monat. Eine Erweiterung nach Ablauf der Frist ist – anders als beim Einspruchsverfahren – nicht mehr möglich und AdV kann Ihnen auch nicht gewährt werden. Bei einer telefonischen Antragsstellung sollten Sie sich auf jeden Fall notieren, wann genau (Uhrzeit und Datum) Sie mit wem (Name des Sachbearbeiters) was besprochen haben.

Zu guter Letzt

ELSTER-online

Die Abgabe von Steuererklärungen wurde bereits in vielen Bereichen umgestellt und ist zum Beispiel bei Feststellungserklärungen, bei Selbstständigkeit, Gewerbebetrieb oder Land- und Forstwirtschaft (kurz LuF) nur noch elektronisch möglich. Zwar können Einkommenssteuererklärungen noch nach wie vor „per Hand" mithilfe der Papiervordrucke erstellt werden, aber auch hier gewinnt die elektronische Übermittlung immer mehr Bedeutung.

Wenn Sie das viel beworbene ELSTER-online nutzen wollen, sollten Sie rechtzeitig beginnen, sich damit zu beschäftigen. Bevor es losgehen kann, ist es im ersten Schritt notwendig, dass Sie sich auf der Homepage www.elster.de registrieren, ein Benutzerkonto erstellen und aktivieren.

→ **TIPP Gut zu wissen**

Neben der kostenlosen ELSTER-Software des Finanzamts bietet der Handel eine Vielzahl von Steuerprogrammen an. Sogar im Discounter bekommen Sie zum Jahreswechsel recht gute Steuer-CDs für kleines Geld. Die meisten Steuerprogramme sind leicht verständlich und bieten eine Menge an Zusatzinformationen und Erläuterungen. Mit PC-Grundkenntnissen, ein wenig Geduld und Übung ist die Erstellung der Steuererklärung kein Hexenwerk. Mithilfe dieses Ratgebers kennen Sie Ihre individuellen Steuersparmöglichkeiten. Und wenn Sie sich noch nicht an die elektronische Übermittlung heranwagen wollen, können sie das Programm als Unterstützung und Berechnungshilfe nutzen. Mit allen Programmen aus dem Handel besteht die Möglichkeit, am Ende der Eingaben die gewohnten Papierformulare auszudrucken. Das Steuerprogramm führt Sie Schritt für Schritt durch den Steuerdschungel, darf aber keine fachliche Beratung leisten (→ Seite 183).

Vorausgefüllte Steuererklärung

Viel die Rede ist auch von der sogenannten „vorausgefüllten Steuererklärung". Wer jetzt erwartet, alles sei bereits automatisch ausgefüllt, wird enttäuscht sein. Denn es sind nur die Daten eingetragen, die dem Finanzamt bereits elektronisch übermittelt wurden. Das sind in erster Linie die Einnahmen, Altersvorsorgebeträge, Vermögenswirksame Leistungen (VL) und einige Versicherungsbeiträge. Sie müssen also nach wie vor Ihre sämtlichen Ausgaben wie beispielsweise Werbungskosten, Kinderbetreuung, außergewöhnliche Belastungen, haushaltsnahe Dienstleistungen und Spenden selbst eintragen. Die „vorausgefüllte Steuererklärung" wird Ihnen nur über das Elster-Online-Portal vom Finanzamt zur Verfügung gestellt. Zusätzlich zu der Registrierung (→ Seite 193) müssen Sie einen „Abrufcode" für Ihre Daten beantragen und können dann die Werte elektronisch übernehmen. Sind Sie steuerlich beraten (Lohnsteuerhilfeverein oder Steuerberater), beantragt häufig Ihr Berater für Sie Einsicht in Ihr Steuerkonto. Allerdings kann Ihr Berater nur mit Ihrer Zustimmung auf die Daten zugreifen. Dazu müssen Sie eine vorgelegte Vollmacht unterschreiben. Ihr Berater kümmert sich dann um die Übermittlung der elektronischen Daten.

Teil-Abschaffung des Solidaritätszuschlags

Der Bundestag hat am 14. November 2019 das Gesetz zur „Rückführung des Solidaritätszuschlags 1995" beschlossen. Ab 2021 wird die jährliche Freigrenze von bisher 972 € (bei Zusammenveranlagung 1.944 €) auf 16.956 € (beziehungsweise 33.912 €) der tariflichen Einkommensteuer angehoben. In VZ 2025 beträgt die jährliche Freigrenze 19.950 € (39.900 €). Ab 2026: 20.350 € (40.700 €).Damit entfällt der Soli für circa 90 Prozent der Steuerzahler. Für Besserverdienende gibt es zusätzlich noch die sogenannte Milderungszone.

Elektronische Bescheidbekanntgabe

Ab 1.1.2026 ist die elektronische Bescheidbekanntgabe der Regelfall. Es findet ein Wechsel vom bisherigen "Einwilligungsmodell" zum "Widerspruchsmodell" statt. Nach § 122a AO kann mit Wirkung für die Zukunft gegen die elektronische Bekanntgabe widersprochen werden. Der Antrag kann formlos gestellt werden.

Zustellfiktion

Seit 2025 gilt ein Schreiben bei Postversand erst vier Tage nach Abgabe bei der Post als zugegangen (bisher drei Tage).

Jahressteuergesetz 2024 (Nov. 2024) Steueränderungsgesetz 2025 (Dez. 2025)

Seit 2025 können 80 Prozent der Kinderbetreuungskosten bis maximal 4.800 € je Kind steuermindernd angesetzt werden.

Neu angeschaffte Photovoltaikanlagen sind seit 2025 einheitlich bis 30 kWp je Wohneinheit steuerfrei (sogenannte kleine Photovoltaikanlagen).

Der Mindestlohn erhöht sich ab 1.1.2025 von bisher 12,41 € auf 12,82 €, ab 1.1.2026 13,90 €.

Die Verdienstgrenze für Minijobs liegt ab 2025 bei 556 € monatlich , ab 1.1.2026 603 €.

Bonusleistungen der Krankenkassen pro Person und Jahr bis 150 € werden steuerlich nicht als Beitragserstattung behandelt.

Gesetz zur steuerlichen Freistellung des Existenzminimums (November 2024)

Der Kinderfreibetrag gem. § 32(6) EstG wird

bereits rückwirkend für VZ 2024 auf 6.612 € und für 2025 auf 6.672 € angepasst. Nach Rechtsprechung des Bundesverfassungsgerichts darf das sächliche Existenzminimum eines Kindes zuzüglich der Bedarfe für Betreuung und Erziehung oder Ausbildung nicht besteuert werden. Für 2026 beträgt der Kinderfreibetrag 6.828 €.

Das Kindergeld wurde ab 1.1.2025 pro Kind einheitlich auf 250 € erhöht. Ab 2026 werden 259 € gezahlt.

Grüne Formularfelder

In den neuen Steuerformularen gibt es im Hauptvordruck und in diversen Formularanlagen – auch in der Anlage R – farbliche Änderungen. Diese grün hinterlegten Abschnitte sind zudem mit einem kleinen grünen Symbol gekennzeichnet. Das soll Ihnen das Ausfüllen der Steuererklärung erleichtern. Denn die Daten, um die es hier konkret für die gekennzeichneten Zeilen geht, werden von den mitteilungspflichtigen Stellen (etwa dem Rentenversicherungsträger) automatisch elektronisch an Ihr Finanzamt übermittelt. Das offizielle Informationsblatt finden Sie auf Seite 198.

Aktuelle Änderungen

Arbeitszimmer/Home-Office-Pauschale

Lt. BFH Rechtsprechung ist ein Arbeitszimmer auch dann steuerlich absetzbar, wenn es nur geringfügig für die berufliche Tätigkeit genutzt wird. Mit dem Jahressteuergesetz 2022 wurden weitere Änderungen in Sachen Home-Office-Pauschale und Arbeitszimmer beschlossen. Ab VZ 2023 wird der bisherige Höchstbetrag von 1.250 € in eine Pauschale von 1.260 € umgewandelt.Diese Jahrespauschale ist zeitanteilig mit 105 € monatlich und raumbezogen anzuwenden. Nutzen mehrere Steuerpflichtige dasselbe Arbeitszimmer, ist eine Aufteilung vorzunehmen. Die mühsame Berechnung der genauen Kosten entfällt somit. Ausnahme: Ist das Arbeitszimmer„Mittelpunkt der Tätigkeit" wird ein Wahlrecht eingeräumt. Es kann entweder die Jahrespauschale angesetzt werden oder aber die tatsächlichen Kosten; dann muss jedoch eine genaue Berechnung erfolgen (so wie bislang auch).

Die Home-Office-Pauschale wird ab VZ 2023 auf 6 € pro Tag angehoben und kann für maximal 210 Tage in Anspruch genommen werden – also ebenfalls 1.260 €. Faktisch ist somit eine „Arbeitsecke" dem Arbeitszimmer gleichgestellt.

Verspätungszuschläge ein „Muss"?

Mit dem Steuermodernisierungsgesetz liegt ab dem Veranlagungszeitraum 2018 die Festsetzung des Verspätungszuschlages nicht mehr ausschließlich im Ermessen des Finanzbeamten. Es ist neben den „Kann-Bestimmungen" nun eine „Muss-Regelung" mit Mindestverspätungszuschlägen gültig

(§ 152(2) AO). Diese betrifft alle verspätet abgegebenen „Pflichtveranlagungen". Ausnahmen sind Steuerfestsetzungen von NULL oder Erstattungsfälle. Da kann der Sachbearbeiter oder die Sachbearbeiterin beim Finanzamt nach Ermessen entscheiden (§ 152(3)AO). Die Höhe der Verspätungszuschläge beträgt 0,25% der festgesetzten Steuer, mindestens jedoch 25 € je angefangener Monat der Verspätung – höchstens jedoch 25.000 €.

Eine sogenannte Billigkeitsregelung (§ 152(5) S 3 AO) kommt für Steuerpflichtige in Betracht, die bisher davon ausgehen konnten, keine Erklärung abgeben zu müssen und nun aber vom Finanzamt aufgefordert wurden. Auf diese Regelung können sich unter Umständen betroffene Rentner berufen. Eine „Ermessensentscheidung" muss der Sachbearbeiter im Zweifel begründen.

Arbeitnehmersparzulage

Mit dem Zukunftsfinanzierungsgesetz wurde im November 2023 unter anderem beschlossen, die Einkommensgrenzen für die Arbeitnehmersparzulage zum 1.1.2024 von bisher 40.000 € auf 80.000 € ZvE zu verdoppeln. Somit können rund 14 Mio. Arbeitnehmerinnen und Arbeitnehmer in den Genuss kommen (bisher rund 8 Mio.).

Beleganforderungen

Ab und an stellt das Finanzamt einen Steuerbescheid unter „Vorbehalt der Nachprüfung"(VdN) aus. Der Hinweis, was genau der Fiskus noch nachprüfen möchte, steht – mitunter ein wenig versteckt – unter „Erläuterungen". In der Regel sind 4 Wochen Zeit für die Erledigung.

Erläuterungen
************** BITTE UM ANTWORT INNERHALB VON 4 WOCHEN NACH ERHALT DES BESCHEIDES ****************

Der Bescheid ergeht nach § 164 Abs. 1 AO unter dem Vorbehalt der Nachprüfung, weil Ihre Erklärung noch nicht abschließend geprüft werden konnte. Bitte reichen Sie innerhalb von 4 Wochen nach Erhalt des Bescheides folgende Angaben bzw. Unterlagen in Kopie oder per E-Mail (service@fa-5343.fin-nrw.de) nach:

- für das Objekt [redacted] sämtliche Erhaltungsaufwendungen und Zahlungsnachweise, Reisekosten und Nachweise zur Vermietungsabsicht (Anzeigen, Makler, etc.)

Hinweis: Sie haben zu Recht die angeforderten Belege nicht mit der Steuererklärung eingereicht. Seit dem Jahr 2017 gilt die Belegvorhaltepflicht. Das Finanzamt kann die zur Bearbeitung der Steuererklärung erforderlichen Belege jedoch nachträglich anfordern.

****

Abb. 21: Auszug aus aktuellem Steuerbescheid (Muster).

Unbegrenzter Hinzuverdienst

Zum 1.1.2023 ist die Hinzuverdienstgrenze bei vorgezogenen Altersrenten komplett entfallen. Bei Erwerbsminderungsrenten wurde die Hinzuverdienstgrenze deutlich angehoben. Aufgrund der guten Erfahrungen in der Coronazeit und als Reaktion auf den Fachkräftemangel ist dies im 8. SGB IV Änd. G. beschlossen worden. Aber Achtung: Von „steuerfrei“ ist nicht die Rede. Jeder Hinzuverdienst ist grundsätzlich steuerpflichtig.

Aktivrente

Mit Zustimmung des Bundesrates am 19.12.2025 gilt die neue steuerfreie Hinzuverdienstmöglichkeit → Seite 115.

Mobilitätsprämie

Die Mobilitätsprämie ist nunmehr unbefristet.

Pendlerpauschale

Ab 1.1.2026 beträgt die Pendlerpauschale -,38 € ab dem ersten Entfernungskilometer für Fahrten Wohnung – Arbeitsstätte.

Gewerkschaftsbeiträge

Ab 1.1.2026 können Beitragszahlungen neben den Werbungskostenpauschalen (also zusätzlich) steuermindernd abgezogen werden.

Mütterrente

Die Mütterrente III tritt ab 1.1.2027 in Kraft – wird aber voraussichtlich erst in 2028 ausgezahlt. Für Kinder, die vor 1992 geboren wurden, werden nun auch 36 Monate Erziehungszeiten angerechnet (bisher nur 30 Monate).

Rentenversicherungspflicht

Ab 1.7.2026 können Minijobber die Befreiung von der Rentenversicherungspflicht rückgängig machen.

Information

zur Abgabe der Einkommensteuererklärung für die Jahre ab 2019

In der folgenden Übersicht erhalten Sie Antworten auf die wichtigsten Fragen:

Was ist neu?

Daten, die von mitteilungspflichtigen Stellen (z. B. Arbeitgeber, Versicherungsunternehmen) nach Maßgabe des § 93c der Abgabenordnung an die Finanzverwaltung elektronisch übermittelt werden, gelten als Ihre Angaben.

Demzufolge sind diese eDaten in Ihrer Einkommensteuererklärung nicht mehr anzugeben.

Die Abgabe der Anlagen N, R, R-AV / bAV und Vorsorgeaufwand entfällt, wenn

- die Daten elektronisch übermittelt wurden und
- in den nicht mit ⓔ gekennzeichneten Zeilen / Bereichen keine Eintragungen vorzunehmen sind.

Der Hauptvordruck ESt 1 A ist in jedem Fall abzugeben.

Woher weiß ich, welche eDaten übermittelt wurden?

Die eDaten sind aus den Ihnen zugesandten Mitteilungen der mitteilungspflichtigen Stellen zu entnehmen.

Bei Renten aus der gesetzlichen Rentenversicherung wird diese Mitteilung erstmalig nur auf Ihre Anforderung hin und in den darauf folgenden Jahren automatisch zugesandt.

Woran kann ich diese eDaten erkennen?

In den Vordrucken zur Einkommensteuererklärung sind diese Zeilen / Bereiche hervorgehoben und mit ⓔ gekennzeichnet (siehe Abbildung).

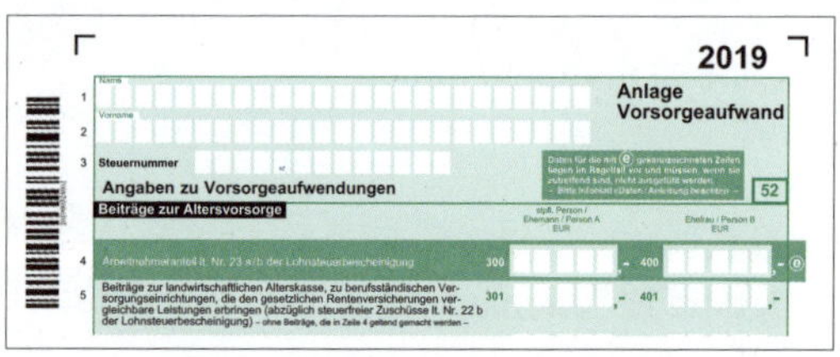

Wann muss / kann ich die mit ⓔ gekennzeichneten Zeilen weiterhin ausfüllen?

- Sie müssen diese Zeilen / Bereiche weiterhin ausfüllen, wenn Ihnen bekannt ist, dass die eDaten nicht übermittelt wurden.
- Füllen Sie diese Zeilen / Bereiche weiterhin aus, wenn Ihnen bekannt ist, dass die eDaten nicht zutreffend übermittelt wurden.

Was ist zu tun, wenn ich abweichende Daten erklären möchte?

Die der Finanzverwaltung vorliegenden eDaten haben keine Bindungswirkung. Ihnen steht es weiterhin frei, eigene Angaben vorzunehmen (z. B. Änderung des Bruttoarbeitslohns aufgrund der Privatnutzung eines Firmenwagens). Nur in diesem Fall sind die zutreffenden Daten vollständig in den dafür vorgesehenen Zeilen / Bereichen in der Einkommensteuererklärung zu erklären.

Weitere Auskünfte und Informationen

Weitere Informationen können Sie den verschiedenen Anleitungen zur Einkommensteuererklärung entnehmen.

Auskünfte erteilt Ihnen auch Ihr zuständiges Finanzamt.

Anhang

- → Kontaktdaten Verbraucherzentrale
- → Stichwortverzeichnis
- → Impressum/Bildverzeichnis

Kontaktdaten Verbraucher-zentralen

→

Verbraucherzentrale Baden-Württemberg e. V.
Paulinenstraße 47
70178 Stuttgart
Telefon: 07 11/ 66 91-10
www.verbraucherzentrale-bawue.de

Verbraucherzentrale Bayern e. V.
Mozartstraße 9
80336 München
Telefon: 0 89/5 52 79 4-0
www.verbraucherzentrale-bayern.de

Verbraucherzentrale Berlin e. V.
Ordensmeisterstraße 15–16
12099 Berlin
Telefon: 0 30/2 14 85-0
www.verbraucherzentrale-berlin.de

Verbraucherzentrale Brandenburg e. V.
Babelsberger Straße 12
14473 Potsdam
Telefon: 03 31/98 22 999 5
www.verbraucherzentrale-brandenburg.de

Verbraucherzentrale Bremen e. V.
Altenweg 4
28195 Bremen
Telefon: 04 21/1 60 77-7
www.verbraucherzentrale-bremen.de

Verbraucherzentrale Hamburg e. V.
Kirchenallee 22
20099 Hamburg
Telefon: 0 40/2 48 32-0
www.vzhh.de

Verbraucherzentrale Hessen e. V.
Große Friedberger Straße 13–17
60313 Frankfurt/Main
Telefon: 0 69/97 20 10-900
www.verbraucherzentrale-hessen.de

Verbraucherzentrale Mecklenburg-Vorpommern e. V.
Erich-Schlesinger-Straße 35
18059 Rostock
Telefon: 03 81/2 08 70-50
www.verbraucherzentrale-mv.eu

Verbraucherzentrale Niedersachsen e. V.
Herrenstraße 14
30159 Hannover
Telefon: 05 11/9 11 96-0
www.verbraucherzentrale-niedersachsen.de

Verbraucherzentrale Nordrhein-Westfalen e. V.
Helmholtzstraße 19
40215 Düsseldorf
Telefon: 02 11/9 13 80-10 00
www.verbraucherzentrale.nrw

Verbraucherzentrale Rheinland-Pfalz e. V.
Seppel-Glückert-Passage 10
55116 Mainz
Telefon: 0 61 31/28 48-0
www.verbraucherzentrale-rlp.de

Verbraucherzentrale Saarland e. V.
Trierer Straße 22
66111 Saarbrücken
Telefon: 06 81/5 00 89-0
www.verbraucherzentrale-saarland.de

Verbraucherzentrale Sachsen e. V.
Katharinenstraße 17
04109 Leipzig
Telefon: 0341/69 62 92 9
www.verbraucherzentrale-sachsen.de

Verbraucherzentrale Sachsen-Anhalt e. V.
Steinbockgasse 1
06108 Halle
Telefon: 03 45/2 98 03-29
www.verbraucherzentrale-sachsen-anhalt.de

Verbraucherzentrale Schleswig-Holstein e. V.
Hopfenstr. 29
24103 Kiel
Telefon: 04 31/5 90 99-40
www.verbraucherzentrale.sh

Verbraucherzentrale Thüringen e. V.
Eugen-Richter-Straße 45
99085 Erfurt
Telefon: 03 61/5 55 14-0
www.vzth.de

Verbraucherzentrale Bundesverband e. V.
Rudi-Dutschke-Str. 17
10969 Berlin
Telefon: 0 30/2 58 00-0
www.vzbv.de

Stichwortverzeichnis

C, D

E

F

G

H

I, J

K

L

M

N

O, P

R

S

T, U

V

W

Z

Bildnachweis

Seite 7: Patrick Temme, Dortmund
Seite 17, 77, 122, 133, 161: Jasmin Cheema
Seite 98: obs/ZDF/Frank Dicks

fotolia/Adobe Stock

S. 24: weyo
S. 30: contrastwerkstatt
S. 33: Björn Wylezich
S. 43: stadtratte
S. 56: Wolfilser
S. 80: Andrey Popov
S. 93: StockRocket
S. 96: Robert Kneschke
S. 110: Andrey Popov
S. 113: Victoria M
S. 116: Erwin Wodicka
S. 124: Kzenon
S. 128: Janina Dierks
S. 136: jd-photodesign
S. 149: ivanko80
S. 157: markos86
S. 192: Ingo Bartussek

shutterstock

S. 12: stockfour
S. 17: Andrey_Popov
S. 19: Brian A Jackson
S. 23: Krasula
S. 28: VGstockstudio
S. 46: FotoDuets
S. 50: Rido
S. 52: LightField Studios
S. 58: Dima Sidelnikov
S. 71: Daniel Myjones
S. 74: goodluz
S. 79: Sofiaworld
S. 88: Brian A Jackson
S. 90: Dmytro Vietrov
S. 94: Aleksandar Karanov
S. 98: Syda Productions
S. 102: Dmytro Zinkevych
S. 103: Studio Romantic
S. 115: Perfect Wave
S. 129: Photographee.eu
S. 132: Mikael Damkier
S. 139: magicoven
S. 144: Javier Brosch
S. 146: Yulia Grigoryeva
S. 151: Africa Studio
S. 154: preecha2531
S. 163: pathdoc
S. 176: sirtravelalot
S. 181: corosukechan3

123RF

S. 104: matimix

iStock

S. 168 Rob Daly

Umschlagfoto

electriceye – Fotolia.com

Expertenfotos

Patrick Cheema: privat
Ulrich Danner:
Aktuell Lohnsteuerhilfeverein e. V.
Lena Freiberger:
Aktuell Lohnsteuerhilfeverein e. V.
Burkhard Majewski: privat
Uwe Rauhöft:
Bundesverband Lohnsteuerhilfevereine e. V.
Franz-Josef Schröer: Jasmin Cheema
Christian Staller:
Aktuell Lohnsteuerhilfeverein e. V.

1. Auflage 2026

ISBN 978-3-86336-422-9

Dieses Buch wurde auf Recycling-Papier aus 100% Altpapier gedruckt. Druck und Weiterverarbeitung erfolgen ausschließlich in Deutschland. So schonen wir Ressourcen und begrenzen die CO_2-Emissionen durch kurze Transportwege.

Impressum

Herausgeber
Verbraucherzentrale Nordrhein-Westfalen e.V.
Helmholtzstraße 19, 40215 Düsseldorf
Telefon 0211 - 97380-1000
ratgeber@verbraucherzentrale.nrw
www.verbraucherzentrale.nrw

Text
Gabriele Waldau-Cheema, Arnsberg

Lektorat
Wibke Westerfeld, Frank Wolsiffer
Mitarbeit: Jasmin Cheema, Ense;
Patrick Cheema, Soest

Fachliche Beratung
Ingrid Wenisch, Eggenfelden

Koordination
Frank Wolsiffer

Layout und Satz
Dagmar Herrmann
www.two-up.de
Ausgabe 2025/2026:
Lala Majidova, Düsseldorf
www.lav-ka.de

Umschlaggestaltung
Ute Lübbeke, Köln
www.LNT-design.de

Druck
DCM Druck Center Meckenheim GmbH,
Meckenheim

Redaktionsschluss: Januar 2026